साहित्य और समीक्षा

[आलोचना]

साहित्य और समीक्षा

राजनाथ

राजकमल प्रकाशन

ISBN : 978-93-6086-429-3

मूल्य : ₹695

पहला संस्करण : 2024

प्रकाशक : राजकमल प्रकाशन प्रा. लि.
1-बी, नेताजी सुभाष मार्ग, दरियागंज
नई दिल्ली-110 002

शाखाएँ : अशोक राजपथ, साइंस कॉलेज के सामने, पटना-800 006
पहली मंजिल, दरबारी बिल्डिंग, महात्मा गांधी मार्ग, प्रयागराज-211 001
1, अनमोल सोराबजी सन्तुक लेन, धोबी तलाव, मरीन लाइंस, मुम्बई-400 002
वेबसाइट : www.rajkamalprakashan.com
ई-मेल : info@rajkamalprakashan.com

मुद्रक : बी.के. ऑफसेट
नवीन शाहदरा, दिल्ली-110 032

SAHITYA AUR SAMIKSHA
Criticism by Rajnath

प्राक्कथन

यह मेरे निबन्धों का दूसरा संकलन हिन्दी अनुवाद में आ रहा है। इन निबन्धों में किसी लेखक अथवा समालोचक के कृतित्व पर विचार करने के बजाय साहित्य और समालोचना से जुड़ी हुई कुछ सामान्य समस्याओं पर ध्यान केन्द्रित किया गया है। संग्रह में व्यक्त आलोचना विषयक मेरी अपनी अवधारणाओं पर बहस सम्भव है और महत्त्वपूर्ण साहित्यिक प्रश्नों पर पुनर्विचार करने के लिए पाठक प्रेरित हो सकते हैं। लेकिन यह 'समुचित निर्णय की सामूहिक तलाश' के क्रम में एक आवश्यक चरण है।

इस पुस्तक को साहित्य की विशिष्ट पहचान पर मेरे आग्रह के रूप में भी देखा जा सकता है क्योंकि हाल के वर्षों में इस विशिष्ट पहचान पर बहुत तीखे सवाल उठाए गए हैं। साहित्य किस प्रकार अ-साहित्य से भिन्न होता है? इस सवाल पर पुस्तक के तृतीय खंड में तीन निबन्ध केन्द्रित हैं। ये निबन्ध उन विखंडनवादी तथा पाठकवादी आलोचकों के तर्कों का सुव्यवस्थित रूप से खंडन करते हैं जो इस बात पर जोर देते हैं कि साहित्य की कोई विशिष्ट पहचान होती ही नहीं। पुस्तक के द्वितीय खंड के दोनों निबन्ध भाषा की प्रकृति और साहित्य की भाषा की गम्भीर मीमांसा प्रस्तुत करते हैं क्योंकि भाषा के आधार पर ही साहित्य की विशिष्ट पहचान को खारिज करने का प्रयास किया गया है। भाषा की प्रकृति तथा उसके अन्य अनुषंगी आयामों पर ध्यान दिये बिना साहित्य सहित संस्कृति के किसी भी पक्ष पर सम्यक् विचार सम्भव ही नहीं हो सकता।

साहित्य और संस्कृति का मिलन-बिन्दु मेरे लिए एक बहुत ही आकर्षक विषय रहा है और मैं सोचता हूँ कि आलोचक को संस्कृति की प्रकृति और उसकी समस्याओं पर गम्भीरतापूर्वक चिन्तन करना चाहिए क्योंकि समाज के प्रति अपने कर्तव्य का निर्वाह करने के लिए उसके लिए यह अपरिहार्य है। आलोचक बुद्धिजीवी भी होता है और समाज तथा साहित्य की दिशा निर्धारित करना, उस दिशा की ओर उन्मुख रहने के लिए उन्हें सावधान करते रहना उसकी प्रमुख चिन्ता होनी चाहिए। मेरे कहने का यह तात्पर्य कतई नहीं है कि उसे अपने आलोचनात्मक उपागमों में नैतिकतावादी हो जाना चाहिए। साहित्य के सौन्दर्यात्मक आयामों का अनवरत

उद्घाटन निश्चित ही उसका प्राथमिक दायित्व होता है लेकिन साथ ही उसे साहित्य के सांस्कृतिक पक्ष की उपेक्षा भी नहीं करनी चाहिए। पुस्तक के अन्तिम खंड में मैंने इस सवाल पर विचार किया है हालाँकि पहले खंड के एक निबन्ध में भी इस पर संकेत के रूप में कुछ टिप्पणी की गई है जिसमें मैंने भारतीय समीक्षा-परम्परा की प्रकृति और भूमिका का विवेचन किया है।

इस संग्रह की तैयारी में मुझे अपने अनेक मित्रों और शुभचिन्तकों की सहायता मिली है और इस अवसर पर मैं कृतज्ञता सहित उनका ऋण स्वीकार करता हूँ। सर्वाधिक कृतज्ञ हूँ मैं प्रख्यात आलोचक प्रोफेसर नामवर सिंह का जिनकी सलाह पर ही यह संग्रह प्रकाशित किया जा रहा है। अपनी असाधारण बौद्धिक प्रखरता और अकादमिक प्रतिबद्धता के लिए विख्यात प्रोफेसर नामवर सिंह की निगाह पिछले लगभग पाँच दशकों के दौरान मेरे आलोचनात्मक लेखों पर रही है और उसी के परिणामस्वरूप प्रस्तुत संग्रह सहित मेरे निबन्धों के दो संग्रह हिन्दी में प्रकाशित हो सके हैं। पहला संग्रह *पाश्चात्य काव्यशास्त्र : नई प्रवृत्तियाँ* सन् 2009 में ही प्रकाशित हो गया था। मूल अंग्रेजी में लिखे निबन्धों के हिन्दी अनुवाद के लिए मैं अपने पूर्व छात्र तथा सम्प्रति आगरा कॉलेज, आगरा में अंग्रेजी विभाग में प्रोफेसर डॉ. प्रियम अंकित, दिल्ली विश्वविद्यालय के प्रोफसर के.डी. शर्मा और अपने मित्र प्रोफेसर आर.के. शुक्ल का आभारी हूँ जिन्होंने बड़े परिश्रम से अनुवाद कार्य सम्पन्न किया। इलाहाबाद विश्वविद्यालय में हिन्दी के अध्यापक डॉ. अंशुमान कुशवाहा ने प्रूफ-शोधन सहित अनेक प्रकार से मेरी सहायता की, उनके लिए मेरी शुभकामनाएँ। पत्नी लता सहगल की मदद के बिना यह कार्य पूर्ण नहीं हो पाता, इसलिए उनको भी धन्यवाद।

—राजनाथ

यूएफ 404, सरस्वती अपार्टमेंट्स
15-बी, सरोजिनी नायडू मार्ग
प्रयागराज-211 001 (उ.प्र.)

क्रम

एक

भारत में साहित्य आलोचना

मैंने आज के व्याख्यान के लिए उक्त विषय इसलिए चुना है कि मेरा विश्वास है कि साहित्य सिद्धान्त और आलोचना की समुचित समझ के अभाव में साहित्य का हमारा अध्ययन अधूरा बना रहेगा और इस अभाव के कारण साहित्य के प्रति हमारा दृष्टिकोण वस्तुनिष्ठ और आलोची बनने के बजाय व्यक्तिनिष्ठ बना रह जाएगा। प्लेटो तथा अरस्तू जैसे साहित्य के प्रारम्भिक सिद्धान्तकारों ने साहित्य सम्बन्धी अपने सिद्धान्तों को उस समय उपलब्ध साहित्य के अध्ययन से ही निःसृत किया था और इस क्रम में वे दर्शनशास्त्र में अपने गम्भीर अध्ययन से अत्यधिक लाभान्वित हुए थे। लेकिन आज स्थिति बदल गई है। साहित्य महत्त्वपूर्ण परिवर्तनों के दौर से गुजर रहा है और साथ ही, साहित्य सम्बन्धी सिद्धान्त और आलोचना के उपागम अत्यन्त जटिल हो गए हैं। साहित्य के प्रति बतौर एक प्रबुद्ध, प्रौढ़ और सक्षम पाठक के प्रतिसंवेद्य होने के लिए इन सारे नवोन्मेषों, उपागमों और उनकी जटिलताओं से परिचित होना आवश्यक है।

कुछ सामान्य टिप्पणियाँ

प्रारम्भ में ही मैं आलोचक और रचनाकार के पारस्परिक सम्बन्धों के विषय में कुछ भ्रान्तिपूर्ण धारणाओं का निराकरण कर देना आवश्यक समझता हूँ। कुछ कारणों से हम यह मान बैठे हैं कि रचनाकार का स्थान आलोचक की तुलना में श्रेष्ठ होता है और इसी तर्क के आधार पर हम यह भी मान लेते हैं कि रचनाकार आलोचक की तुलना में कहीं अधिक महत्त्वपूर्ण होता है। लेकिन अनुभव में इस तर्क में कोई दम नहीं होता। अगर हम अंग्रेजी साहित्य को इस परिप्रेक्ष्य में देखें तो स्थिति और अधिक स्पष्ट हो जाएगी। रचनाकारों की विशाल संख्या की तुलना में आलोचकों की संख्या उँगलियों पर गिनी जा सकती है। किसी भी साहित्य में, जहाँ रचनाकारों की संख्या की गणना ही नहीं की जा सकती, वहीं आलोचक गिने-चुने ही मिल पाएँगे। पुनर्जागरण काल में सर फिलिप सिडनी से लेकर विक्टोरिया काल में मैथ्यू अर्नोल्ड सहित केवल छह लेखक ही ऐसे हैं जो आलोचक के नाम के उपयुक्त हैं।

इससे क्या माना जाए? क्या यह मान लिया जाए कि आलोचना की तुलना में रचनात्मक लेखन अधिक आकर्षक होने के कारण अधिकांश लेखक उसी ओर खिंच जाते हैं? अथवा आलोचनात्मक प्रतिभा रचनात्मक प्रतिभा की तुलना में अधिक दुर्लभ होती है? मेरा सुविचारित मत है कि जिसे हम आलोचनात्मक मेधा कहते हैं वह रचनात्मक प्रतिभा की तुलना में दुर्लभ होती है। यही कारण है कि लेखकों की विशाल संख्या में आलोचनात्मक मेधा से सम्पन्न लोग कम ही होते हैं।

बीसवीं शताब्दी में स्थिति स्पष्टतः बदलती हुई दिखती है। उन्नीसवीं शताब्दी के अन्त तक हमारी भेंट छिटपुट आलोचकों से ही होती है लेकिन बीसवीं में एक नई प्रवृत्ति का उदय होता है जब हम यह पाते हैं कि रूसी रूपवाद अथवा आंग्ल-अमरीकी नई समीक्षा से सम्बद्ध समूहबद्ध आलोचकों की पूरी की पूरी टोलियाँ एक प्रकार के व्यवस्थित-परिभाषित आलोचना-आन्दोलनों के भीतर क्रियाशील हैं। लेकिन तब भी रचनात्मक लेखक आलोचकों की संख्या की तुलना में बहुत अधिक हैं। अंग्रेजी में आलोचना लिखने वाले दो ही प्रतिष्ठित नाम हम देखते हैं—टी.एस. इलियट और आई.ए. रिचर्ड्स। लेकिन बीसवीं शताब्दी के द्वितीय अर्द्धांश में स्थिति में परिवर्तन आता है और इस कालखंड को उचित ही 'आलोचना का युग' की संज्ञा दी गई है। इस कालखंड में रचनाकार एक प्रकार से साहित्यिक परिदृश्य के पार्श्व में चले जाते हुए लगते हैं और उनके स्थान पर आलोचक आ जाते हैं। इस दौर में यही नहीं कि आलोचना अन्तरअनुशासी हो जाती है अपितु यह अन्तरराष्ट्रीय भी हो जाती है। संरचनावाद, विखंडनवाद तथा पाठकवाद जैसे आलोचना आन्दोलन इसके उदाहरण हैं।

बीसवीं सदी के अन्तिम और इक्कीसवीं के प्रारम्भिक वर्षों में आलोचना में आए इस उछाल का मतलब यह कतई नहीं माना जाना चाहिए कि अब आलोचना-कर्म में संलग्न होना अथवा आलोचक बन जाना सरल हो गया है। बल्कि अब तो स्थिति यह हो गई है कि आलोचना पहले की अपेक्षा कहीं अधिक जटिल और दुःसाध्य हो गई है और आलोचक का कार्य और अधिक मुश्किल हो गया है। आप रोलाँ बार्थ, जॉक देरिदा और एडवर्ड सईद जैसे आलोचकों की कल्पना कीजिए जिन्होंने अनेक ज्ञानानुशासनों की अन्तर्दृष्टियों के गहन अनुशीलन/विश्लेषण के पश्चात् अपने आलोचनात्मक उपागम स्थिर किये हैं। साहित्य के पाठकों ने आलोचकों और आलोचना के प्रति अपना दृष्टिकोण बदल लिया है। उन्हें उनके महत्त्व का अहसास हो गया है और साथ ही वे यह भी जान चुके हैं कि बौद्धिक जीवन को दिशा देने में उनकी निर्णायक भूमिका हो सकती है। आलोचना अब साहित्य के दायरे से निकलकर समाज और संस्कृति के सीमान्तों का अतिक्रमण कर चुकी है।

यदि बीसवीं सदी का प्रथमार्द्ध इंग्लैंड ही नहीं अपितु सम्पूर्ण यूरोपीय महाद्वीप अनेक महार्ध साहित्यिक महारथियों के प्रातिभ आलोक से जगमगा रहा था तो इसके

द्वितीयार्द्ध का साहित्यिक मंच महान आलोचकों और साहित्य-सिद्धान्तकारों की उपस्थिति से सुसज्जित था। रोलाँ बार्थ, जॉक देरिदा और एडवर्ड सईद के रचनाधर्मी समानधर्मा कहाँ हैं? 'दि एंड ऑफ इंगलिश' (अंग्रेजी का अन्त) नामक अपने लेख में टेरी ईगल्टन लिखते हैं : "उनके (सदी के प्रथमार्द्ध के महान रचनाकारों के) पास कैंटोज (एजरा पाउंड की विख्यात लम्बी कविता) था, हमारे पास जोनाथन कलर (प्रख्यात अमरीकी संरचनावादी आलोचक और *द स्ट्रक्चरलिस्ट पोयटिक्स* नामक क्लासिक समीक्षाकृति के लेखक) हैं।"[1] ईगल्टन के कहने का तात्पर्य यह है कि शताब्दी के द्वितीयार्द्ध में थ्योरी अर्थात् साहित्य सैद्धान्तिकी ने उस उच्च आधुनिकतावाद को अपदस्थ कर दिया जिसने आधुनिकतावाद को गहरे प्रभावित करने वाले एजरा पाउंड सहित अनेक महान कवियों और लेखकों को जन्म दिया था। अब आलोचना साहित्य की दासी बने रहने के बजाय अपने को एक स्वतन्त्र अनुशासन के रूप में प्रतिष्ठित कर चुकी है। साहित्य और आलोचना के बीच की सीमा-रेखा उसी प्रकार मिट गई है जैसे एक ओर साहित्य तथा दूसरी ओर मानवीकियों और समाज विज्ञानों के बीच की सीमा-रेखा मिट गई है। रोलाँ बार्थ इतिहासकार मिश्ले की कृतियों की व्याख्या कर रहे हैं तो जॉक देरिदा फर्दिनांद सश्योर की भाषाविज्ञान की पुस्तक *कोर्स इन जनरल लिंग्विस्टिक्स* और शेक्सपियर के नाटक *रोमियो एंड जूलियट* के बीच कोई अन्तर नहीं करते। चूँकि सारा लेखन भाषिक निर्मिति होता है, अतः किसी एक पाठ को किसी अन्य पाठ से अलग करने का सवाल ही नहीं उठता। भाषिक निर्मिति होने के कारण सभी पाठ एक ही जैसे होते हैं। साहित्य के प्रति इस दृष्टि से हम सहमत हों, चाहे न हों लेकिन इससे बीसवीं सदी के द्वितीयार्द्ध में आलोचना के परिमाण और विविधता में आए उछाल का संकेत तो मिलता ही है।

इसी बिन्दु पर वैदुष्य और आलोचना के बीच अन्तर पर संक्षेप में संकेत कर देना समीचीन होगा। मेरे विचार से आलोचक का कार्य किसी विद्वान के कार्य की अपेक्षा कहीं अधिक कठिन और चुनौतीपूर्ण होता है। मेरी बात का यह मतलब नहीं कि आलोचक और विद्वान की चिन्ताएँ एक-दूसरे से एकदम अलग किस्म की होती हैं लेकिन उनकी मूलभूत चिन्ताएँ अवश्य ही भिन्न होती हैं। इस सन्दर्भ में टी.एस. इलियट के निबन्ध 'द फ्रंटियर्स ऑफ क्रिटिसिज्म' (आलोचना की सीमाएँ) से एक उद्धरण पर्याप्त होगा :

> हम किसी कवि के जीवन-काल सम्बन्धी ज्ञान—तथ्यपरक सूचनाओं—को, उसके समकालीन समाज की दशाओं को, उसके लेखन में परोक्ष रूप से अनुस्यूत तत्कालीन प्रचलित विचारों को, उस समय भाषा की स्थिति को उसकी कविता के बोध से सम्भ्रमित न करें। जिस प्रकार के ज्ञान का मैंने संकेत किया है वह उसकी कविता को समझने की तैयारी के लिए आवश्यक हो सकता है; इससे भी आगे, इतिहास के रूप में

इसका मूल्य हो सकता है, लेकिन कविता के आस्वाद के लिए यह हमें केवल उसके द्वार तक ले जा सकता है, भीतर प्रवेश करने का उपाय हमें स्वयं करना होता है।[2]

एक अत्यन्त ही कुशाग्र और दृष्टि-सम्पन्न आलोचक के रूप में इलियट तथ्यपरक सूचनाओं और आलोचना-कर्म का अन्तर बखूबी जानते हैं और वैदुष्य को वे तथ्यपरक सूचना-पुंज ही मानते हैं। यह सूचनात्मक ज्ञान कविता के आस्वादन में सहायक हो सकता है बशर्ते हम इसकी सीमाओं के प्रति सजग रहें। आलोचना के लिए जो वास्तव में अपेक्षित है वह होता है पाठ में प्रवेश करने के क्षण में हमारा अनुभव। इलियट ने कुछ वैदुष्यपरक कृतियों जैसे हर्बर्ट रीड और एफ.डब्ल्यू. बेट्सन द्वारा विलियम वड्‌र्सवर्थ पर और जॉन लिविंग्स्टोन लोज द्वारा कॉलरिज पर लिखी गईं पुस्तकों का उल्लेख किया है और इस निष्कर्ष पर पहुँचे हैं कि ये पुस्तकें हमें वैसा सूचनात्मक ज्ञान उपलब्ध कराती हैं जो कवि के जीवन और उसकी मनोरचना पर प्रकाश डालता है लेकिन कवि की कविता की समझ और उसके आस्वादन में हमारी कोई सहायता नहीं करता है।[3]

विद्वान व्यक्ति सम्पूर्ण साहित्य पर दृष्टिपात करने और अरस्तू तथा कॉलरिज की भाँति किसी विशिष्ट साहित्यिक विधा में मौजूद साझे और व्यक्तिपरक लक्षणों पर सूक्ष्मता से विचार करने की जहमत नहीं उठाता और न ही वह उन विशिष्ट लक्षणों की निशानदेही में अपना सिर खपाता है जो साहित्यिक कृतियों को गैर-साहित्यिक कृतियों से अलग करते हैं। विद्वान जिसे छोड़ देता है वही आलोचक की चिन्ता में केन्द्रीय महत्त्व का होता है। वह साहित्य के सिद्धान्त के साथ ही उसकी विधा भी सुनिश्चित करता है जिससे हमें साहित्यिक पाठ की समझ स्थिर करने में सहायता मिलती है। अरस्तू ने हमें नाटक का सिद्धान्त मुहैया कराया तो कॉलरिज ने कविता का; जिसके माध्यम से उन्होंने अपने द्वारा प्रस्तुत विधाओं के विभिन्न पक्षों की परीक्षा तो की ही, साथ ही, उन उपादानों की पहचान भी की जो उन विधाओं की संरचना में निहित थे और फिर इन उपादानों का महत्त्व के अनुसार वर्गीकरण और उनके प्रकार्यों का लेखा-जोखा भी प्रस्तुत किया। नाटक के विषय में अरस्तू ने जो कुछ भी कहा है उसे दुनिया के किसी भी नाटक पर लागू किया जा सकता है। इसी प्रकार का दावा कविता की कॉलरिज की अवधारणा के विषय में किया जा सकता है। साहित्य सैद्धान्तिकी राष्ट्रीय सीमाओं को स्वीकार ही नहीं करती।

आलोचक के कार्यभार की चुनौतियाँ विद्वान की चुनौतियों की तुलना में ही भारी नहीं होतीं बल्कि रचनाकार की भी चुनौतियों से भारी होती हैं। लेखक, चाहे वह कवि, नाटककार अथवा उपन्यासकार हो, सभी आकार-प्रकार के यथार्थ से उलझता है, उसे अन्तरस्थ करता है और अन्ततः उसे अपने ढंग से प्रस्तुत करता है। इसके विपरीत, आलोचक बाह्य यथार्थ की भाषिक निर्मिति से प्रतिक्रियाशील

होता है जो रचनाकार की चिन्ता में आने वाले यथार्थ की तुलना में कहीं अधिक जटिल और उलझा हुआ होता है। ऐसा कहा जाता है और उचित ही कहा जाता है कि रचनाकार द्वारा रचित विश्व नैसर्गिक विश्व की अपेक्षा शुभतर और अधिक वरेण्य होता है। 16वीं शताब्दी में सर फिलिप सिडनी ने घोषित किया था कि "प्रकृति रचित विश्व पीताभ होता है, कवि रचित विश्व ही स्वर्णाभ होता है।"[4] लेकिन पीताभ विश्व कैसे स्वर्णाभ में रूपान्तरित होता है, यह स्वर्णाभ विश्व कितना स्वर्णाभ होता है, शेक्सपियर रचित स्वर्णाभ विश्व कांग्रीव अथवा लिलो द्वारा रचित किंचित् लघु मात्रा में स्वर्णाभ विश्व की अपेक्षा क्यों श्रेष्ठ है, स्वर्णाभ विश्व और पीताभ विश्व में क्या अन्तर होता है—इन सारे प्रश्नों का समाधान केवल आलोचक ही कर सकता है। नैसर्गिक पीताभ विश्व की प्रतिक्रिया में जिस स्वणार्भ विश्व की रचना कवि करता है, उस स्वर्णाभ विश्व की परीक्षा ही आलोचक का मुख्य कार्यभार होता है।

समालोचक एक कदम आगे जाकर रचनाकार को वह भी बता सकता है जिसे वह जानता ही नहीं है। सम्भव है कि टी.एस. इलियट तब भौचक्के रह गए हों जब उन्हें आलोचक ने यह बताया कि *द वेस्ट लेंड* प्रथम विश्वयुद्धोत्तर पीढी की हताशा-निराशा की अभिव्यक्ति है लेकिन आलोचक आश्वस्त था कि उसकी बात सही थी और पाठक आलोचक से सहमत था।[5] यही नहीं बल्कि आलोचक के लिए अपेक्षित उपकरण, जिन्हें वह अपने अध्यवसाय से अर्जित करता है, रचनाकार के लिए कतई जरूरी नहीं होते। अनेक कवि मिल जाएँगे जिन्हें रस-छन्द-अलंकार के बारे में कुछ भी अता-पता नहीं होता; इसी तरह अनेक कहानीकार अथवा उपन्यासकार भी मिल जाएँगे जिन्हें यह नहीं मालूम कि किस कलात्मक प्रक्रिया से किसी कथा को कथानक में बदला जाता है। लेकिन आलोचक के लिए इस सब की जानकारी अनिवार्य होती है, अन्यथा न तो वह किसी कविता के लयात्मक सौन्दर्य को उद्घाटित कर पाएगा और न ही किसी कलात्मक आख्यान की आत्मा के रूप में कथानक की व्याख्या कर पाएगा। आलोचक के लिए आवश्यक है कि मानवीकियों और समाजविज्ञानों की सभी शाखाओं का कम से कम कामचलाऊ ज्ञान उसके पास हो। इसके साथ ही कम से कम उन शुद्ध विज्ञानों की प्रमुख अवधारणाओं और उपलब्धियों से भी उसे परिचित होना चाहिए जिनका किसी न किसी रूप में साहित्य पर प्रभाव पड़ा है अथवा पड़ने की सम्भावना हो सकती है। उसके लिए यह भी आवश्यक है कि वह विश्व की कालजयी साहित्यिक कृतियों से तो परिचित हो ही किन्तु साथ ही आलोचना के क्षेत्रों में महत्त्वपूर्ण नवोन्मेषों तथा गवेषणात्मक उपागमों से भी घनिष्ठ रूप से परिचित हो। लेकिन यह सारा उद्यम तब तक किसी काम का नहीं होता जब तक आलोचक में वह आलोचनात्मक प्रतिभा नहीं होती जो आलोचक के लिए उतनी ही महत्त्वपूर्ण होती है जितनी किसी कवि के लिए सृजनात्मक कल्पना शक्ति।

चूँकि मेरा विषय आलोचना है, अतः समय की सीमा के भीतर संक्षेप में उस उत्तर-आधुनिक विश्वास की चर्चा अवश्य ही कर देना चाहता हूँ जिसके अनुसार साहित्य और आलोचना दोनों की मृत्यु हो चुकी है। तर्क यह दिया जाता है कि अब साहित्य का स्थान लेखन (इक्रीचर) ने और आलोचक का स्थान पाठक ने ले लिया है, अतः आलोचना अनावश्यक हो गई है। और भी, उत्तर-आधुनिकता यह मानती है कि पाठ कोई ऐसा सुनिश्चित अर्थ सम्प्रेषित ही नहीं करता जिसे आलोचक अधिकार सहित व्याख्यायित कर सके। मैंने अपने एक विस्तृत लेख में पहले ही लेखक की उपस्थिति को रेखांकित किया है।[6] इसके साथ ही मैं *दि आइडेंटिटी ऑफ लिटरेचर : अ रिप्लाइ टु जॉक देरिदा* नामक अपनी पुस्तक शीघ्र ही पूरी करने वाला हूँ जिसमें मैंने साहित्य की विशिष्ट पहचान पर बल दिया है।[7] यदि लेखक और साहित्य की मृत्यु नहीं हुई है तो आलोचना की मृत्यु कैसे हो सकती है? और किसी पाठ का अर्थ इतना अनिश्चित भी नहीं होता जितना देरिदा और पाठकवादी सिद्धान्तकार प्रचारित कर रहे हैं क्योंकि पाठ स्वयं उस सीमा को नियंत्रित करता है जिस सीमा तक पाठ के प्रति विभिन्न पाठकों की प्रतिक्रियाओं में भिन्नता होती है।[8] इसी क्रम में मैं जर्मन दार्शनिक युरगन हैबरमास का उल्लेख करना चाहूँगा जिन्होंने दर्शन और साहित्य के अन्तर को पुनर्स्थापित किया है और इस प्रकार दोनों अनुशासनों की विशिष्ट पहचान को पुष्ट कर दिया है।[9]

भारतीय सन्दर्भ में आलोचना

आलोचना पर इन सामान्य टिप्पणियों को यहीं विराम देते हुए अब मैं भारतीय सन्दर्भ में आलोचना पर कुछ बातें कहना चाहूँगा। इस सन्दर्भ में जहाँ तक भारतीय अंग्रेजी लेखन का प्रश्न है तो यहाँ स्थिति काफी उलझी हुई है। एक ओर पश्चिमी आलोचना पद्धतियाँ हैं जिनमें एक के बाद एक उभरने वाले आन्दोलनों के चलते तेजी से बदलाव आता रहा है। इन आन्दोलनों के भारत पहुँचते ही अंग्रेजी अथवा अन्य भारतीय भाषाओं के विद्वान बिना सोचे-समझे इनका इस्तेमाल करना शुरू कर देते हैं। दूसरी ओर, संस्कृत काव्यशास्त्र ने भारतीय अंग्रेजी अध्ययनों में व्यापक स्तर पर अपना प्रभाव-विस्तार किया है। स्थिति यहाँ तक पहुँच गई है कि अनेक विद्वानों का मत यह है कि आलोचनात्मक उपकरणों और प्रविधियों के लिए संस्कृत काव्यशास्त्र ही एकमात्र स्रोत है। मैं दोनों स्थितियों को अतिरेकी मानता हूँ।

पश्चिमी आलोचना पद्धतियों का अन्धानुकरण किसी भी प्रकार से उचित नहीं कहा जा सकता। 1962—64 में एम.ए. के छात्र के रूप में मुझे उस समय के आलोचना परिदृश्य का स्मरण है। वह समय था अमरीकी 'नई' समीक्षा के दबदबे का। इस समीक्षा आन्दोलन पर विदेशों में ही नहीं अपितु इस देश में भी एक के

बाद एक लेख और पुस्तकें लिखी जा रही थीं। किसी के पास 'नई' समीक्षा पर सोचने-विचारने का धैर्य अथवा समय नहीं था और एकमात्र आलोचना पद्धति के रूप में इसे स्वीकार कर लिया गया था। पश्चिम में यह पद्धति फैशन में थी, सो इसे उसी रूप में यहाँ भी मान्यता मिल गई थी, ठीक वैसे ही जैसे पेरिस अथवा लन्दन में प्रचलित रहन-सहन के फैशन तत्काल ही सारी दुनिया पर छा जाते हैं। 'नई' समीक्षा की तुलना में कहीं अधिक सन्तुलित और सुसंगत और आर.एस. क्रेन द्वारा प्रस्तावित शिकागो स्कूल की आलोचना सैद्धान्तिकी की कहीं चर्चा ही नहीं हो रही थी। उसी दौरान अपने शोध-कार्य के क्रम में मेरा ध्यान शिकागो आलोचना सैद्धान्तिकी की ओर गया और मैंने महसूस किया कि 'नई' समीक्षा की तुलना में यह सैद्धान्तिकी कहीं अधिक वरेण्य है। हम जानते हैं कि 'नई समीक्षा' अपनी उपपत्तियों और सैद्धान्तिकी के लिए कॉलरिज की ऋणी है। मैं तब यह जान सका कि एक वैकल्पिक आलोचना परम्परा भी है जो शिकागो आलोचकों से होते हुए पीछे अरस्तू तक जाती है। 1967 में *द लिटरेरी क्राइटेरियन* पत्रिका में शिकागो आलोचना पर मेरा लेख प्रकाशित हुआ, जिसका अनुवाद कन्नड़ और हिन्दी में भी प्रकाशित हुआ। साल बीतते-बीतते प्रो. एम.एस. नागराजन और प्रो. पी.एस. शास्त्री जैसे वरिष्ठ विद्वानों ने शिकागो सम्प्रदाय के आलोचकों पर लेख लिखे। 'नई' समीक्षा और शिकागो आलोचना सम्प्रदाय पर मार्च 1968 में काशी हिन्दू विश्वविद्यालय में एक राष्ट्रीय संगोष्ठी आयोजित हुई। परिणामत: शिकागो आलोचकों में विद्वानों और अध्यापकों ने रुचि लेनी शुरू कर दी, फिर तो उन पर शोध निबन्धों का ताँता लग गया और दिल्ली, मद्रास, उस्मानिया, पटना तथा कुरुक्षेत्र जैसे प्रतिष्ठित विश्वविद्यालयों में भी इन आलोचकों पर शोध प्रबन्ध लिखे गए। लेकिन शिकागो आलोचकों में यह रुचि अस्थायी सिद्ध हुई। हम उनसे उनकी आलोचनात्मक अन्तर्दृष्टियों से उतना नहीं प्रभावित हुए जितना कि वे आंग्ल-अमरीकी आलोचना के क्षितिज पर उदित होने वाले नवीनतम नक्षत्र थे। जैसे ही पश्चिम में नई आलोचना प्रवृत्तियों का आगमन हुआ तैसे ही 'नई' समीक्षा और शिकागो आलोचना महज नाम बन कर रह गईं।

1960 और 1970 के दशक में साहित्य-आलोचना के क्षेत्र में एक बार फिर नई प्रवृत्तियों का उदय हुआ। पाठकवादी आलोचना और विखंडनवाद ने 'नई' समीक्षा और शिकागो समीक्षा को पीछे धकेल दिया। इन दोनों आलोचना आन्दोलनों ने 'नई' समीक्षा और शिकागो समीक्षा की विपरीत दिशा में अपने कदम बढ़ाए : पाठकवादियों ने पाठक को केन्द्र बनाया तो विखंडनवाद ने साहित्य और गैर-साहित्य का भेद ही निर्मूल कर दिया।

भारत में पाठकवादी समीक्षा को कोई तवज्जो नहीं मिली क्योंकि इसे पश्चिम में अधिक महत्त्व नहीं मिल पाया था। कुछ इक्के-दुक्के आलोचकों ने ही इस

समीक्षा को अपनाया लेकिन पाठकों के सामान्य स्तर तक पहुँचने में यह अपेक्षा के अनुरूप सफल नहीं हो पाई। विखंडनवाद ने भारत सहित पूरी दुनिया को चकित कर दिया। उत्तर-औपनिवेशिक, नव-स्त्रीवाद, नव-मार्क्सवाद और नव-इतिहासवाद जैसे आलोचना आन्दोलनों ने विखंडनवाद को आत्मसात् कर लिया। किसी भी पश्चिमी आलोचना आन्दोलन को उतना समर्थन नहीं मिला था जितना विखंडनवाद को। 1984 में मैंने अपनी पत्रिका *जर्नल ऑफ लिटरेरी क्रिटिसिज्म* का विखंडनवाद पर विशेषांक उस समय निकाला था जब इसके बारे में शायद ही कोई जानता रहा हो। इसी अंक में विखंडनवाद पर मेरा पहला लेख प्रकाशित हुआ। समय बीतने के साथ विखंडनवाद अंग्रेजी सहित अन्य भारतीय भाषाओं में भी जाना-पहचाना हो गया। एक बार फिर पश्चिम में फैशन में आने वाले आलोचना आन्दोलन को गले लगा लिया गया। मेरे लेख में लोगों ने रुचि दिखाई और उसका हिन्दी अनुवाद भी प्रकाशित हुआ लेकिन लेख के अन्त में विखंडनवाद के विषय में मेरी आलोचनात्मक टिप्पणियों को पूरी तरह अनदेखा कर दिया गया। कुछ विखंडनवादी उक्तियों को उनका निहितार्थ समझे बिना उद्धृत किया जाता रहा। जिस प्रकार कभी 'नई' समीक्षा को समझे-बूझे बिना उसका अन्धानुकरण हुआ था, उसी प्रकार विखंडनवाद का भी हुआ। रूसी रूपवाद में मुझे विखंडनवाद के प्रतिकार की सम्भावना दिखी हालाँकि रूसी रूपवाद के वास्तविक महत्त्व को अभी तक समझा ही नहीं गया है।

1978 में प्रकाशित एडवर्ड सईद की विख्यात पुस्तक *ओरियंटलिज्म* में अपना रूपाकार ग्रहण करने वाला उत्तर-औपनिवेशिक साहित्य सिद्धान्त 1980 के दशक के मध्य में जैसे ही यहाँ आया, तैसे ही हमने बिना सोचे-विचारे उसे स्वीकार कर लिया और इसे हथियार बनाकर पश्चिम को नकार दिया जबकि सईद ने ऐसा कुछ न तो कहा था और न ही स्वयं ही पश्चिम को एकमुश्त नकारा था। सईद अनालोची देशीवाद और वैसे ही अनालोची पश्चिमवाद दोनों को लेकर अत्यधिक सावधान हैं क्योंकि उनका मानना है कि इस प्रकार के अतिवाद से पूर्व और पश्चिम के बीच पहले से ही मौजूद खाई और अधिक चौड़ी होती जाएगी जबकि वे चाहते हैं कि दोनों एक-दूसरे को ठीक से समझते हुए निकट आएँ ताकि दुनिया रहने लायक और बेहतर जगह बन सके। सईद संघर्ष के बजाय सहमति और सहयोग के पक्ष में हैं। लेकिन सईद भारत और मध्य-पूर्व दोनों जगह गलत समझे जाते हैं। उन्हें तीसरी दुनिया अथवा मध्य-पूर्व के मुसलमानों का प्रवक्ता मान लिया गया है और इसीलिए उत्तर-औपनिवेशिक सैद्धान्तिकी में पश्चिम को खारिज किये जाने पर जोर दिया जाता है। सईद को साक्षी बनाकर पूर्व के साहित्य और संस्कृति को पश्चिम के साहित्य और संस्कृति से श्रेष्ठ मान लेने की प्रवृत्ति मुखर हो गई है और स्थिति यहाँ तक पहुँच गई है कि खबरों के अनुसार पश्चिमी उत्तर प्रदेश के एक विश्वविद्यालय में अंग्रेजी के पाठ्यक्रम से शेक्सपियर को हटा दिया गया है और उत्तर भारत के एक

प्रतिष्ठित विश्वविद्यालय में यूरोप के क्लासिकी साहित्य को पाठ्यक्रम से हटाकर उसके स्थान पर अंग्रेजी में अनूदित भारतीय साहित्य रख दिया गया है। अंग्रेजी (ऑनर्स) के पाठ्यक्रम में इसकी क्या संगति हो सकती है? यदि अंग्रेजी साहित्य वास्तव में इतना खतरनाक है कि इसी के रास्ते भारतीयों के मस्तिष्क को विकृत करने वाला उपनिवेशवाद देश में घुस आया था, तब अंग्रेजी साहित्य का अध्ययन ही क्यों किया जाय? यदि, जैसा कि एडवर्ड सेपिर और बेंजामिन ली वोर्फ ने बहुत पहले ही कह दिया था[10] भाषा ही संस्कृति होती है, तब तो अंग्रेजी भाषा पश्चिमी संस्कृति की देह है और ईमानदारी का तकाजा यही है कि हम अंग्रेजी भाषा का परित्याग कर भारतीय भाषाओं की ओर रुख कर लें। लेकिन क्या हम इसके लिए मानसिक रूप से तैयार हैं? भारतीय संवेदना का सम्बन्ध मूल्यों से है, न कि भाषा से। और इसीलिए हमें अंग्रेजी भाषा और अंग्रेजी साहित्य से इतना भयभीत नहीं होना चाहिए।

भारतीय अंग्रेजी आलोचना में एक धारा है, संस्कृत काव्यशास्त्र की। पश्चिमी आलोचना और संस्कृत काव्यशास्त्र को लेकर हमारी प्रतिक्रियाओं में एक विचित्र समान्तरता है : हम दोनों को ही स्वीकार कर लेते हैं, बिना कोई सवाल उठाए। हम पश्चिमी आलोचनाशास्त्र और भारतीय काव्यशास्त्र के दो अतिवादी ध्रुवों के बीच झूलते रहते हैं जबकि हमें दोनों को आलोची कसौटी पर कसना चाहिए और दोनों की अन्तर्दृष्टियों का इस्तेमाल करते हुए अपना रास्ता बनाना चाहिए।

आलोचना और संस्कृति

आलोचना के रास्ते पर लम्बे समय तक चलने वाली अपनी बौद्धिक यात्रा के क्रम में मुझे यह अनुभव हुआ है कि आलोचना और संस्कृति को एक-दूसरे का हाथ थामे रहना चाहिए और यह कि दोनों क्षेत्रों में हमें एक ही दृष्टिकोण बनाए रखना चाहिए। मैंने पहले शिकागो आलोचकों का सन्दर्भ दिया है और यह भी संकेत किया है कि एक समय इन आलोचकों ने भारतीय विद्वानों को भी आकर्षित किया था। शिकागो आलोचकों में मुझे प्रभावित करने वाली चीज थी साहित्यिक मूल्यांकन के क्रम में उनकी बहुलवादी आलोचनात्मक दृष्टि। समय के साथ मुझे यह भी अनुभव हुआ कि साहित्य के मूल्यांकन में इन आलोचकों द्वारा प्रयुक्त बहुलवादी दृष्टि का प्रयोग संस्कृति के सन्दर्भ में भी किया जा सकता है।

प्रत्येक साहित्य अध्येता को अपने अनुशासन के कलात्मक पक्ष के साथ ही सांस्कृतिक आयामों को भी ध्यान में रखना चाहिए। उसके लिए यह जानते रहना आवश्यक है कि साहित्य से मिलने वाली कलाजन्य सुखानुभूति की प्रकृति को संस्कृति से कैसे सम्बद्ध किया जा सकता है? कलानुभूति से जन्मी सुखानुभूति में बहुलवाद अन्तर्निहित होता है। इस बिन्दु पर 1998 में प्रकाशित अपने एक लेख

'कविता और विश्वास' से कुछ पंक्तियों को उद्धृत करने के लोभ का संवरण नहीं कर पा रहा हूँ :

> बहुलवाद साहित्यिक सुखानुभूति को आलोचनात्मक आस्वादन के आगे संस्कृति के आलोचनात्मक आस्वादन तक विस्तार पाना चाहिए...। अपने विश्वासों में रूपायित बहुलवाद के माध्यम से कविता जो सीख हमें दे सकती है वह है द्वन्द्वरत सांस्कृतिक मूल्यों को सहानुभूतिपूर्वक समझना और यह अनुभव करना कि जो सांस्कृतिक मूल्य हमारे नहीं हैं, वे भी परिपक्व, निष्ठापूर्ण और स्वीकरणीय हो सकते हैं। कविता हमारी सहानुभूति की सीमाओं का विस्तार कर हमें एक बेहतर मनुष्य बना सकती है।[11]

सांस्कृतिक भिन्नता के प्रति सहिष्णुता की यह भंगिमा आई.ए. रिचड्र्स द्वारा सुझाए गए कविता द्वारा प्रेरित मानसिक अनुकूलन से कहीं अधिक महत्त्वपूर्ण है। यदि हम कविता में उन विश्वासों का आनन्द उठा सकते हैं जो हमारे नहीं हैं, तो जीवन में हम उन सांस्कृतिक भिन्नताओं को भी सहज भाव से ले सकते हैं जो हमारी अन्तरंग सांस्कृतिक मान्यताओं से भिन्न होती हैं। कविता के भीतर और बाहर कसौटी सिर्फ यही होती है कि ऐसी मान्यताएँ और विश्वास परिपक्व हों।

साहित्य से साहित्य समीक्षा की ओर मुड़ते हुए मैंने तीन विरोधी युग्मों की अवधारणा निर्धारित की है, जिन्हें साहित्य समीक्षा और संस्कृति दोनों क्षेत्रों में प्रयोग किया जा सकता है :

एकलवाद	बहुलवाद
निरस्ति	असहमति
सामान्यीकरण	आलोची विवेक

इन पदों का प्रयोग मैंने अपने आलोचनात्मक लेखन में प्राय: किया है लेकिन ये पद साहित्य समीक्षा और संस्कृति चिन्तन में कितने प्रभावी विश्लेषणात्मक उपकरण हो सकते हैं, इसे यहाँ किंचित् स्पष्ट करना चाहूँगा।

एकलवाद बनाम बहुलवाद

आलोचना के क्षेत्र में इन पदों का प्रयोग पहली बार शिकागो आलोचकों ने किया था जिन्होंने 'नये' अमरीकी समीक्षकों पर आलोचना में एकलवाद को प्रश्रय देने का आरोप लगाया था और उनके विरोध में बहुलवादी आलोचना प्रस्तावित की थी। आर.एस. क्रेन ने 'क्लियन्थ ब्रुक्स; ऑर द बैंक्रप्ट्सी ऑफ क्रिटिकल मॉनिज्म' (क्लियन्थ ब्रुक्स; अथवा आलोचनात्मक एकलवाद का दिवालियापन) नामक अपने

निबन्ध में 'नई' समीक्षा के उन्नायकों में से एक क्लियन्थ ब्रुक्स की खिल्ली उड़ाई और उनके एक अन्य सहयोगी एल्डर ऑल्सन ने 'विलियम एम्पसन, कंटेम्पररी क्रिटिसिज्म, एंड पोइटिक डिक्शन' (विलियम एम्पसन, समकालीन आलोचना और काव्य भाषा) में विलियम एम्पसन को अपना निशाना बनाया। दोनों की शिकायत यही थी कि 'नई' आलोचना के कर्णधारों ने साहित्य सम्बन्धी अपने सारे चिन्तन को भाषा चिन्तन में न्यूनीकृत कर दिया है और यह भाषा चिन्तन भी संकुचित होकर 'भंगिमा' (जेस्चर), विरोधाभास (पैराडॉक्स), अनेकार्थकता (ऐम्बिगुइटी), तनाव (टेंशन) जैसे उनके कुछ प्रिय पदों तक संकुचित हो गया है तथा विधागत भेदों की उपेक्षा की गई है। उदाहरण के लिए, 'नई' समीक्षा में शेक्सपियर के *किंग लियर* और *मैकबेथ* जैसे नाटकों का विश्लेषण किसी कविता की ही भाँति किया गया है।[12]

यदि एक ओर 'नई' समीक्षा आन्दोलन से जुड़े आलोचक कॉलरिज को अपना प्रेरणास्रोत मानते थे, तो दूसरी ओर शिकागो आलोचक अरस्तू की ओर लौट गए। 'नये' आलोचकों पर कॉलरिज का प्रभाव आई.ए. रिचर्ड्स के माध्यम से आया जिन्होंने कॉलरिज के कल्पना सिद्धान्त पर एक पूरी पुस्तक ही प्रकाशित की थी। भाषा में कॉलरिज की गहरी रुचि ने रिचर्ड्स और 'नये' आलोचकों दोनों को गहरे प्रभावित किया। शिकागो आलोचकों को अरस्तू में कुछ ऐसा दिखाई पड़ा जो उन्हें कॉलरिज में नहीं मिल पा रहा था। जैसा कि सभी जानते हैं, अरस्तू की पोइटिक्स में ट्रैजिडी के आभ्यान्तरिक उपादानों में भाषा सबसे निचले पायदान पर रखी गई है। ट्रैजिडी के चार संरचक तत्त्वों—कथानक, चरित्र, विचार और भाषा—को श्रेणीक्रम में रखा गया है जिसका तात्पर्य है कि कथानक को सर्वाधिक और भाषा को न्यूनतम महत्त्व दिया गया है। शिकागो आलोचकों ने नाटक के विषय में अरस्तू के विचारों को कथा और कविता जैसे भिन्न साहित्य रूपों में भी इस्तेमाल किया और इस प्रकार इस निष्कर्ष पर पहुँचे कि कविता और विशेष रूप से गीति विधा की कविता में तो भाषा का केन्द्रीय महत्त्व हो सकता है लेकिन दूसरी विधाओं में अन्य उपादान वह स्थान ले लेते हैं, जैसे उपन्यास में कथानक। गीति विधा में भी शिकागो आलोचक सर्वप्रथम इसमें व्यक्त केन्द्रीय तत्त्व अर्थात् जिसे अरस्तू ने विचार कहा है उसकी पहचान करते हैं और फिर इसी के सन्दर्भ में इसकी संरचना और बिम्ब-विधान की परीक्षा करते हैं। 'नये' समीक्षकों के विपरीत, शिकागो समीक्षक लेखक अथवा पाठ पर अपने पूर्व-निर्धारित आलोचनात्मक सूत्रों को नहीं लादते और इस प्रकार वे किसी साहित्यिक कृति में लेखक के आशय की तलाश करते हैं। इस उपागम में लेखकों और रचनाकारों के साथ पूरा न्याय किया जाता है।

संस्कृति के क्षेत्र में भी एकलवाद और बहुलवाद के अन्तर का बहुत महत्त्व होता है। एकलवादी प्रत्येक चीज को अपने ही पैमाने पर तौलता है और यह मान

कर चलता है कि जो वह सोचता है, वही सभी सोचते हैं या सभी को सोचना चाहिए। किसी एक पेशे, जीवन में प्रति किसी एक नजरिये, किसी एक जीवन-शैली, किसी एक राजनीतिक व्यवस्था, किसी एक धर्म को सर्वोपरि मानकर अन्यों को या तो अपमानित किया जाता है अथवा उन्हें खारिज कर दिया जाता है। जैसे सबके चेहरे एक जैसे नहीं होते, उसी प्रकार सबकी आवाजें एक जैसी नहीं होतीं और इसी प्रकार जीवन के प्रति सबका नजरिया एक जैसा नहीं हो सकता। यदि हम भिन्नताओं का सम्मान करना सीख लें तो हम एक बेहतर, एक समृद्धितर जीवन जी सकते हैं और साथ ही अधिक से अधिक लोगों के सम्पर्क-सद्भाव का लाभ उठा सकते हैं। मेरा अपना मानना है कि कोई भी पेशा खराब नहीं होता बशर्ते उसे करने वाला व्यक्ति उसे पूरी निष्ठा से करे और बिना अपनी मानवता खोए करे। हर पेशे की अपनी कुछ विशिष्टताएँ और जिम्मेदारियाँ होती हैं और उनके लिए हमें अपने को तैयार रखना चाहिए। यदि कोई अध्ययन-अध्यापन के क्षेत्र में कार्य करता है तो उसे किसी व्यापारी जैसे जीवन की आकांक्षा नहीं करनी चाहिए क्योंकि व्यापारी का उद्देश्य होता है अधिक से अधिक धन कमाकर अपने व्यापार को लगातार आगे बढ़ाते जाना ताकि वह सुख-सुविधाओं का जीवन व्यतीत कर सके लेकिन उसे अध्ययन-अध्यापन करने वाले की प्रतिष्ठा और सम्मान नहीं मिल सकता। हर पेशे के अपने हानि-लाभ होते हैं, इस बुनियादी तथ्य का हमें सदैव ध्यान रखना चाहिए। जीवन के प्रति बहुलवादी दृष्टिकोण सभी के लिए सुखद होता है।

लेकिन इस बिन्दु पर सावधान भी करना चाहूँगा। यदि एक ओर निर्द्वन्द्व एकलवाद तानाशाही की प्रवृत्ति की ओर ले जा सकता है तो दूसरी ओर आलोचना और संस्कृति के क्षेत्र में पूर्ण बहुलवाद अराजकता को जन्म दे सकता है। उदाहरण के लिए, यदि कोई कवि खराब कविता लिखना चाहता है और इसमें सफल हो जाता है तो इसे खारिज करने के अलावा हमारे पास और कोई विकल्प नहीं बचता, भले ही वह कवि अपने लक्ष्य को प्राप्त करने में सफल हो गया है। इसी तरह यदि कोई यह निश्चय कर लेता है कि वह जेबकतरा बनना चाहता है और अपने उद्देश्य में सफल हो जाता है तो जीवन के प्रति उसके दृष्टिकोण को हम अस्वीकार ही करेंगे, भले ही जीवन में उसने अपना उद्देश्य प्राप्त कर लिया है। बहुलवाद व्यक्ति को अपना कर्म-क्षेत्र चुनने की स्वतंत्रता तो मुहैया करा देता है लेकिन यह स्वतंत्रता तभी फलदायी होती है जब उसे तर्क-सम्मत सीमा के बाहर न जाने दिया जाए। हमें स्वतंत्रता अवश्य ही चाहिए लेकिन इसके साथ ही कुछ ऐसे सामान्य मानक अवश्य ही होने चाहिए जो इस स्वतंत्रता को मर्यादा की सीमा में रख सकें। एकलवाद का किंचित् संस्पर्श बहुलवादी आलोचना और संस्कृति के क्षेत्र में फलदायी होगा।

निरस्ति बनाम असहमति

निरस्ति और असहमति के अन्तर को स्पष्ट करने के लिए मैं अपने ही अनुभव से एक उदाहरण दे रहा हूँ। उत्तर भारत के एक केन्द्रीय विश्वविद्यालय में मुझे एडवर्ड सईद पर व्याख्यान देना था। मेरे साथ एक प्रतिष्ठित विश्वविद्यालय के प्रोफेसर थे। विद्वान प्रोफेसर ने सईद को पूरी तरह खारिज कर दिया। उन्होंने सईद द्वारा प्रयुक्त 'ओरियंट' पर ही सवाल खड़े कर दिये क्योंकि उनके अनुसार 'ओरियंट' की अपनी अवधारणा में सईद ने भारत को शामिल नहीं किया। किपलिंग के उपन्यास *किम* के सईद द्वारा सम्पादित संस्करण का सन्दर्भ लेते हुए उन्होंने सईद के उत्तर भारत के भूगोल ज्ञान पर सवाल उठा दिये; उदाहरण के लिए, सईद को इलाहाबाद और कानपुर की भौगोलिक स्थिति की जानकारी नहीं थी और न ही इन दोनों शहरों के बीच दूरी की। अपने अध्यक्षीय वक्तव्य में मैंने उनकी आपत्तियों को विनम्रतापूर्वक खारिज करते हुए कहा कि *ओरियंटलिज्म* की भूमिका में ही सईद ने यह बता दिया है कि उनकी पुस्तक की केन्द्रीय चिन्ता 'इस्लामिक ओरियंट' है जहाँ उनका जन्म और पालन-पोषण हुआ।[13] और यदि विद्वान प्रोफेसर द्वारा बताई गईं भौगोलिक गलतियाँ हैं भी तो क्या इस प्रकार सईद को एकमुश्त खारिज कर देना युक्तिसंगत हो सकता है? मेरे विचार से नहीं। इन भूलों-गलतियों से अप्रभावित सईद की मुख्य उपलब्धि है उस रूपवादी आलोचना पद्धति को हाशिये पर डाल देना जो रूसी रूपवाद से लेकर विखंडनवाद तक के पूरे दौर में अपना वर्चस्व कायम किये हुई थी।

यहाँ यह कतई नहीं समझा जाना चाहिए कि हमें आँख मूँदकर सईद की हर स्थापना को मान लेना चाहिए अथवा यह कि उनकी आलोचना में कमजोर पक्ष हैं ही नहीं। किसी भी आलोचक अथवा चिन्तक की तरह उनमें भी कमियाँ हैं और उनकी आलोचना अवश्य ही होनी चाहिए। लेकिन केवल छिद्रान्वेषण हमारा उद्देश्य नहीं होना चाहिए। कुछ स्पष्ट बिन्दुओं पर हमें सईद से असहमति व्यक्त करने का अधिकार है लेकिन उन्हें एकदम खारिज कर देना अनुचित होगा। कुछ बातों पर मैं सईद से वैसे ही असहमत हूँ जैसे इलियट से लेकिन मैं दोनों का प्रशंसक रहा हूँ और उनसे काफी कुछ सीखा भी है।

आलोचना के सन्दर्भ में जो बात सही है, वही जीवन के लिए भी। दुनिया में कोई भी पूर्ण नहीं होता और इसीलिए पूर्णता की अपेक्षा करना भी बेमतलब होता है। सभी लोग कमजोरियों और अच्छाइयों के मिश्रण होते हैं और इसीलिए कमजोरियों की आलोचना को उचित मानते हुए हमें उनकी अच्छाइयों की ओर से आँखें नहीं चुरानी चाहिए। देखना केवल यह चाहिए किसी व्यक्ति में अच्छाइयों और कमजोरियों का मिश्रण ऐसा तो नहीं है कि उसमें कमजोरियों की मात्रा बहुत अधिक हो गई हो। एक बार फिर मैं अपने निजी अनुभवों की ओर लौटूँगा।

मैं अपने विश्वविद्यालय के कुलपतियों से औपचारिक सम्बन्ध ही रखता था, क्योंकि यही मेरे स्वभाव के अनुकूल रहता था। अनायास प्रसन्न अथवा अप्रसन्न करने के बजाय, मैं तटस्थ भाव से व्यवहार करता था और इसीलिए अधिकांश कुलपतियों से मेरा ताल-मेल ठीक रहा लेकिन मेरे अध्यापन काल के अन्तिम चरण में एक ऐसे कुलपति आए जिनके स्वभाव से मुझे परेशानी होती थी, हालाँकि उन्हें मुझ पर अतिशय भरोसा रहता था। उनकी प्रशासनिक क्षमता निश्चित ही उच्च कोटि की थी। अनेक अध्यापक ऐसे थे जो नितान्त ही व्यक्तिगत कारणों से उनसे मतभेद रखते थे। मुझ ज्ञात था कि ऐसे लोग उनकी कड़ी निन्दा करते थे और उनके ऊपर झूठे आरोप लगाते रहते थे जो कि अनुचित था। आप किसी ऐसे आदमी को अपने निजी कारणों से खारिज नहीं कर सकते जो अपने काम में एकनिष्ठ भाव से दक्ष हों। मैं मानता हूँ कि ऐसे व्यक्ति से भी असहमत होने और उसकी किन्हीं कमजोरियों की आलोचना करने का आपको अधिकार होता है।

आलोचना और संस्कृति के सन्दर्भों में निरस्ति और असहमति के बीच यह अन्तर मुझे बहुत ही काम का लगा है। अनेक ऐसे उदाहरण हैं जहाँ असहमति के बजाय निरस्ति को आधार बनाया गया और इस प्रकार अनावश्यक रूप से क्षति के परिणाम सामने आए।

सामान्यीकरण और विवेकसम्मत निर्णय

इस विरोधी युग्म के दोनों पद पहले व्याख्यायित युग्म के पदों से बहुत भिन्न नहीं हैं लेकिन अपने फोकस में अवश्य ही भिन्न हैं। अपने आप में सामान्यीकरण कोई समस्या नहीं होती क्योंकि अपने चारों ओर की दुनिया के सामान्य बोध के लिए यह आवश्यक होता है लेकिन एकमुश्त सामान्यीकरण से आलोचना और संस्कृति दोनों में समस्याएँ पैदा हो जाती हैं। किसी लेखक अथवा व्यक्ति के सभी आयामों पर विचार करते हुए कुछ प्रमुख आयामों के आधार हम उसके विषय में एक सामान्य धारणा बना लेते हैं लेकिन सामान्यीकरण का असली रूप तब प्रकट होता है जब उसके गिने-चुने लक्षणों के आधार पर ही उसके विषय में कोई सामान्य धारणा बना ली जाती है। मैं एक उदाहरण लेता हूँ जिससे हम सभी परिचित हैं—रोमांटिसिज्म और क्लासिसिज्म में अन्तर जिसका इस्तेमाल विद्वान और आलोचक दोनों करते हैं। हम यह मानकर चलते हैं कि दोनों एक-दूसरे का नकार है लेकिन थोड़ा ध्यान से विचार करने से ही यह जाहिर हो जाता है कि जिन लक्षणों के आधार पर हम एक को परिभाषित करते हैं वे न्यूनाधिक मात्रा में दूसरे में भी मौजूद ही नहीं हो सकते बल्कि वास्तव में मौजूद हैं। चूँकि उनके विस्तार में जाना यहाँ सम्भव नहीं है, अत: मैं केवल एक उदाहरण से ही अपनी बात स्पष्ट करने का प्रयास करूँगा।

यह प्राय: माना जाता है कि रोमांटिक कविता व्यक्ति-केन्द्रित होती है और क्लासिकी कविता निर्वैयक्तिक होती है। लेकिन ध्यान से देखने पर मालूम हो जाता है कि ड्राइडन के *ऐबसॉलम एंड ऐकटोफेल* और पोप के *द डन्सिएड* में व्यक्तिगत तत्त्व मौजूद हैं जबकि दोनों कविताएँ नव-क्लासिकी दौर की उल्लेखनीय रचनाएँ हैं। एक ओर यदि ड्राइडन की कविता में समकालीन राजनाति के सन्दर्भ में उनके अपने पक्ष के समर्थन की ध्वनि साफ सुनाई पड़ती है क्योंकि वे किंग चार्ल्स द्वितीय को राजसिंहासन का असली दावेदार मानते थे तो दूसरी ओर पोप थियोबाल्ड को अपनी कविता का नायक चुनते हैं क्योंकि उनसे पोप का व्यक्तिगत मतभेद था और *द न्यू डन्सिएड* में वे कोली सिबर को चुनते हैं क्योंकि राजकवि के रूप में सिबर का चुना जाना उन्हें नापसन्द था। ड्राइडन के व्यंग्य के लक्ष्य राजा के विरोधी, खासकर दि अर्ल ऑफ शेफ्ट्सबरी हैं जबकि पोप की कविताओं के व्यंग्य के लक्ष्य थियोबाल्ड और कोली सिबर हैं—एक से उनके व्यक्तिगत मतभेद थे तो दूसरे का राजकवि बनाया जाना उन्हें पसन्द नहीं था।

जिस प्रकार वैयक्तिक तत्त्व नव-क्लासिकी कविता में उपस्थित हैं उसी प्रकार रोमांटिक कविता में निर्वैयक्तिक तत्त्व मौजूद हैं। माना यह जाता रहा है कि नव-क्लासिकी कविता की पहचान है उसमें अनुस्यूत सामाजिक चिन्ताएँ लेकिन रोमांटिक कविता में भी सामाजिक चिन्ताएँ मौजूद हैं। वड्र्सवर्थ द्वारा ग्राम्य जीवन और ग्रामीण-जनों की भाषा की प्रशंसा उस औद्योगिक क्रान्ति के प्रति उनकी प्रतिक्रिया से जन्मी है जिसके कारण ग्रामीण लोग लन्दन और मैनचेस्टर जैसे नगरों की ओर पलायित होने के लिए और फैक्टरियों में मजदूरों के रूप में काम करते हुए शोषण और दानवीकरण के शिकार बनने के लिए विवश थे। वड्र्सवर्थ चाहते थे कि वे अपने गाँव में ही रहें जहाँ जीवन नगरों की अपेक्षा सरल और सुखी था। चार्ल्स जेम्स फॉक्स को लिखे वड्र्सवर्थ के पत्र को उद्धृत करते हुए टी. एस. इलियट ने टिप्पणी की है, "कविता में रूपगत नवीनता और काव्य भाषा पर उनके विचारों के पीछे वड्र्सवर्थ की सामाजिक रुचियों की भूमिका है... ।"[14] उपर्युक्त तर्कों से यह स्पष्ट है कि रोमांटिसिज्म और क्लासिसिज्म एक-दूसरे के विलोम के रूप में नहीं लिये जाने चाहिए क्योंकि दोनों में अनेक तत्त्व उभयनिष्ठ हैं। फिर भी, दोनों में अन्तर है और इसे माना भी जाना चाहिए क्योंकि साहित्यिक विचार-विमर्श के लिए यह उपयोगी है लेकिन यह भी स्मरण रखा जाना चाहिए कि यह अन्तर आत्यन्तिक नहीं है। जो बात रोमांटिसिज्म और क्लासिसिज्म के बीच आत्यन्तिक विरोध के विषय में सही है, वही आधुनिकता और उत्तर-आधुनिकता के विषय में भी सही है।

आलोचना में एकमुश्त खारिज करने का एक अन्य उदाहरण है 17वीं और 20वीं शताब्दियों के बीच की अंग्रेजी कविता का टी. एस. इलियट द्वारा किया गया आकलन। इलियट का मानना है कि इस कालखंड की कविता संवेदना की विच्छिन्नता (डिसोशिएशन ऑफ सेंसिबिलिटी) से ग्रस्त है। यह सामान्यीकरण अंग्रेजी कविता

के तीन महत्त्वपूर्ण काव्यान्दोलनों—नव-क्लासिकी, रोमांटिक और विक्टोरियायी—के अनेक प्रतिष्ठित कवियों और प्रख्यात कविताओं की उपेक्षा करता है।

समकालीन संस्कृति की अनेक व्याधियों में सामान्यीकरण प्रमुख व्याधि है। नस्ल, समुदाय, जाति, राष्ट्र, धर्म, लिंग आदि के विषय में इस प्रकार के सामान्यीकरण प्राय: किये जाते हैं। मुझे यह महसूस होता है कि कोई भी नस्ल, समुदाय, जाति, राष्ट्र, धर्म अथवा लिंग न तो पूरी तरह अच्छा या पूरी तरह बुरा होता है और प्रत्येक श्रेणी में अच्छे और बुरे लोग होते हैं। मैं जानता हूँ कि मुसलमान हिन्दुओं के बारे में सामान्यीकरण करते हैं और हिन्दू मुसलमानों के बारे में। यही स्थिति पश्चिम और पश्चिम वासियों और पूर्व और पूर्व वासियों पर भी लागू होती है; वे भी एक दूसरे के बारे में ऐसे ही सामान्यीकरण करते हुए मिल जाएँगे। पुरुष स्त्रियों के बारे में और स्त्रियाँ पुरुषों को लेकर सामान्यीकरण करती हैं। हम जानते हैं कि ऐसे सामान्यीकरण केवल आंशिक सत्य ही होते हैं। सामान्यीकरण की इसी प्रवृत्ति की ओर एडवर्ड सईद ने हमारा ध्यान अपनी पुस्तक *कल्चर एंड इम्पीरियलिज्म* के अन्तिम अनुच्छेद में खींचा है :

> आज कोई भी शुद्ध एक चीज नहीं है। भारतीय, अथवा महिला, अथवा मुसलमान, अथवा अमरीकी जैसे ठप्पे प्रारम्भ-बिन्दुओं से अधिक कुछ भी नहीं, जिनका यदि वास्तविक अनुभव में एक क्षण के लिए भी अनुगमन किया जाए तो वे पीछे छूट जाएँगे। साम्राज्यवाद ने संस्कृतियों और पहचानों के मिश्रण को भूमंडलीय स्तर पर मजबूत किया। लेकिन इसका अधमतम और सर्वाधिक विरोधाभासी उपहार था लोगों को यह विश्वास दिलाना कि वे केवल, मुख्यतया और शुद्ध रूप से श्वेत अथवा अश्वेत, पश्चिमी अथवा पूर्वी हैं...। दूसरों के बारे में मूर्तत:, सहानुभूतिपरक और विवादी विधि से सोचना केवल 'हमारे' बारे में ऐसा सोचने की अपेक्षा कहीं अधिक फलदायक पर साथ ही कहीं अधिक कठिन होता है।[15]

इन कुछ पंक्तियों में एडवर्ड सईद ने समकालीन संस्कृति की प्रकृति, उसकी समस्याओं और उनके सम्भावित समाधानों की पहचान कर ली है। उनके कहने का निहितार्थ यह है कि चूँकि समकालीन विश्व में कोई परिशुद्ध, ऐकान्तिक वर्ग है ही नहीं, अत: अब समय आ गया है कि जिनका हम निरर्थक विरोध करते रहे हैं उनसे सहानुभूति करें और उनके साथ एकजुट होकर जीना सीखें। पूर्व-पश्चिम, हिन्दू-मुसलमान, स्त्री-पुरुष, अश्वेत-श्वेत, अथवा अन्य किसी भी प्रकार के सम्बन्धों में कोई भी क्षेत्र ऐसा नहीं है जहाँ वर्चस्व जैसी कोई चीज हो सकती है। संघर्ष इसलिए होते हैं कि हम सामान्यीकरणों को छोड़ ही नहीं पाते और न ही उन मिथकों से बच पाते हैं जिनका यथार्थ से कुछ भी लेना-देना नहीं है।

सामान्यीकरणों के स्थान पर आलोची विवेक को वरीयता देनी चाहिए। अंग्रेजी साहित्य के विभिन्न कालखंडों के बारे में हम सामान्यीकरण इसलिए करते हैं ताकि किसी कालखंड विशेष के सामान्य लक्षणों की पहचान हो सके। लेकिन ऐसा करते समय हम उस युग के लेखकों की विशिष्टताओं की उपेक्षा न करें। उदाहरण के लिए, हम रोमांटिक कवियों को ले सकते हैं। हमें पता है कि इन कवियों में जो तत्त्व उभयनिष्ठ है वह है प्रकृति प्रेम, लेकिन हम यह न भूलें कि इस युग के प्रत्येक कवि के लिए प्रकृति प्रेम एक जैसा नहीं है। यदि वड्‌र्सवर्थ 'प्रकृति के पुजारी' हैं क्योंकि प्रकृति उनकी दृष्टि में 'ईश्वर की साँस' है तो कीट्‌स प्रकृति का आनन्द प्रकृति के रूप में ही लेते हैं। यदि कॉलरिज प्रकृति को अपने आभ्यान्तरिक जीवन का ही विस्तार मानते हैं—'प्रकृति हमारे जीवन में ही निवास करती है' तो शेली के लिए प्रकृति इन्द्रियातीत यथार्थ है जिसे वे इन्द्रिय-सुलभ बनाना चाहते हैं। हमें वृक्ष और वन दोनों को देखना चाहिए : हम कवियों के उभयनिष्ठ और विशिष्ट दोनों लक्षणों को पहचानें। सामान्यीकरण के क्रम में हम ऐसा करने में चूक कर बैठते हैं।

संस्कृति में आलोचनात्मक विवेक इस विश्व और इसके निवासियों को ठीक से समझने का सही परिप्रेक्ष्य उपलब्ध कराता है। हम किसी भी व्यवसाय में लगे हुए लोगों का उदाहरण ले सकते हैं। एक स्तर पर एक व्यवसाय में लगे लोग एक ही जैसे हो सकते हैं लेकिन किसी अन्य स्तर पर उनमें पर्याप्त अन्तर हो सकता है। हम अपने ही व्यवसाय का उदाहरण ले सकते हैं जिसमें विवेक की भूमिका अति महत्त्वपूर्ण होती है क्योंकि यही नहीं कि प्रत्येक दिन हमें एक निश्चित अवधि के लिए अपने छात्रों को कक्षा में पढ़ाना पड़ता है बल्कि इसके अलावा हमें पुस्तकें और शोध-पत्र प्रकाशित करना, शोध-निर्देशन करना, सम्मेलन और संगोष्ठियाँ आयोजित करना अथवा उनमें भाग लेना, दूसरे विश्वविद्यालयों में व्याख्यान देना, शोध-पत्रिका सम्पादित करना आदि जैसे काम भी करना होता है क्योंकि इन्हीं सब के चलते हमारा व्यवसाय अन्य व्यवसायों से अलग माना जाता है।

दूसरे व्यवसायों में यदि पद और वेतन समान है तो श्रेष्ठता-सूची में क्रम भी समान होगा, लेकिन हमारे व्यवसाय में यह आवश्यक नहीं जहाँ यह बिलकुल सम्भव है कि कोई असिटेंट अथवा एसोशिएट प्रोफेसर किसी पूर्ण प्रोफेसर की तुलना में अधिक प्रतिष्ठा और ख्याति प्राप्त कर ले। यही बात कमोबेश व्यापार और उद्योग पर भी लागू ही सकती है हालाँकि उस सीमा तक नहीं जैसे हमारे व्यवसाय में होता है। हमसे अच्छी तरह यह कौन जानता है कि धन अन्तिम कसौटी नहीं होता? उदाहरण के लिए, गाँधी जी के सहयोगी और उनकी वित्तीय आवश्यकताओं को सम्हालने वाले उद्योगपति घनश्याम दास बिड़ला उद्योगपति के बजाय एक परोपकारी के रूप में अधिक विख्यात हैं। मुझे पूरा विश्वास है कि आर्थिक समृद्धि और मानवता में कोई अन्तर्विरोध नहीं होता।

उपर्युक्त से यह साफ है कि किसी व्यवसाय में लगे हुए सभी लोग एक ही पैमाने से नहीं मापे जा सकते लेकिन साथ ही प्रत्येक व्यक्ति अपने ही पैमाने से नहीं मापा जा सकता। इसी कारण मेरा यह मत है कि बहुलवाद को सार्थक बनाने के लिए एकलवाद का सहारा आवश्यक होता है। यह सोने को आभूषण का रूप देने के लिए रासायनिक मिश्रण की तरह होता है जिससे आभूषण में चमक आ जाती है। साहित्य आलोचना में एकलवाद के सहारे हम पाठ पर ऐकान्तिक ध्यान केन्द्रित करते हैं, जीवन में धन के बजाय मानवता की आवश्यकता होती है। इन एकलवादी आधारों के अभाव में आलोचना और संस्कृति दोनों अपने रास्ते से भटक जाएँगे।

संस्कृत काव्यशास्त्र और पश्चिमी आलोचना

जिस बहुलवाद की चर्चा मैंने किंचित् विस्तार से की है उससे हमें संस्कृत काव्यशास्त्र और पश्चिमी आलोचना के सापेक्षिक महत्त्व के बारे में एक परिप्रेक्ष्य मिल जाएगा। भारतीय अंग्रेजी आलोचक इन्हीं दो स्रोतों से आलोचना के सूत्र ग्रहण करता है। भारत में अंग्रेजी अध्ययनों में संस्कृत काव्यशास्त्र का प्रवेश प्रो. सी.डी. नरसिम्हैया के प्रयासों से हुआ था जब 1960 के दशक में उनके द्वारा सम्पादित *इंडियन रेस्पॉन्स टु अमेरिकन लिटरेचर* नामक पुस्तक प्रकाशित हुई। साहित्य के विषय में एक सुनिश्चित भारतीय दृष्टि के विचार को अन्य भारतीय विद्वानों ने भी स्वीकार किया और इसी क्रम में प्रो. एम.के. नायक की पुस्तक *इंडियन रेस्पॉन्स टु पोइट्री इन इंग्लिश* प्रकाशित हुई। साहित्य और कविता से चलकर आलोचना में भी इसकी चर्चा शुरू हो गई। जनवरी 1977 में एसोशिएशन ऑफ कॉमनवेल्थ लिटरेचर एंड लैंग्वेज स्टडीज के दिल्ली में आयोजित अन्तरराष्ट्रीय सम्मेलन के अवसर पर मैंने भारतीय अंग्रेजी आलोचना पर एक लेख प्रकाशित किया जिसमें मैंने उस समय के सर्वश्रेष्ठ भारतीय विद्वानों में से एक बी. राजन तथा भारत में अंग्रेजी अध्ययनों में महत्त्वपूर्ण योगदान करने वाले सी.डी. नरसिम्हैया के साथ ही एम.के. नायक और मीनाक्षी मुखर्जी पर थोड़ा विस्तार से विचार किया।[16] भारतीय अंग्रेजी आलोचना से मेरी मुख्य शिकायत यह थी कि इसके पास कोई सैद्धान्तिक आधार नहीं है। राजन किसी रचनाकार के समस्त लेखन में अन्तर्धारा के रूप में प्रवाहित एक प्रकार की सावयविक एकान्विति पर आग्रह करते हैं जिसका स्रोत मुझे इलियट के निर्वैयक्तिकता के सिद्धान्त में मिला।[17] नरसिम्हैया की 'भारतीय प्रतिक्रिया' आलोचना के बजाय उनकी राष्ट्रवादी दृष्टि में मूलस्थ है और मेरी समस्या यही राष्ट्रवादी दृष्टि है क्योंकि मेरा विश्वास है कि बावजूद इस तथ्य के कि साहित्य और आलोचना की जड़ें किसी न किसी देश में होती हैं तो भी ये उस देश की सीमाओं का अतिक्रमण करती हैं। श्री अरविन्द एक अपवाद हैं। उनकी आलोचना से मैं इतना प्रभावित हुआ कि उक्त

सम्मेलन में प्रस्तुत करने के लिए 'आलोचक के रूप में श्री अरविन्द और टी.एस. इलियट' शीर्षक से एक लेख ही लिख डाला।

संस्कृत काव्यशास्त्र अथवा पश्चिमी आलोचना में से हमें जो भी स्वीकार अथवा अस्वीकार करना हो, उसकी आलोचनात्मक परीक्षा अवश्य ही की जानी चाहिए और इसी आलोचनात्मक दृष्टि की हमारे देश में कमी है और इसीलिए आलोचनात्मक विश्लेषण और समुचित मूल्यांकन के अभाव में भारतीय अंग्रेजी आलोचक विवेकहीन सामान्यीकरण करते रहते हैं। एक सेमिनार में एक अन्यथा सचेत प्रतिभागी को मैंने यह कहते सुना कि श्री अरविन्द दुनिया के महानतम चिन्तक हैं। एक अन्य प्रतिभागी ने कुछ रोष के साथ कहा कि अरस्तू का रेचन सिद्धान्त एक प्रकार का 'मानसिक हस्तमैथुन' है। अपनी टिप्पणियों में हमें तटस्थ और सावधान अवश्य होना चाहिए। विवेकहीन टिप्पणियाँ करने के पहले हमें श्री अरविन्द की तुलना अन्य आधुनिक चिन्तकों से अवश्य करनी चाहिए। इसी तरह अरस्तू के रेचन सिद्धान्त को खारिज करने के पहले हमें इस सिद्धान्त की अन्य व्याख्याओं पर भी विचार करना चाहिए।

भारतीय अंग्रेजी आलोचना को अपने संकुचन से अवश्य ही बाहर आना चाहिए। ऐसा क्यों है कि केवल संस्कृत काव्यशास्त्र पर आधारित आलोचना ही भारतीय कही जाती है? अंग्रेजी अब भारतीय भाषाओं में से एक है और इसमें लिखे जा रहे साहित्य को हम 'भारतीय अंग्रेजी साहित्य' कहते हैं जिसका मतलब होता है कि इसे अन्य भारतीय भाषाओं में लिखे जा रहे साहित्य के ही समान दर्जा दिया जाता है। लेकिन भारतीय भाषाओं में आलोचना का परिदृश्य भिन्न है। यदि मैं अपनी भाषा हिन्दी की बात करूँ तो बीसवीं शताब्दी के द्वितीय अर्द्धांश और इक्कीसवीं के प्रारम्भिक वर्षों में आलोचना के क्षेत्र में दो मार्क्सवादी आलोचकों—रामविलास शर्मा और नामवर सिंह का महत्त्वपूर्ण अवदान स्पष्ट है और बीसवीं शताब्दी के प्रथम अर्द्धांश में हिन्दी के सर्वश्रेष्ठ आलोचक रामचन्द्र शुक्ल हैं जो संस्कृत काव्यशास्त्र और पश्चिमी आलोचना सिद्धान्तों में समान रूप से पारंगत थे और दोनों में से किसी एक को बिना सोचे-समझे स्वीकार नहीं करते थे। मैं समझता हूँ कि अन्य भारतीय भाषाओं में भी यही स्थिति है।

भारतीय अंग्रेजी अध्ययनों में सैद्धान्तिकी की भूमिका और प्रतिष्ठा देखकर मुझे निराशा होती है और मेरे मन में तमाम सवाल घूमने लगते हैं। संस्कृत काव्यशास्त्र और पश्चिमी आलोचना के सामने हम क्यों नतमस्तक हो जाते हैं? किसी सिद्धान्त के प्रति अपना नजरिया स्थिर करने के पहले हम उसकी आलोचनात्मक परीक्षा क्यों नहीं करते? ऐसा क्यों हुआ कि हमने अमरीकी 'नई' आलोचना और विखंडनवाद को गले लगा लिया? क्या केवल इसलिए कि पश्चिम में उनका प्रचलन छा गया था? आखिर हम संस्कृत काव्यशास्त्र की कमजोरियों की आलोचना करने में क्यों संकोच करते हैं? मैं काफी विलम्ब से संस्कृत काव्यशास्त्र की ओर आया जिसे

मैंने खुले दिमाग से पढ़ा, विशेषकर भरत के *नाट्यशास्त्र* और आनन्दवर्द्धन के *ध्वन्यालोक* को। *ध्वन्यालोक* को भारतीय आलोचना का शिखर-बिन्दु माना जाता है, उस आलोचनात्मक मेधा का शिखर-बिन्दु जिसका प्रारम्भ *नाट्यशास्त्र* के साथ हुआ था। ऐसा कहा जाता है कि भरत के *रस* के साथ अपने *ध्वनि* सिद्धान्त को मिलाकर आनन्दवर्द्धन ने *रस-ध्वनि* के एक सर्वथा नवीन सिद्धान्त को जन्म दिया। जब मैंने इन दोनों ग्रन्थों को पढ़ा जिनमें से एक के केन्द्र में नाटक और दूसरे के केन्द्र में काव्य है, तब मैंने अनुभव किया कि जहाँ *नाट्यशास्त्र* नाटक पर एक महान और स्मरणीय ग्रन्थ है वहीं *ध्वन्यालोक* में न तो उतनी मौलिकता है और न ही उतना विषय-विस्तार है जितना दावा किया जाता है। मैं यह विश्वासपूर्वक कह सकता हूँ कि भरत के *नाट्यशास्त्र* के अतिरिक्त कोई ऐसा ग्रन्थ विश्व की किसी भी भाषा में है ही नहीं जिसमें नाटक के सभी सम्भव पक्षों पर इतनी सूक्ष्मता और विस्तार के साथ चिन्तन किया गया हो। लेकिन अपनी सारी विशेषताओं के बावजूद आनन्दवर्द्धन के *ध्वन्यालोक* के विषय में ऐसा नहीं कहा जा सकता।

आनन्दवर्द्धन और उनके *ध्वन्यालोक* की इतनी अधिक प्रशंसा मैंने सुन रखी थी कि मैंने सोचा कि उनके *ध्वनि* सिद्धान्त के आधार पर मैं साहित्य और अ-साहित्य के उस अन्तर को पहचानने में सफल हो जाऊँगा जिसे देरिदा ने अस्वीकार कर दिया है और इस प्रकार देरिदा का खंडन करने में सफल हो जाऊँगा लेकिन मैं तब निराश हुआ जब मैंने पाया कि ध्वनि के उनके उदाहरण साहित्य और अ-साहित्य दोनों में मिल जाएँगे। मुझे यह देखकर प्रसन्नता हुई कि वी.के. चारी ने अपनी विख्यात पुस्तक, *संस्कृत क्रिटिसिज्म* में मेरी जैसी ही राय व्यक्त की है :

> प्रत्येक अर्थ सन्दर्भ-बद्ध होता है। तब इसे ध्वनि जैसी किसी विशिष्ट शाब्दिक क्रिया का नाम देने का क्या तात्पर्य होता है?[18]

और फिर

> ध्वनि के तर्क से एक और परेशानी होती है। चूँकि ध्वन्यार्थ सन्दर्भ-बद्ध होते हैं अत: निष्कर्ष यह निकलता है कि सभी सन्दर्भ-बद्ध अर्थ ध्वन्यार्थ होते हैं। लेकिन इस न्याय से ध्वनि के ध्वज-वाहकों को स्वीकार करना पड़ेगा कि उदाहरण के लिए, वेदों के वाक्यों और 'गंगा तट पर गाँव' जैसे अत्यन्त ही गद्यात्मक और अत्यन्त ही साधारण कोटि के वाक्यों के निहितार्थ भी काव्यात्मक ध्वन्यार्थों की श्रेणी में ही आएँगे।[19]

चारी का तर्क ध्वनि के महत्त्व की उपेक्षा ही नहीं करता अपितु उसे खारिज भी कर देता है। यदि आनन्दवर्द्धन का तर्क यह है कि ध्वनि के दो प्रकार होते हैं—संवेगात्मक और ज्ञानात्मक—तो इसे उदाहरणों के साथ स्पष्ट किया जाना चाहिए।

और जो उदाहरण उन्होंने दिया है—निर्धारित एकान्त स्थल पर अपने प्रेमी की प्रतीक्षा करती हुई अभिसारिका जब वहाँ पूजा करने के लिए आए हुए व्यक्ति से चले जाने को सीधे न कहकर यह कहती है कि जो कुत्ता उसके अनुष्ठान में बाधा डाला करता था, उसे बाघ ने खा लिया है—उसमें किसी काव्योक्ति का कोई विशिष्ट लक्षण है ही नहीं। ऐसे उदाहरण सामान्य बोल-चाल में भी पाए जा सकते हैं।

अंग्रेजी में वाक् क्रिया के एक सिद्धान्तकार एच.पी. ग्राइस ने 'इम्प्लिकेचर' शब्द का प्रयोग किसी वाक् क्रिया में उसे शाब्दिक अर्थ का अतिक्रमण करने वाले अन्तर्निहित अर्थ की ओर संकेत करने के लिए किया है। अपनी पुस्तक *टुवर्ड्स अ स्पीच एक्ट थ्योरी ऑफ लिटरेरी डिस्कोर्स* में एम.एल. प्रैट ने इस बात को बहुत अच्छे ढंग से निम्नलिखित शब्दों में व्यक्त किया है :

> किसी प्रदत्त अवसर पर वक्ता जिस अर्थ को अन्तर्निहित रूप में व्यक्त करता है वह उस अवसर से अलग होता है जब वह अपने मन्तव्य को अभिधा में व्यक्त करता है, अर्थात् जब वह शाब्दिक अर्थ देने वाले रूढ़ शब्दों का प्रयोग करता है... ।[20]

पुनः

> यह स्पष्ट होना चाहिए कि अन्तर्निहित करने ('इम्प्लिकेचर') की यह पुनर्निर्मिति काल्पनिक अथवा साहित्यिक लेखन की कोई अपनी विशिष्टता नहीं होती जैसा कि अनेक पाठकोन्मुखी आलोचक समझते हैं।[21]

आनन्दवर्द्धन ने *ध्वन्यालोक* में *रस-ध्वनि* के नाम से जिस ध्वनि सिद्धान्त को प्रतिपादित किया है, वह प्रैट द्वारा प्रतिपादित 'इम्प्लिकेचर' से अलग नहीं है। 'इम्प्लिकेचर' का एक बहुत ही सटीक उदाहरण यह कथन है कि 'चौखटा बहुत सुन्दर है।' जिसका निहितार्थ है कि इसमें मढ़ा हुआ चित्र अच्छा नहीं है। आनन्दवर्द्धन की निम्नलिखित उक्ति से इसकी तुलना की जा सकती है :

> जिस कविता में (रूढ़) अर्थ अपने को गौण बना लेता है अथवा (रूढ़) शब्द अपने अर्थ को गौण बना लेता है और (इच्छित अथवा) अन्तर्निहित अर्थ को ध्वनित करता है, उसी को विज्ञ जन ध्वनि अथवा 'ध्वन्यात्मक कविता' की संज्ञा देते हैं।[22]

इम्प्लिकेचर (अन्तरस्थ अर्थ व्यक्त करने की विधि) और ध्वनि के उदाहरण सामान्य वार्तालाप में भी मिल जाते हैं और इसलिए इम्प्लिकेचर अथवा ध्वनि एकमात्र साहित्य के ही ऐकान्तिक गुण नहीं कहे जा सकते।

आनन्दवर्द्धन द्वारा अवधारित ध्वनि के विषय में मेरी आपत्ति का अर्थ इस महान काव्यशास्त्री को खारिज करना नहीं है। इससे इनकार नहीं किया जा सकता कि *ध्वन्यालोक* में आचार्य की अद्भुत प्रतिभा और सूक्ष्म-दृष्टि के उदाहरण भरे हुए हैं। साथ ही *ध्वन्यात्मकता* एक अत्यधिक महत्त्वपूर्ण साहित्यिक गुण है। लेकिन *ध्वन्यालोक* में आनन्दवर्द्धन द्वारा परिभाषित *ध्वनि* साहित्य का पारिभाषिक लक्षण कैसे हो सकती है?

जो बात मैं कहना चाहता हूँ वह यह कि संस्कृत काव्यशास्त्रियों अथवा उनकी उपपत्तियों के विषय में जब भी हमें शंका हो तो उसे हमें वी.के. चारी की तरह स्पष्टतया कह देना चाहिए, न कि उसकी अनदेखी करनी चाहिए। तुलनात्मक आलोचना के क्षेत्र में अत्यधिक अवदान करने वाले विद्वान कृष्ण रायन संस्कृत काव्यशास्त्र में कोई खोट देखते ही नहीं। एस.के. डे ने जब यह मत व्यक्त किया कि संस्कृत काव्यशास्त्र पूरी तरह रूपवादी है और इसीलिए पाठ से आगे जाकर यह किसी कवि की कल्पना अथवा उसके व्यक्तत्व का संस्पर्श नहीं कर सकता तो रायन ने इसे पूरी तरह खारिज कर दिया और संस्कृत काव्यशास्त्र की कमजोरी को उसकी शक्ति घोषित करते हुए यह भी घोषणा कर दी कि "डे ने जिसे भारतीय काव्यशास्त्र का मुख्य दोष कहा है, वस्तुतः वह उसका प्रधान गुण है।"[23] यह समय अन्तरनुशासी आलोचना का है जो संस्कृत काव्यशास्त्र के अनुकूल नहीं है। संस्कृत काव्यशास्त्र के प्रति अपने पूर्ण समर्पण के चलते हमें इस तथ्य की उपेक्षा नहीं करनी चाहिए और इसके पूरक के रूप में इसका स्वागत करना चाहिए।

अंग्रेजी में भारतीय आलोचना का भविष्य

अंग्रेजी में लिखी जाने वाली भारतीय आलोचना का भविष्य अत्यधिक सम्भावनापूर्ण है। लेकिन शर्त है कि यह अपनी हर तरह की संकुचित मनोवृत्ति त्याग दे। एक ओर यह पश्चिमी और भारतीय आलोचना के बीच और दूसरी ओर भारतीय भाषाओं में लिखी जा रही आलोचना के बीच सेतु की भूमिका निभा सकती है। अपनी समृद्ध भाषिक स्थिति के कारण इससे होने वाले लाभों का अनुमान हम अभी नहीं लगा पाए हैं। हमारे देश के बहुसंख्यक अंग्रेजी अध्यापक द्विभाषी हैं। उन्होंने अपनी मातृभाषा में कोई रचनात्मक अथवा आलोचनात्मक काम किया हो, चाहे न किया हो, लेकिन उन्हें अपनी भाषा के साहित्य का कुछ न कुछ ज्ञान अवश्य रहता है। यह साहित्य अनूदित होकर अंग्रेजी अथवा अन्य भारतीय भाषाओं में भी आ रहा है लेकिन भारतीय भाषाओं में लिखित आलोचना पर उतना ध्यान नहीं दिया गया है। थोड़ा-बहुत पश्चिमी आलोचना और संस्कृत काव्यशास्त्र तक ही अधिकांशतः हम पहुँच पाए हैं। फिर अनेक श्रेष्ठ आलोचकों को जन्म देने वाली भारतीय भाषाओं में

प्रभूत मात्रा में मौजूद आलोचना को लेकर यह उदासीनता क्यों? इसका एक स्पष्ट कारण है कि यह आलोचना अंग्रेजी अथवा अध्यापक की मातृभाषा में उपलब्ध नहीं है। इस समस्या पर हमें ध्यान देना है। अपनी पत्रिका *जर्नल ऑफ लिटरेरी क्रिटिसिज्म* बन्द करने के पहले भारतीय अंग्रेजी समेत अन्य भारतीय भाषाओं में आलोचना पर केन्द्रित इसका एक विशेषांक निकालने की योजना मेरे मन में आई थी लेकिन कुछ कारणों के चलते यह मूर्त रूप नहीं ले सकी। इस काम को साहित्य अकादमी अपने हाथ में ले सकती है और उसे लेना चाहिए। भारतीय अंग्रेजी आलोचना कम से कम तीन स्रोतों से अपने को और अधिक समृद्ध और उपयोगी बना सकती है—पश्चिमी आलोचना, संस्कृत काव्यशास्त्र और भारतीय भाषाओं में उपलब्ध आलोचना। आवश्यक यह है कि हम बहिर्वेशन और अस्वीकृति के स्थान पर अन्तर्वेशन और आत्मसातीकरण में विश्वास करने वाला स्वस्थ आलोचनात्मक विवेक विकसित करें। आज की भारतीय अंग्रेजी आलोचना में मैं पश्चिमी आलोचना और भारतीय काव्यशास्त्र के बीच एक विभाजन देख रहा हूँ।

मैं यह भी जोड़ना चाहूँगा कि मैं चाहता हूँ कि भारतीय अंग्रेजी आलोचना अनेक आलोचना दृष्टियों, पद्धतियों और उपकरणों का पिटारा बनने के बजाय आत्मसात् करने की शक्ति विकसित करे और इसके आधार पर नये सिद्धान्तों का निर्माण करे। मैंने जानबूझकर सिद्धान्त के बजाय 'सिद्धान्तों' कहा है क्योंकि मैं संस्कृत काव्यशास्त्र या पश्चिमी आलोचना पर आधारित केवल एक ही तरह की आलोचना नहीं अपितु आलोचना की कई धाराएँ देखना चाहता हूँ जैसे भारतीय और पाश्चात्य भषाओं में हैं।

भारतीय अंग्रेजी आलोचना अभी वयस्क नहीं हुई है क्योंकि यही नहीं कि यह पश्चिमी आलोचना और संस्कृत काव्यशास्त्र से पीछे है बल्कि यह भारतीय भाषाओं में अब तक लिखी जा चुकी और अभी लिखी जा रही आलोचना से भी पीछे है। आवश्यकता है इसे विकसित करने के लगातार और एकजुट प्रयास की। भाषिक सीमाओं का अतिक्रमण करते हुए यह एक अखिल भारतीय आलोचना परम्परा का निर्माण करने में सक्षम हो सकती है।

अनुवाद : रामकीर्ति शुक्ल

सन्दर्भ

1. टेरी ईगल्टन, 'दि एंड ऑफ इंग्लिश' *जर्नल ऑफ लिटरेरी क्रिटिसिज्म,* (जून 1986), पृ. 9
2. टी.एस. इलियट, 'द फ्रंटियर्स ऑफ क्रिटिसिज्म', *ऑन पोइट्री एंड पोयट्स,* (लन्दन, 1967), पृ. 117

3. टी.एस. इलियट, 'द फ्रंटियर्स ऑफ क्रिटिसिज्म', *ऑन पोइट्री एंड पोयट्स,* (लन्दन, 1967), पृ. 111-12
4. सर फिलिप सिडनी, 'अ डिफेंस ऑफ पोइट्री', *इंग्लिश क्रिटिकल टेक्स्ट्स,* सं. डी.जे. एनराइट और अर्नस्ट दि चिकेरा, (दिल्ली, 1982), पृ. 8
5. देखें—राजनाथ, 'द वेस्ट लैंड : द फैक्सिमिली एडिशन', *द लिटरेरी क्राइटेरियन,* जिल्द XI (ग्रीष्म, 1972); *क्रिटिकल स्पेकुलेशंस,* (नई दिल्ली, 1996) में संशोधित शीर्षक 'इलियट, पाउंड एंड द वेस्ट लैंड' के साथ पुनर्मुद्रित।
6. देखें—राजनाथ, 'द डेथ ऑफ दि आथर : टी.एस. इलियट एंड कंटेम्परारी क्रिटिसिज्म', *जर्नल ऑफ लिटरेरी क्रिटिसिज्म,* जिल्द V (दिसम्बर, 1989), *क्रिटिकल स्पेकुलेशंस* में पुनर्मुद्रित। मैंने यह तर्क दिया है कि केवल अनुभवाश्रित लेखक की ही मृत्यु होती है लेकिन यदि प्रत्यक्षत: नहीं तो अप्रत्यक्ष रूप से अन्तरस्थ लेखक पाठ में हमेशा उपस्थित रहता है। मैंने इलियट द्वारा अवधारित वैयक्तिकता को दृष्टि-बिन्दु के रूप में प्रयुक्त किया है।
7. प्रस्तावित पुस्तक के तीन अध्याय 'सश्योर, लैंग्वेज, एंड लिटरेचर' और 'ह्यूमैनिज्म, डिकंस्ट्रक्शन एंड लिटरेचर' *क्रिटिकल इंडेवर* में क्रमश: 2012 और 2013 में तथा 'फिक्शनैलिटी एंड दि आइडेंटिटी ऑफ लिटरेचर' *द लिटरेरी क्राइटीरियन,* 2012 में, संशोधित रूप *द इंडियन जर्नल ऑफ इंग्लिश स्टडीज,* 2013 में प्रकाशित हो चुके हैं।
8. देखें—राजनाथ, 'अ क्रिटीक ऑफ रीडर रेस्पांस क्रिटिसिज्म', *जर्नल ऑफ लिटरेरी क्रिटिसिज्म,* जिल्द III (1985); *क्रिटिकल स्पेकुलेशन* में पुनर्मुद्रित। मैंने यह सिद्ध किया है कि डेविड ब्लीच को छोड़कर, पाठकवादी आलोचक कुछ ऐसे वस्तुगत मानकों में विश्वास करते हैं जो पाठकों की संवेदना को नियंत्रित करते हैं।
9. हैबरमास देरिदा के विखंडन सिद्धान्त का खंडन यह कह कर करते हैं कि दार्शनिक और लेखक अपने अलग-अलग उद्देश्यों के कारण भाषा के भिन्न-भिन्न रूपों का प्रयोग करते हैं। देखें—युरगन हैबरमास, 'लेवलिंग द जानर डिस्टिंक्शन बिटविन फिलॉसफी एंड लिटरेचर', *द देरिदा-हैबरमास रीडर,* सं. लासे टॉमसन, (एडिनबरा, 2006)
10. सेपिर का तर्क है कि भाषा के उद्गम के स्रोत संस्कृति और समाज में होते हैं जबकि वोर्फ का विचार है कि संस्कृति के स्वरूप और प्रकृति का नियमन भाषा द्वारा होता है। लेकिन दोनों इस बात से सहमत हैं कि भाषा और संस्कृति अन्तर्सम्बन्धित होते हैं। देखें—एडवर्ड सेपिर, 'द स्टेटस ऑफ लिंग्विस्टिक्स ऐज साइंस', (1929), *कल्चर, लैंग्वेज एंड पर्सनैलिटी,* सं. डेविड जी. मैंडेलबॉम, (बर्कले, 1949); बेंजामिन ली वोर्फ, 'द रिलेशनशिप ऑफ हैबीचुअल थॉट एंड बिहैवियर टु लैंग्वेज', *लैंग्वेज, थॉट एंड रियलिटी,* (कैम्ब्रिज, मास., 1975)
11. राजनाथ, 'पोइट्री एंड बिलीफ', *जर्नल ऑफ लिटरेरी क्रिटिसिज्म,* (जून, 1987), पृ. 12-13 पुनर्मुद्रित, *क्रिटिकल स्पेकुलेशंस,* (दिल्ली, 1996)
12. क्लियन्थ ब्रुक्स और रॉबर्ट बी. हीलमन ने क्रमश: शेक्सपियर के *मैकबेथ* तथा *किंग लियर* का संरचनात्मक बिम्बों के आधार पर अध्ययन किया है जो कविता में केन्द्रीय महत्त्व के होते हैं। देखें—क्लियन्थ ब्रुक्स, 'द नेकेड बेब एंड द क्लोक ऑफ मैंलीनेस', *द वेल राट अर्न,* (लन्दन, 1968) तथा हीलमन, *दिस ग्रेट स्टेज : इमेज एंड स्ट्रक्चर इन किंग लियर,* (बेटन रूज, 1948)

13. देखें—एडवर्ड सईद, *ओरिंटलिज्म,* (न्यूयॉर्क, 1979), पृ. 25-26 पर वे लिखते हैं : "कई तरह से प्राच्यवाद का मेरा अध्ययन एक प्राच्य प्रजा के रूप में मेरे ऊपर पड़े उस संस्कृति के चिह्नों को सूचीबद्ध करने का प्रयास रहा है जिसका वर्चस्व सभी प्राच्यवासियों पर इतना सशक्त रहा है। यही कारण है कि इस्लामी प्राच्य को मेरे चिन्तन के केन्द्र में रहना ही था।"
14. *द यूस ऑफ पोइट्री एंड द यूस ऑफ क्रिटिसिज्म,* (लन्दन, 1967), पृ. 74
15. *कल्चर एंड इम्पीरियलिज्म,* (लन्दन, 1994), पृ. 407-08
16. देखें—राजनाथ, 'ऐंग्लो-इंडियन लिटरेचर : अ क्रिटिकल मॉडल', *द संडे स्टेट्समैन,* (2 जनवरी, 1977)
17. इस थ्योरी के विस्तार के लिए देखिए—राजनाथ, *टी.एस. इलियट्स थ्योरी ऑफ पोइट्री,* (न्यूजेर्सी, 1980), अध्याय IV
18. *संस्कृत क्रिटिसिज्म,* (दिल्ली, 1982), पृ. 102
19. वही, पृ. 103
20. *ट्वड्र्स अ स्पीच एक्ट थियरी ऑफ लिटरेरी डिसकोर्स,* (ब्लूमिंगटन, 1977), पृ. 154
21. वही, पृ. 158
22. *ध्वन्यालोक,* अनु. व सं. के. कृष्णमूर्ति, (दिल्ली, 1982), पृ. 19
23. *साहित्य : अ थियरी,* (नई दिल्ली, 1991), पृ. 14

दो

रूपक और साहित्य-भाषा

समकालीन समीक्षा-विमर्श में रूपक की चर्चा को इतनी प्रमुखता मिल गई है कि इससे साहित्य के सांस्कृतिक सरोकार लगभग हाशिये पर चले गए हैं, जो वास्तव में चिन्ता की बात है। पश्चिमी परम्परा में रूपक के महत्त्व को रेखांकित करने वाले पहले साहित्य चिन्तक अरस्तू ने इसे प्रतिभा का प्रामाणिक अभिलक्षण बताया था लेकिन आज रूपक को लेकर समीक्षा के क्षेत्र में जो बहस चल रही है और जिस प्रकार इस बहस में जीवन और संस्कृति से जुड़े अन्य मुद्दों को दरकिनार किया जा रहा है, उसे देखकर अरस्तू भी चकित रह जाते। अनुशासनों के बीच के पारम्परिक रेखांकन तेजी से धुँधले होते जा रहे हैं और विधाओं के विभाजनों पर भी सवाल उठाए जा रहे हैं। तर्कणा, जो अब तक एक दर्शन का ताना-बाना मानी जाती रही थी, अब अ-तर्कणा और अ-तार्किकता के सामने लाचार नजर आ रही है और आज तक दार्शनिक जिसकी निन्दा करते आ रहे थे उसे आदर्शीकृत किया जा रहा है। कभी कवियों को प्लेटो ने अपने आदर्श राज्य से बहिष्कृत कर दिया था और अब आलम यह है कि कवि दार्शनिकों की खिल्ली उड़ा रहे हैं। समकालीन समीक्षा-परिदृश्य किसी युद्धभूमि से कम नहीं है जहाँ अनेक अनुशासनों के दावे एक-दूसरे से टकरा रहे हैं, जहाँ साहित्य के पुरोधा और दार्शनिक एक क्षण तो आपस में गुत्थमगुत्था होते हैं और दूसरे क्षण एक-दूसरे को गले लगा रहे होते हैं। यह कहना मुश्किल है कि विजय शान्ति की होगी अथवा संघर्ष की।

साहित्य-समीक्षा में रूपक का स्थान हमेशा प्रतिष्ठापरक रहा है और कमोवेश इसे साहित्यिकता का पर्याय माना जाता रहा है लेकिन साहित्यिकों और दार्शनिकों के बीच इसे लेकर विवाद भी रहा है। दार्शनिक रूपक को कपट अथवा छल कहकर इसकी निन्दा करते हैं जबकि साहित्यकार सर्वाधिक सशक्त साहित्यिक युक्ति के रूप में इसको महिमामंडित करते रहे हैं। प्लेटो और बाद में उनके अनुयायी कवि को जल्पक और रूपक को मानव जाति द्वारा कथित सबसे बड़ा झूठ मानते थे। अलंकारों का प्रयोग वितंडावादियों द्वारा किया जाता है ताकि असत्य को सत्य का जामा पहनाया जा सके, यह शिकायत थी प्लेटो की। और, उनकी निगाह में ठीक यही काम कवि भी करते हैं जो झूठ के व्यापार में संलग्न रहते हैं

और छल को यथार्थ बनाकर पेश करते हैं। जो काम वितंडावादी तर्क द्वारा करते हैं, वही काम कवि कल्पना-शक्ति द्वारा करते हैं। इसे विडम्बना ही कहा जाएगा कि वितंडावादियों और कवियों के स्वघोषित शत्रु प्लेटो ने भी कुछ बड़े ही सशक्त रूपकों का प्रयोग अपने लेखन में किया है। *थेएटेटस* में सुकरात अपनी कला को 'प्रसूति की कला' कहते हैं और प्रसूति से अपनी तुलना करते हुए कहते हैं कि दोनों में 'अन्तर केवल यह है कि मेरे रोगी स्त्री न होकर, पुरुष हैं और मेरा ध्यान शरीर पर न रहकर उस आत्मा पर होता है जो प्रसव-पीड़ा में फँसी हुई है।'[1] *सोफिस्ट* (वितंडावादी) नामक पुस्तक में अलंकारों का प्रयोग करने वाले वितंडावादी की आलोचना करते हुए सुकरात ने अत्यधिक रूपकीय भाषा का इस्तेमाल किया है। वितंडावादी की तुलना उन्होंने व्यापारी, फुटकर-विक्रेता, सूचना के उत्पादक और विक्रेता, किराए के शिकारी आदि से की है। प्लेटो के संवादों में रूपक भरे हुए हैं। यदि रूपक का प्रयोग करने की क्षमता सचमुच प्रतिभा का सूचक है, तब तो इस सन्दर्भ में प्लेटो की प्रतिभा असन्दिग्ध है। आश्चर्य नहीं कि कविता के पक्षधरों ने प्लेटो को कवि की संज्ञा से अभिहित किया है।

एक अन्य दार्शनिक हैं लॉक, जिन्होंने रूपक को सत्य और ज्ञान के रास्ते में सबसे बड़ा रोड़ा कहा है। लॉक के लिए सर्वाधिक शुद्ध भाषा वह है जो पूरी तरह से अलंकृति से मुक्त हो। *एन ऐस्से कंसर्निंग ह्यूमन अंडरस्टैंडिंग* (मानवबोध के बारे में निबन्ध) में वे लिखते हैं :

> यदि हम चीजों के बारें में; जैसी वे हैं, उसी रूप में बात करना चाहते हैं तो हमें यह अवश्य मानना पड़ेगा कि अनुक्रम और स्पष्टता को छोड़कर, वक्तृत्व-कला द्वारा अलंकार-कला में शब्दों का आलंकारिक प्रयोग गलत विचारों और भावनाओं को उत्प्रेरित करने, निर्णय-शक्ति को दिग्भ्रमित करने के लिए किया जाता है और इस प्रकार यह सब कुछ पूर्ण धोखेबाजी है। अतः व्याख्यानों और लोकप्रिय सम्बोधनों के सन्दर्भ में वक्तृत्व-कला को जितनी भी तरजीह दी जाए और उसकी जितनी भी प्रशंसा की जाए, इसे उन सभी प्रवचनों से अलग रखा जाना चाहिए जिनका उद्देश्य सूचित करना अथवा उपदेश देना होता है और जिनका सम्बन्ध सत्य अथवा ज्ञान से होता है और इस प्रकार की धोखेबाजी को या तो भाषा का दोष माना जाना चाहिए अथवा उस व्यक्ति का दोष जो इनका प्रयोग करता है।[2]

लॉक का वक्तव्य, *रिपब्लिक, सोफिस्ट* और अन्यत्र दिये गए प्लेटो के वक्तव्यों जैसा ही है। अलंकारों का प्रयोग दूसरों को दिग्भ्रमित करने के लिए किया जाता है और इसीलिए साहित्य में उनका महत्त्वपूर्ण स्थान होने के बावजूद दर्शनशास्त्र

में उनके लिए कोई जगह नहीं होती। लॉक का यह कथन कि आलंकारिकता का प्रयोग 'गलत विचारों और भावनाओं को उत्प्रेरित कर निर्णय-शक्ति को दिग्भ्रमित करने के लिए' किया जाता है, प्लेटो के इस कथन की पुष्टि करता है कि 'कविता उन वासनाओ का पोषण करती है जिन्हें दमित किया जाना चाहिए'[3] और यह कि अलंकारों का प्रयोग झूठ को सत्य का जामा पहनाने के लिए किया जाता है। तर्कणा और सत्य, जो दर्शनशास्त्र के आधार-बिन्दु होते हैं, उसी भाषा में रूपायित किये जा सकते हैं जो सपाट, सरल और अनलंकृत होती है। लॉक ऐसी भाषा की कल्पना करते हैं जो अभिधेयात्मक तथा सन्दर्भी हो, एक ऐसी स्वच्छ और परिशुद्ध भाषा जो दार्शनिक प्रत्ययों को उनकी विशुद्ध परिशुद्धता को बरकरार रखते हुए अभिव्यक्ति दे सके।

लॉक यहाँ वही चूक कर बैठते हैं जो प्लेटो ने की थी, वे अलंकारों पर हमला करते समय ऐसी भाषा का प्रयोग करते हैं जो अलंकारों में खुद ही उलझी हुई है। सुन्दर महिला से अलंकृति की तुलना करते हए वह कहते हैं : "वक्तृत्व-कला (अर्थात् शब्दों के अलंकृत प्रयोग) अपने सौन्दर्य से इतनी अधिक सुसज्जित होती है कि इसके विरोध में कुछ कहा ही नहीं जा सकता।"[4] किसी सुन्दर स्त्री के आकर्षण के समान अलंकृति किसी को पथभ्रष्ट कर देती है, उसकी तर्कणा-शक्ति को भोथरा कर देती है, उसे अपनी खामियों के प्रति या तो अन्धा कर देती है अथवा उन्हें संज्ञापित करने में पूर्णतया अक्षम कर देती है। प्लेटो की भी उक्ति ऐसी ही है। जब वे यह कहते हैं कि कविता का आनन्द तर्कणा-शक्ति के अवरोधन से ही उठाया जा सकता है, कि रसानुभूति के क्षणों में हमारी तर्कणा-शक्ति सुप्तावस्था में चली जाती है। हम अलंकृति के प्रति वैसे ही आकर्षित होते हैं जैसे किसी स्त्री के दैहिक सौन्दर्य के प्रति। लॉक का कथन है :

> यह स्पष्ट है कि मनुष्य को धोखा देने और धोखा खाने में रस मिलता है और इसका प्रमाण यह है कि अलंकारशास्त्र, जो त्रुटि और धोखेबाजी का सशक्त हथियार होता है, खुलेआम पढ़ाया जाता है, इसके मजबूत पक्षधर हैं और सदैव इसकी प्रतिष्ठा रहती आई है।[5]

एक ओर जहाँ दार्शनिकों की दृष्टि में अलंकृति बाधा के रूप में देखी गई है और भाषा में इसकी सर्वमयी उपस्थिति से वे चिढ़ते रहे हैं, वहीं दूसरी ओर साहित्य-समीक्षकों के लिए यह कवि-दृष्टि को सम्प्रेषित करने का एक सशक्त माध्यम मानी जाती रही है। अरस्तू जब यह कहते हैं कि "(कवि के लिए) सर्वाधिक महत्त्वपूर्ण है रूपकों के प्रयोग में कुशल होना" और यह कि "यह नैसर्गिक प्रतिभा का उपलक्षण होता है,"[6] तब अप्रत्यक्ष रूप से अलंकृति पर किये गए प्लेटो के प्रहारों का विरोध कर रहे होते हैं। मजे की बात यह है कि प्लेटो भी यह स्वीकार करते प्रतीत होते हैं

कि रूपकों का सफल प्रयोग प्रतिभा की निशानी है लेकिन ऐसे प्रतिभा-पुरुष को उसके अलंकारों सहित वे अपने आदर्श राज्य से बहिष्कृत भी करते हैं। रूपक को प्रतिष्ठापरक स्थान देते समय अरस्तू प्लेटो द्वारा कवि और कविता की निन्दा का उत्तर दे रहे होते हैं।

समकालीन साहित्य-समीक्षक रूपक पर जोर देते समय प्रायः अरस्तू को उद्धृत करते हैं। रूपक पर अरस्तू की उक्ति लगभग रूढ़ि बन चुकी है। यद्यपि इस बात से इनकार नहीं किया जा सकता कि अरस्तू ने रूपक को साहित्य की भाषा का केन्द्रीय लक्षण माना है लेकिन स्वयं भाषा को उन्होंने इतना महत्त्व नहीं दिया है जितना उसे आज के समीक्षक दे रहे हैं। अरस्तू को अपने पक्ष में प्रस्तुत करते समय हमें यह अवश्य ही स्मरण रखना चाहिए कि रूपक के केन्द्रीय महत्त्व का प्रतिपादन उन्होंने अपने *वक्तृत्वशास्त्र* में, न कि *काव्यशास्त्र* में किया है। उनके *काव्यशास्त्र* में रूपक काव्य-भाषा का अंश मात्र है और काव्य-भाषा ट्रेजिडी के छह संघटकों में क्रम से चौथे स्थान पर आती है। ट्रेजिडी की आत्मा वहाँ कथानक (प्लॉट) है, न कि रूपक।

काव्यशास्त्र में रूपक की केन्द्रीयता के प्रतिष्ठापक अरस्तू न होकर कॉलरिज (19वीं सदी के प्रारम्भिक वर्षों में रोमांटिक काव्यान्दोलन के स्तम्भों में से एक) हैं। इस बात पर पर्याप्त ध्यान नहीं दिया है कि हम रूपक को ऐसे विस्तृत अर्थ में लें जिसमें तुलना पर आधारित समस्त आलंकारिक विधियाँ अन्तर्भुक्त होती हैं तो कॉलरिज द्वारा प्राथमिक कल्पना और द्वितीयक कल्पना के जो भी उदाहरण दिये गए हैं वे वास्तव में रूपक के उदाहरण हैं। काव्य-कल्पना द्वारा व्यक्त प्रतिरोधी भावों का समंजन वास्तव में रूपक द्वारा ही सम्भव होता है।

आधुनिकतावादियों (प्रथम विश्वयुद्ध के तत्काल पश्चात् के यूरोपीय कवि और समीक्षक) के लिए तो रूपक साहित्यिक कृति का प्राण-तत्त्व है। रूपक के पारस्परिक महत्त्व से असन्तुष्टि व्यक्त करते हुए समीक्षक और कवि शुद्ध बिम्ब की तलाश में जुट गए। उनकी वांछा ऐसी काव्य-भाषा थी जो सभी प्रकार के अमूर्तन-व्यापार, सभी प्रकार के सन्दर्भन से मुक्त हो। रिचर्ड्स (आइवर आर्मस्ट्रांग रिचर्ड्स, *साहित्य-समीक्षा के सिद्धान्त* नामक प्रसिद्ध पुस्तक के लेखक और आधुनिकतावादी साहित्य समीक्षा के अग्र-पुरुष) ने भाषा के दो वर्ग—वैज्ञानिक और संवेगी—प्रस्तुत किये और उन्होंने यह मत व्यक्त किया कि संवेगी भाषा सन्दर्भ और तार्किकता से शून्य होती है :

> कवि अपने वक्तव्यों को तोड़-मरोड़ सकता है; वह ऐसे वक्तव्य दे सकता है जिनका प्रस्तुत विषय से कोई तर्कसंगत सम्बन्ध न हो; वह रूपक की सहायता से अथवा उसके बिना भी विचार के लिए ऐसे तथ्य उपस्थित कर सकता है जो तर्क की दृष्टि से बिलकुल ही अप्रासंगिक

> हो सकते हैं; वह हमारे ऊपर 'तर्कसंगत बाल-बोध' थोप सकता है, वह ऐसा सब कुछ कर सकता है जो तर्क की दृष्टि से बिलकुल उलटा अथवा मूर्खतापूर्ण हो सकता है।[7]

भाषा के इस वर्ग-विभाजन का पूर्वानुमान बीसवीं सदी के प्रारम्भिक वर्षों के अनेक कवियों और समीक्षकों द्वारा हो चुका था जो असन्दर्भों की काव्य-भाषा का आदर्श प्राप्त करने में संलग्न थे। टी. ई. ह्यूम के अनुसार, "सीधा-सपाट वक्तव्य बिलकुल ही नहीं; इसका कोई प्रभाव नहीं होता; ऐसी सादृश्यताओं की वांछा है जो अपने काँचाभ प्रभाव के माध्यम से एक-दूसरे विश्व का निर्माण करती हो।"[8] वह कवियों द्वारा 'संवेदनों' के 'देहारोपण'[9] अर्थात् रूपकीय शैली को महत्त्व देते थे। पाउंड कवियों को 'अमूर्त से डरने'[10] की सलाह देते थे। भाषा की सन्दर्भधर्मिता की इस अवमानना की पराकाष्ठा आर्किबाल्ड मकलीश की इस उक्ति में हुई कि "कविता को अर्थ न देकर सिर्फ होना चाहिए।" इस सारे कुछ का अर्थ मात्र यह था कि कविता में कोई सन्दर्भ न तो होता है (रिचर्ड्स) और न होना चाहिए (ह्यूम, पाउंड, मकलीश)।

आधुनिकतावाद और उत्तर-आधुनिकतावाद के बीच अन्तर की चर्चा प्राय: की जाती है लेकिन वास्तविकता यह है कि उत्तर-आधुनिकतावाद उस प्रक्रिया की चरम परिणति मान ली गई है जिसका प्रारम्भ आधुनिकतावाद के दौरान हुआ था। दोनों के बीच अनेक सेतुओं में से एक है रूपक का महिमामंडन। उत्तर-आधुनिकतावादी तो रूपक को अपना सब कुछ मानते हैं और परिणामत: पाठ से सन्दर्भधर्मिता बहिष्कृत कर दी गई है। उत्तर-आधुनिकतावाद में रूपक एक साहित्यिक विधि ही नहीं है अपितु सम्प्रेषण का सब कुछ इसी पर टिका हुआ है। किसी भी साहित्यिक घटक की अपेक्षा रूपक ही वह तत्त्व है जो साहित्य और साहित्येतर अनुशासनों के बीच की युगानुमोदित खाई को पाट रहा है और आश्चर्य यह है कि देरिदा और उनके अनुयायियों से बहुत पहले आई.ए. रिचर्ड्स ने रूपक को 'भाषा का सर्वव्यापी सिद्धान्त' घोषित कर दिया था :

> इस तथ्य की पुष्टि कि रूपक भाषा का सर्वव्यापी सिद्धान्त है, बहुत आसानी से हो जाती है। हम इसके बिना सामान्य प्रवाही प्रोक्ति के तीन वाक्यों से आगे नहीं बढ़ सकते।...सुस्थित विज्ञान की रूढ़ भाषा में भी हम इसे बड़ी मुश्किल से रोक अथवा निष्कासित कर सकते हैं। अर्द्ध-तकनीकी विषयों, जैसे सौन्दर्यशास्त्र, राजनीतिशास्त्र, समाजविज्ञान, नीतिशास्त्र, मनोविज्ञान, भाषाविज्ञान आदि में हमारी सबसे बड़ी कठिनाई यह होती है कि हम किस प्रकार इसका (रूपक का) प्रयोग कर रहे हैं और किस प्रकार से हमारे द्वारा मान लिये गए रूढ़ शब्द अपना बोध बदलते रहते हैं।

> दर्शनशास्त्र में तो इस बोध के बिना हम ठीक से एक कदम भी आगे नहीं बढ़ सकते कि हम और हमारे प्रेक्षक (अथवा श्रोता) लगातार रूपकों का प्रयोग कर रहे होते हैं। इससे बचने के प्रयास में हम लगातार इसी में उलझे रहते हैं।[11]

यहाँ रिचर्ड्स *प्रिंसिपल्स ऑफ लिटरेरी क्रिटिसिज्म* में भाषा के दो प्रयोगों की अपनी प्रारम्भिक स्थापना से काफी आगे निकल आए हैं। यदि रूपक भाषा का सर्वव्यापी सिद्धान्त है तो भाषा के वैज्ञानिक और संवेगी प्रयोगों के बीच रेखा खींच पाना बहुत मुश्किल है। *प्रिंसिपल्स ऑफ लिटरेरी क्रिटिसिज्म* और *पोइट्री एंड साइंस* नामक पुस्तकों में वे अपने इस विश्वास की पुष्टि करते हैं कि अलंकार-विधान और तार्किकता एक साथ नहीं चल सकते और इस प्रकार भाषा तार्किक अभिव्यक्ति में असमर्थ होती है। भाषा के रूपकीय स्वरूप को लगातार रेखांकित करने वाले उत्तर-आधुनिकतावादी यह दलील देते हैं कि भाषा ही साहित्य है और इसी कारण यह किसी अन्तिम सत्य अथवा तर्क का सम्प्रेषित करने की शक्ति से हीन है।

समकालीन समीक्षा-विमर्श में साहित्य की भाषा पर काफी विचार हुआ है। संरचनावादी, पाठकवादी, विखंडनवादी तथा रूसी रूपवादी समीक्षकों ने अपने-अपने ढंग से साहित्यिक भाषा पर विचार किया है और प्रत्यक्ष अथवा अप्रत्यक्ष रूप से 'दो' भाषाओं अथवा 'एक' भाषा पर ध्यान आकर्षित किया है। शताब्दियों से साहित्यिकता की पहचान आलंकारिकता के रूप में करने की परम्परा का अपने पक्ष में समर्थन के लिए उपयोग करते हुए उत्तर-आधुनिकतावादी इस निष्कर्ष पर पहुँचे हैं कि सभी पाठ साहित्यिक इसलिए होते हैं कि वे रूपकीय होते हैं। इन समीक्षा-सम्प्रदायों में रूसी रूपवादी सम्प्रदाय और अमरीकी नव-अरस्तूवादी सम्प्रदाय ऐसे हैं जिन्होंने रूपक को बहुत अधिक महत्त्व नहीं दिया है।

काल-क्रम की दृष्टि से 'रूसी रूपवाद' का आविर्भाव पहले हुआ था लेकिन चूँकि उसकी प्रासंगिकता कुछ विशिष्ट है अत: इस लेख में उसके ऊपर बाद में विचार किया जाएगा। फिर भी प्राग संरचनावाद से जुड़ने के पहले अपने प्रारम्भिक लेखन में रूसी रूपवाद से सम्बद्ध रह चुके रोमाँ याकोब्सन के माध्यम से रूसी रूपवाद के कुछ तत्त्व संरचनावाद में प्रविष्ट हो चुके थे। रूसी रूपवाद और संरचनावाद के बीच कुछ उभय तत्त्वों के बावजूद इन दोनों सम्प्रदायों में एक महत्त्वपूर्ण अन्तर यह भी है। रूसी रूपवादियों का उदय प्रतीकवादी समीक्षा में रूपक को दिये गए अतिशय महत्त्व की प्रतिक्रिया के रूप में हुआ। संरचनावादियों ने रूसी रूपवाद की रूढ़ियों-विधियों से सहमति तो व्यक्त की लेकिन उन्होंने रूपक के महत्त्व को अस्वीकार नहीं किया।

रूसी रूपवादियों की ही तरह याकोब्सन पद्यायोजन की बात करते हैं जो समरूपकता के सिद्धान्त पर आधृत होता है। वे लिखते हैं, "समरूपी इकाइयों की आवृत्ति के कारण केवल कविता में ही वाक्-प्रवाह के समय का अनुभव हो सकता है, जैसे—एक अन्य उदाहरण लें तो—सांगीतिक समय में होता है।"[12] कविता में ध्वनि-संयोजन किस प्रकार प्रचालित होता है इसकी व्याख्या याकोब्सन ने किंचित् विस्तार से की है। छन्द अथवा अन्त्यानुप्रास में एक ही ध्वनि की आवृत्ति भाषा के काव्य-प्रकार्य को सम्पादित करती है।

रूसी रूपवाद और अपनी ही प्रारम्भिक स्थापनाओं का और अधिक विस्तार करते हुए याकोब्सन ने इस प्रश्न पर ध्यान दिया है कि पद्य और कविता में क्या अन्तर है? विज्ञान, औषधिशास्त्र, विधिविज्ञान और विज्ञापन में प्रयुक्त की जानेवाली तुकबन्दियों की ऐसी तमाम पुस्तकें हैं जिनमें पद्य का इस्तेमाल किया गया है। इन पुस्तकों में प्रयुक्त तुकबन्दियों से हम कविता को कैसे अलग करें? इस प्रश्न के सन्दर्भ में याकोब्सन समरूपकता के सिद्धान्त पर आधृत एक अन्य काव्य-विधि का उल्लेख करते हैं जिसका नाम है रूपक और जो सामीप्य-सिद्धान्त पर आधारित लाक्षणिकता से भिन्न होता है :

> सामीप्य पर अध्यारोपित समरूपता ही कविता को इसकी पूर्ण प्रतीकात्मक बहुआयामिता और अनेकार्थता का तत्त्व प्रदान करती है जिसे महाकवि गेटे ने बहुत सुन्दर ढंग से यह कहकर व्यक्त किया है कि 'प्रत्येक क्षणभंगुर वस्तु वास्तव में सादृश्य है।' थोड़ी तकनीकी भाषा में कहा जाए तो हम कह सकते हैं कि प्रत्येक अनुवर्ती वस्तु उपमा होती है। कविता में, जिसमें सामीप्य के ऊपर समानता को अध्याप्रेरित कर दिया जाता है, प्रत्येक लाक्षणिकता थोड़ी-सी रूपकीय होती है और प्रत्येक रूपक में लाक्षणिकता का थोड़ा-सा संस्पर्श होता है।[13]

इस उदाहरण से ऐसा लगता है कि याकोब्सन अमरीकी नई समीक्षा के श्लेष (एम्बिगुइटी) के सिद्धान्त के करीब आ रहे हैं और श्लेष का जन्म अन्य कारणों के साथ रूपक के कारण भी होता है। तुकबन्दी में केवल सादृश्य पर आधारित ध्वनि-योजना होती है जबकि कविता में ध्वनि-योजना के अतिरिक्त सादृश्य पर आधारित रूपक का भी दर्शन होता है।

याकोब्सन ने साहित्य की भाषा को काव्य-भाषा और गद्य-भाषा, विशेषकर गद्य-कथा की भाषा में विभाजित किया है। याकोब्सन के अनुसार काव्य-भाषा प्रमुखत: रूपकाश्रित होती है जबकि गद्य-भाषा की विशेषता उसकी लाक्षणिकता होती है। रूपक और लक्षणा, चयन और मिश्रण, समरूपता और सामीप्य भाषा के दो छोर होते हैं।[14] रोमांटिसिज्म (स्वच्छन्तावाद) और प्रतीकवाद जैसे काव्यान्दोलन

अपनी रूपकीयता के कारण जाने जाते हैं जबकि कथा-साहित्य की यथार्थोन्मुखी प्रवृत्तियाँ लक्षणा से युक्त होती हैं।

रूसी रूपवाद में अपने प्रशिक्षण के कारण याकोब्सन ने कविता में ध्वनि-योजना की उपेक्षा कभी नहीं की है। लेकिन प्राग-सम्प्रदाय के अन्य सदस्यों ने अमरीकी नये समीक्षकों की ही भाँति भाषा पर ध्यान आकर्षित करने की एक प्रमुख साहित्यिक विधि के रूप में रूपक पर बहुत जोर दिया है। अपरिचयीकरण (डिफेमिलियराइजेशन) की अपनी व्याख्या में रूसी रूपवादी ऐसा महसूस करते हैं कि रूपक लेखकों के लिए प्रभावी युक्ति नहीं होता क्योंकि ये (रूपक) अधिकांशतः परिचित और मृत होते हैं और जहाँ जीवित रूपक होते भी हैं तो वे ज्यादातर अपरिचित को परिचित बना देते हैं। इसके विपरीत, प्राग-सम्प्रदाय से जुड़े हुए मुकारोव्सकी और हेवरनेक जैसे संरचनावादियों के लिए रूपक (भाषा की) स्वचालिकता से मुक्ति (डि-ऑटोमेटाइजेशन) और उसकी अग्रस्थानिकता (फोरग्राउंडिंग) का मुख्य स्रोत होता है। वे मानक और काव्यात्मक, स्वचालित और अ-स्वचालित तथा अ-अग्रस्थानिक और अग्रस्थानिक के रूप में भाषा के दो विभाजन करते हैं। मुकारोव्सकी के अनुसार, "काव्यात्मक भाषा मानक भाषा से इसलिए भिन्न होती है कि दोनों के प्रकार्य भिन्न होते हैं।"[15] वे यह भी कहते हैं कि "मानक (भाषा) प्रतिमानों का विरूपण ही कविता का मूल तत्त्व होता है।"[16] मानक भाषा में शब्दों और वाक्यों का एक निश्चित और तर्कयुक्त अनुक्रम होता है जबकि काव्यात्मक भाषा में अकस्मात् उछाल और टूटन के गुण मौजूद होते हैं जिनका मुख्य कारण होता है शाब्दिक और रूपकीय अर्थों के बीच का तनाव।

> आकस्मिक टूटनों को उपलब्ध करने की विधि होती है आलंकारिक तथा रूपकीय अर्थ द्वारा बुनियादी अर्थ के स्तर का लगातार प्रतिच्छेदन। कुछ शब्द ऐसे होते हैं जो सन्दर्भ के एक अंश में अपने आलंकारिक अर्थ के लिए आवश्यक होते हैं और दूसरे अंश में अपने बुनियादी अर्थ के लिए। दुहरे अर्थों से युक्त ऐसे शब्द ठीक वह बिन्दु होते हैं जहाँ अर्थगत टूटन अस्तित्व में आती है।[17]

हेवरनेक ने स्वचालित भाषा और अग्रस्थानिक भाषा में भेद किया है। स्वचालित भाषा, जो भाषा का वैज्ञानिक प्रयोग भी है, ऐसे तर्कसंगत वक्तव्यों से सम्बद्ध होती है जिनमें अभिव्यक्ति उतनी महत्त्वपूर्ण नहीं होती जितनी कि अवधारणा। दूसरे शब्दों में, "अभिव्यक्ति अपने आप में आकर्षण का कारण नहीं होती।"[18] अग्रस्थानिक भाषा में अभिव्यक्ति आकर्षण का बिन्दु होती है और ऐसी भाषिक अग्रस्थानिकता का प्रधान स्रोत होता है रूपकः अग्रस्थानिकता से हमारा तात्पर्य है भाषा की विधियों का ऐसा प्रयोग जिसमें प्रयोग स्वयं ध्यान आकर्षित करता है और जो असाधारण

प्रतीत होता है, वह स्वचालिकता से मुक्त होता है, उदाहरणार्थ, जैसे कोई सजीव काव्यात्मक रूपक (जो कोशकीय रूपकों का प्रतिरोधी होता है क्योंकि ये कोशकीय रूपक स्वचालिकता को ग्रस्त हो गए हैं)।[19]

सजीव रूपक और कोशकीय अथवा मृत रूपक का भेद, जो रूसी रूपवादियों का स्मरण कराता है, विखंडनवादी समीक्षा के सन्दर्भ में विशेष रूप से महत्त्वपूर्ण है।

सश्योर और बेनवेनिस्त के भाषावैज्ञानिक चिन्तन को अपनी दलीलों का आधार बनाते हुए फ्रेंच संरचनावादी रोलाँ बार्थ ने भाषा के दो भिन्न प्रयोगों में भेद किया है। एक में भाषा का इस्तेमाल किसी उपकरण अथवा साधन के रूप में होता है जबकि दूसरे में भाषा स्वयं अपना उद्देश्य होती है। यह भेद बार्थ द्वारा किये गए कृति और पाठ के भेद का समांगी है। कृति का सम्बन्ध बाह्य संसार से, कृतिकार की अन्य कृतियों के अनुवर्ती अनुक्रम से और स्वयं कृतिकार से होता है।[20] ऐसी कृति स्वभाव से सावयविक होती है और कृतिकार के व्यक्तित्व की छाप लिये होती है। यह पाठक को एक एकीकृत अर्थ प्रदान करती है और इसीलिए बार्थ इसे पाठकोन्मुखी (रीडर्ली) पाठ की संज्ञा देते हैं जो लेखकोन्मुखी (राइटर्ली) पाठ के विपरीत होता है। लेखकोन्मुखी पाठ से पाठक को कृतिकार द्वारा सम्प्रेषित कोई अर्थ नहीं प्राप्त होता अपितु वह स्वयं अपने लिए अर्थ सृजित करता है और इस प्रकार पाठ का पुनर्लेखन करता है। ऐसे पाठ को सत्यापित करने के लिए 'जाल' का रूपक समीचीन होता है।

इसी प्रकार बार्थ लेखक का भी दो कोटियों में विभाजन करते हैं—प्रथम कोटि के लेखकों के लिए "भाषा साधन होती है किसी भाषेतर साध्य के लिए" लेकिन दूसरी कोटि का लेखक "अपना सारा ध्यान साधन अर्थात् भाषा पर केन्द्रित करता है न कि साध्य अथवा अर्थ पर।"[21] दोनों में अन्तर के बारे में बार्थ लिखते हैं :

> प्रथम कोटि का लेखक एक प्रकार्य पूरा करता है जबकि दूसरी कोटि का लेखक कोई क्रिया सम्पादित करता है। ऐसा नहीं कि पहली कोटि का लेखक कोई शुद्ध सत्व में होता है : वह कार्य सम्पादित करता है लेकिन उसका कार्य उसके उद्देश्य में निहित होता है; विरोधाभासी ढंग से यह (कार्य) अपने ही उपकरण अर्थात् भाषा पर ही निष्पादित होता है।[22]

साधन के रूप में भाषा और साध्य के रूप में भाषा के विभाजन के ही आधार पर बार्थ ने इतिहास और साहित्य में भेद किया है। याकोब्सन के शब्दों में कहा जा सकता है कि इतिहास में शब्द सन्दर्भी के रूप में प्रयोग किये जाते हैं लेकिन साहित्यिक प्रोक्ति में सन्देश (शाब्दिक निर्मित अथवा कथन) अपने आप में साध्य बन जाता है :

> बेनवेनिस्त के भाषावैज्ञानिक विश्लेषण में जो मैं जोड़ना चाहूँगा वह यह है कि प्रोक्ति की कालिक पद्धति और इतिहास की कालिक पद्धति का भेद ठीक वही भेद नहीं है जो वस्तुनिष्ठ प्रोक्ति और व्यक्तिनिष्ठ प्रोक्ति के बीच पारम्परिक रीति सें किया जाता है क्योंकि एक ओर वाचक और सन्दर्भी के बीच के सम्बन्ध और दूसरी ओर वाचक और उसके वाचन के बीच के सम्बन्ध में गड्डमड्ड नहीं किया जाना चाहिए, प्रोक्ति की कालिक पद्धति का नियमन केवल दूसरे प्रकार के सम्बन्ध (अर्थात् वाचक और उसके वाचन के बीच सम्बन्ध) द्वारा ही होता है।[23]

इतिहास में घटनाओं को कालानुक्रम के अनुसार व्यवस्थित किया जाता है जबकि साहित्यिक प्रोक्ति किसी स्थिर अर्थ से रहित एक कालिक पाठन-अनुभव होती है। दोनों कालिकताएँ दो प्रकार के भाषा-प्रयोग की माँग करती हैं। इतिहास के विषय में बार्थ की उक्ति यथार्थवादी साहित्य पर भी ठीक बैठती है क्योंकि वह (यथार्थवादी साहित्य) "सन्दर्भी की समग्रतावादी विचारधारा"[24] पर आधारित होता है। ऐसा लेखन सकर्मक क्रिया का लेखन होता है जिसका अपना अलग उद्देश्य होता है और इसके विपरीत वह लेखन होता है जिसे बार्थ लेखकोन्मुखी कथा कहते हैं जिसकी क्रिया अकर्मक होती है। यहाँ ऐसा लगता है कि बार्थ के लिए इतिहास और यथार्थवादी साहित्य की भाषा सामान्य भाषा होती है जो साहित्यिक भाषा से अलग प्रकार की होती है। बार्थ की उक्ति को थोड़ा खींचते हुए कहा जा सकता है कि कृति का लेखन सामान्य भाषा में और पाठ का लेखन साहित्यिक भाषा में किया जाता है।

कृति की सामान्य भाषा अर्थ सम्प्रेषित करती है जबकि पाठ की साहित्यिक भाषा अर्थों को विकीर्णित कर देती है। बार्थ व्याख्या और विकीर्णन की तुलना करते हैं। व्याख्या कृति के साथ तो न्याय कर सकती है लेकिन पाठ के लिए विकीर्णन की अपेक्षा होती है। व्याख्या का लक्ष्य होता है एक अकेला अर्थ (संकेतित) जबकि विकीर्णन 'संकेतकों की बहुवाचितकता' के प्रति उद्‌बुद्ध होता है :

> पाठ बहुवाची होता है। इसका केवल यही अर्थ नहीं होता कि इसमें बहुत से अर्थ होते हैं बल्कि यह भी कि यह अर्थों की बहुवाचिकता, अन्यूनीकरणीय बहुवाचिकता उपलब्ध कर लेता है। पाठ की बहुवाचिकता वर्ण्य विषयों की श्लेषात्मकता की मुहताज नहीं होती अपितु इसका आधार इसको संग्रन्थित करने वाले संकेतकों की त्रिविम बहुवाचिकता होती है।[25]

चूँकि पाठ संकेतकों का मात्र जाल होता है, अतः इसे सुलझाया तो अवश्य ही जाना चाहिए लेकिन इसका अर्थ यह नहीं निकाला जाना चाहिए कि इसमें कोई

गूढ़ार्थ नहीं छिपा होता, इसमें कोई गहराई नहीं होती जिसे नापने का प्रयास किया जाए। अपने अनुभवाश्रित और विवक्षित, दोनों रूपों में कृतिकार मर चुका है और अर्थ का अभिलोपन हो चुका है और अन्ततः अन्तिम अर्थ का बहिष्करण "उस क्रिया को मुक्त कर देता है जिसे अ-धर्मशास्त्रीय क्रिया कहा जा सकता है, एक ऐसी क्रिया जो सचमुच क्रान्तिकारी है, क्योंकि अर्थ स्थिर करने से इनकार करना, अन्ततः ईश्वर को और उसके रक्त-सम्बन्धियों—तर्क, विज्ञान, विधिशास्त्र—को अस्वीकारना है।"[26] सन्दर्भ और अर्थ का विलोपन जो बार्थ को इस निष्कर्ष तक ले जाता है, वस्तुतः आधुनिकतावादियों द्वारा अर्थपरक अथवा सन्दर्भ से शून्य भाषा के आदर्शीकरण की चरम परिणति ही है।

पाठकवादी समीक्षकों में स्टेनली फिश और जोनाथन कलर, दो ऐसे समीक्षक हैं जिन्होंने अपने समीक्षात्मक चिन्तन को भाषा-दर्शन और भाषाविज्ञान से जोड़ा है। स्टेनली फिश की मान्यताओं का आधार आस्टिन और सियर्ल द्वारा प्रतिपादित वाचन-क्रिया (स्पीच एक्ट) सिद्धान्त है जबकि कलर सश्योर के संरचनावादी भाषाविज्ञान से प्रभावित हैं।

फिश साधारण भाषा और साहित्यिक भाषा के विभाजन को अस्वीकार करते हुए यह मानते हैं कि साहित्यिक भाषा की पहचान के लिए जिन अंगीभूत लक्षणों को स्वीकार किया जाता है वे ही लक्षण साधारण भाषा में भी विद्यमान होते हैं। अपने निबन्ध 'साधारण भाषा कितनी साधारण है?' में साधारण भाषा और साहित्यिक भाषा के बीच की विभाजक रेखा पर गम्भीरतापूर्वक विचार करते हुए वे इस निष्कर्ष पर पहुँचते हैं कि ऐसी कोई विभाजक रेखा होती ही नहीं है। इस निबन्ध में उनका मुख्य तर्क 'साधारण भाषा बनाम साहित्यिक भाषा' के भेद को चुनौती देना है, प्रथमतः यह संकेत करते हुए कि इस प्रकार का विभाजन मानक और इसकी तथाकथित विच्युति, दोनों को दरिद्र बनाता है और दूसरे इस बात को अस्वीकार करते हुए कि कथनों के एक वर्ग के रूप में साहित्य की पहचान रूपात्मक अभिलक्षणों द्वारा हो सकती है।[27] चूँकि फिश किसी ऐसी विशिष्ट भाषा को स्वीकार नहीं करते जिसे केवल साहित्य की भाषा कहा जा सके, अतः उनके हिसाब से साहित्यिकता की तलाश भाषा के बजाय किसी अन्य वस्तु में की जानी चाहिए। फिश के अनुसार साहित्यिकता का स्रोत पाठक होता है जो किसी भी भाषा पर उन मानकों और कौशलों को आरोपित करता है जिनके विषय में व्याख्याकार-समुदाय एकमत होता है। अपने मत की पुष्टि के लिए फिश (जो विश्वविद्यालय में अध्यापक थे) ने एक बहुत ही रोचक उदाहरण का सहारा लिया है। उन्होंने कक्षा में श्याम-पट्ट पर लगभग आधे दर्जन भाषा वैज्ञानिकों के नामों को इस प्रकार लिखा जो देखने में किसी कविता जैसा लग रहा था :

जैकब्स—रोजनबॉम
लेविन
थॉर्न
मेंज
ओहमन (?)

उन्होंने अपने छात्रों को बताया कि श्याम-पट्ट पर जो वे देख रहे हैं वह एक धार्मिक कविता है जिस पर उन्हें अपनी-अपनी टिप्पणियाँ देनी हैं। श्याम-पट्ट पर लिखी हुई पंक्तियों को धार्मिक कविता की रूढ़ियों और मानकों के परिप्रेक्ष्य में रखते हुए छात्रों ने काफी मजेदार निष्कर्ष निकाले। उनका मानना था कि कविता एक चित्रलिपि है जिसका स्वरूप क्रॉस अथवा वेदी के समान है। 'जेकब्स' की व्याख्या उन्होंने जेकब की सीढ़ी (बाइबिल की कथा के अनुसार) के रूप में की जिसे कविता में गुलाब के पौधे (रोजनबॉम) के रूप में दर्शाया गया था। थार्न (काँटा) की व्याख्या उन्होंने ईसामसीह को पहनाए गए काँटों के मुकुट के रूप में की जो उनकी यातना का प्रतीक था, आदि, आदि। इस उदाहरण से फिश की इस उक्ति की भरपूर पुष्टि हो जाती है कि "साधारण भाषा जैसी कोई चीज नहीं होती।"[28] यदि हम भाषा को दो वर्गों में विभाजित करने के सिद्धान्त को मान लें तो इस उदाहरण से यह स्पष्ट हो जाता है कि छात्रों ने जो कुछ श्याम-पट्ट पर देखा वह निहायत ही साधारण भाषा थी जिसमें व्यक्ति-वाचक शब्दों के अतिरिक्त कुछ भी नहीं था लेकिन धार्मिक कविता की रूढ़ियों के आधार पर परखे जाने पर इन निहायत ही साधारण शब्दों से उच्च कोटि की काव्यात्मकता निःसृत हुई। फिश लिखते हैं :

> जैसे ही मेरे छात्रों को यह बोध हुआ कि यह कविता है वैसे ही उन्होंने इसे अपनी काव्य-दर्शी आँखों से देखना प्रारम्भ कर दिया और पाया कि इसमें सब कुछ उन गुणों से सम्बद्ध है जो उनके अनुसार कविता में होते हैं।[29]

इससे यह सिद्ध होता है कि साहित्यिकता पाठक के मस्तिष्क में पाठन के मानकों-रूढ़ियों के रूप में मौजूद होती है, न कि पृष्ठ पर अंकित शब्दों में।

सश्योर के भाषावैज्ञानिक चिन्तन का सहारा लेने वाले कलर की मान्यता है कि साहित्यिक अर्थ भाषा के किसी अन्तरंग गुण द्वारा जनित न होकर सक्षम पाठक द्वारा समावेशित पद्धति द्वारा जनित होता है। तथाकथित साधारण भाषा पर लागू किये जाने पर काव्य की पाठन-रूढ़ियाँ समृद्ध काव्यात्मक ध्वनियाँ उत्पादित करती हैं। पाठक की संवेदना को छोड़कर, पाठक की संरचना में साहित्यिक गुणों को देखने के मार्ग में आने वाले अनेक ऊहापोहों की चर्चा के पश्चात् कलर लिखते हैं :

> साक्ष्य मिल जाने के पश्चात् अब यह जानने की आवश्यकता नहीं कि काव्य की भाषा गद्य की भाषा से वस्तुनिष्ठ रूप से भिन्न होती है। एक ही वाक्य कविता और गद्य में अलग-अलग अर्थ दे सकता है क्योंकि ऐसी रूढ़ियाँ हैं जो हमें इसके प्रति अलग-अलग ढंग से संवेदित होने के लिए प्रेरित करती हैं।[30]

अर्थात् भाषा एक ही है और अर्थ-वैभिन्न्य का कारण वे रूढ़ियाँ हैं जिन पर भाषा को परखा जाता है। कलर ने क्लिन्थ ब्रुक्स द्वारा प्रस्तुत भाषा के दो विभाजनों की तथा उनकी इस अवधारणा की आलोचना की है कि "कविता की भाषा विरोधोक्ति की भाषा होती है।"[31] विरोधोक्ति कविता तक ही सीमित नहीं होती। तथाकथित साधारण भाषा भी विरोधोक्ति से मुक्त नहीं होती, यह सिद्ध करने के लिए कलर ने कुइन की पुस्तक *फ्रॉम ए लॉजिकल प्वाइंट ऑफ व्यू* (तार्किक दृष्टि-बिन्दु से) के प्रथम वाक्य का उदाहरण दिया है—'सत्तामीमांसक समस्या के विषय में एक विचित्र चीज है इसकी सरलता।' इस वाक्य पर उनकी टिप्पणी दृष्टव्य है :

> 'सत्तामीमांसक' के साहचर्यों और सरलता के दावों के बीच तनाव है, विशेषतया तब जबकि लेख से यह साफ जाहिर है कि यह उतना सरल नहीं है और भी, 'चीज' शब्द के प्रयोग में एक मीठा व्यंग्य भी है क्योंकि सामान्यत: इस शब्द का सम्बन्ध भौतिक वस्तुओं से हुआ करता है लेकिन यहाँ यह प्रयुक्त हुआ है सत्तामीमांसकीय प्रश्न के लिए जो या तो एक तथ्य है अथवा कोई सम्बन्धगत गुण।[32]

कलर साधारण गद्य का एक और उदाहरण लेते हैं—'कल मैं बाजार गया और (वहाँ) एक लैम्प खरीदा।' इस वाक्य पर कविता की पाठन-रूढ़ियों को आरोपित करते हुए कलर को 'खरीदा' (वाणिज्य) और 'लैम्प' (प्रकाश) शब्दों से प्रतीकात्मक संकेत मिलते हैं। इसी आधार पर कलर अपने इस निष्कर्ष की घोषणा करते हैं कि काव्यात्मकता साहित्यिक भाषा में अस्तित्वमान नहीं होती :

> यह तथ्य कि कोई पाठ कविता है, इसके भाषिक गुणों का आवश्यक परिणाम नहीं है और कविता की भाषा के सुनिश्चित गुणों को आधार मानकर काव्य-सिद्धान्त निरूपित करने के सारे प्रयास निष्फल जान पड़ते हैं।[33]

फिश और कलर के अनुसार हमें ऐसा विश्वास कर लेना चाहिए कि जिसे हम रूपक-करण कहते हैं, वह कविता अथवा साहित्य के किसी भी रूप का पारिभाषिक गुण न होकर पाठन-रूढ़ियों का परिणाम होता है। यदि हम किसी पंक्ति

को साधारण गद्य के रूप में पढ़ें तो यह केवल अपना वाच्यार्थ गुण ही प्रदान करेगी लेकिन कविता के रूप में पढ़े जाने पर वही पंक्ति काव्य-गुणों से सम्पूरित होकर ढेरों सम्पृक्तार्थ उड़ेल देगी।

फिश और कलर की काव्य-भाषा सम्बन्धी प्रस्थापनाओं में सत्यांश अवश्य हैं और उन्हें गम्भीरतापूर्वक लिया जाना चाहिए, लेकिन दोनों ने कुछ बहुत महत्त्वपूर्ण प्रश्नों को अनुत्तरित ही छोड़ दिया है। पहला तो यही कि वे महान और साधारण लेखकों का कोटि-निर्धारण कैसे करेंगे? क्या शेक्सपियर और मिल्टन इसीलिए महान लेखक हैं कि पाठकों ने उनकी रचनाओं में समृद्ध काव्य-गुण खोज लिये हैं? यदि हाँ, तो क्या वही पाठक उन्हीं मानकों और रूढ़ियों का प्रयोग करते हुए निकृष्ट लेखकों में उन्हीं काव्य-गुणों को पा सकते हैं? यदि फिर हाँ, तब तो लेखकों के बजाय पाठकों का उनकी उपलब्धियों के आधार पर मूल्यांकन होना चाहिए। दूसरी बात यह कि यदि हम मान लें कि लेखन के किसी भी अंश को हम साहित्य अर्थात् साहित्यिक भाषा में पाठकीय प्रतिसंवेदन द्वारा रूपान्तरित कर सकते हैं तो क्या हम यह भी मान लें कि इसकी उलटी स्थिति भी सम्भव है? क्या कवि ब्लेक की यह पंक्ति 'अहो, पुष्प, समय से खिन्न तू तो गिनता है सूरज के पटाक्षेप को' साधारण भाषा से भिन्न प्रभाव नहीं डालती? इन पंक्तियों में रूपककरण का स्रोत कवि है अथवा पाठक? ये सारे अनुत्तरित प्रश्न एक-भाषा सिद्धान्त की अपर्याप्तता का संकेत करते हैं।

भाषा के द्विवर्गीय विभाजन को ध्वस्त करने में विखडंनवाद पाठकवादी समीक्षा से कहीं आगे निकल गया है। भाषा की मूल प्रकृति वाच्यार्थी अथवा रूपकात्मक होती है, इस समस्या को पाठकवादी समीक्षक सीधे-सीधे नहीं उठाते लेकिन ऐसा संकेत अवश्य करते हैं कि इस प्रकार का विभाजन पाठन-रूढ़ियों पर निर्भर होता है। विखंडनवादियों के लिए भाषा तत्त्वतः आलंकारिक होती है। सामान्य भाषा अथवा सामान्य प्रोक्ति जैसी कोई चीज नहीं होती। भाषा केवल एक ही होती है और वह है आलंकारिक भाषा।

देरिदा का विखंडन-सिद्धान्त दो बिन्दुओं पर टिका है : (1) संकेतन की भेदात्मक प्रकृति, और (2) भाषा की जन्मगत आलंकारिकता अथवा रूपकात्मकता। भाषा अपने जन्म से और मूल से ही रूपकात्मक होती है और इस बात की पुष्टि दार्शनिक, समीक्षक और भाषावैज्ञानिक देरिदा से बहुत पहले ही कर चुके हैं। यद्यपि इस अवधारणा का ठीक-ठीक जन्म कब हुआ, यह कहना मुश्किल है। ऐसा लगता है कि ज्ञानोदय काल के दौरान सुस्पष्टता और तार्किकता के आदर्शीकरण के पश्चात् रोमांटिक (स्वच्छन्दतावादी) रचनाकारों ने प्रतिक्रियास्वरूप रूपक को केवल अतिशय प्रतिष्ठा ही नहीं अपितु यह भी घोषित कर दिया कि भाषा तत्त्वतः रूपकात्मक होती है और इसके अवधारणात्मक अथवा अभिधेयात्मक आयामों का जन्म बहुत बाद में हुआ।

'भाषाओं के उद्गम पर निबन्ध' नामक अपने लेख में (जिसका सूक्ष्म पाठन देरिदा ने किया है) रूसो का कथन है :

> प्रथम बार मनुष्य भावावेग के कारण बोला होगा और परिणामत: उसकी पहली अभिव्यक्तियाँ आलंकारिक रही होंगी। जन्म लेनेवाली पहली भाषा आलंकारिक थी। इसके समुचित अर्थ का जन्म बाद में हुआ। हम चीजों को उनके सही नाम से तभी पुकारते हैं जब हम उन्हें उनके यथार्थ रूप में देखते हैं। पहले-पहल कविता बोली गई थी और तर्क का संकेत बहुत बाद में हुआ।[34]

कालक्षेप के साथ मौलिक रूपक मृत अवधारणाओं में बदल जाते हैं। रूपकों का जन्म भावावेगों से हुआ होगा और कारणता अथवा तर्क रूपकों की अवधारणाओं में बदल जाने का परिणाम है। भाषा के उद्भव और विकास की इस दृष्टि को पुष्ट आधार मिला 19वीं सदी के उत्तरार्द्ध में नीत्शे द्वारा जिनका प्रभाव देरिदा के ऊपर बहुत अधिक है। नीत्शे जोर देकर कहते हैं कि भाषा केवल एक ही प्रकार की होती है और वह मूलत: आलंकारिक होती है। अनालंकारिक भाषा जैसी कोई चीज होती ही नहीं :

> यह प्रमाणित करना मुश्किल नहीं कि जिसे सचेतन कला की युक्तियों के रूप में 'आलंकारिकता' कहा जाता है वह भाषा और उसके विकास के भीतर अचेतन कला की एक युक्ति के रूप में मौजूद होती है। हम यह तक कह सकते हैं कि अलंकार तर्कणा के स्पष्ट प्रकाश के रूप में भाषा में स्थित युक्तियों का विस्तार ही है। अनालंकारिक, 'नैसर्गिक' भाषा जैसी कोई चीज है ही नहीं जिसे सन्दर्भ-बिन्दु के रूप में प्रयोग में लाया जा सके : स्वयं भाषा शुद्ध आलंकारिक युक्तियों और कौशलों का परिणाम होती है।...भाषा आलंकारिक इसलिए होती है कि इसका उद्देश्य किसी अभिमत को, न कि किसी सत्य को, सम्प्रेषित करना होता है। अलंकार ऐसे नहीं होते जिन्हें हम अपनी इच्छानुसार भाषा में जोड़-घटा सकते हैं; ये उसकी (भाषा की) यथार्थतम प्रकृति होते हैं।[35]

भाषा का जन्म आलंकारिक युक्तियों में हुआ और यह आज भी आलंकारिक बनी हुई है। सन्दर्भी भाषा जैसी कोई चीज है ही नहीं जिसके साथ आलंकारिक भाषा की तुलना की जा सके अथवा जिसके आधार पर इसे परखा जा सके। अपने आलंकारिक स्वभाव के कारण भाषा अभिमत तो व्यक्त कर सकती है, लेकिन सत्य के सम्प्रेषण के लिए इसका जन्म ही नहीं हुआ। अधिक से अधिक यह सत्याभास सम्प्रेषित कर सकती है। इसी कारण नीत्शे इस निष्कर्ष पर पहुँचते हैं कि

'सत्य ऐसे आभास हैं जिनके बारे में हम यह भूल चुके हैं कि वे मात्र आभास अथवा घिसे हुए रूपक हैं जो हमारे बोध को प्रभावित करने में असमर्थ हैं।'[36] भाषा के बारे में देरिदा की मान्यता ठीक ऐसी ही है और, इसमें कोई आश्चर्य नहीं कि देरिदा अपने विख्यात निबन्ध 'व्हाइट माइथोलॉजी, मेटाफर्स इन द टेक्स्ट ऑफ फिलॉसफी' (श्वेत पुरागाथा, दर्शन में रूपक) में नीत्शे को अपने समर्थन में उद्धृत करते हुए लिखते हैं :

> श्वेत पुरागाथा क्या है? यह तत्त्वमीमांसा है जिसने स्वयं अपने भीतर से उस विस्मयकारी दृश्य को पोंछ दिया है जो इसे अस्तित्व में लाया था और जो श्वेत स्याही में लिखी हुई तथा उपरिलिखित फलक में ढँकी हुई दिखाई न पड़नेवाली चित्रकृति के रूप में आज भी सक्रिय और जाग्रत है।[37]

समय बीतने के साथ हम भाषा के रूपकीय स्वरूप को भूल चुके हैं और परिणामस्वरूप भाषा की दो कोटियों की बात करते हैं जिनका अस्तित्व ही नहीं है। वस्तुस्थिति यह है कि सुप्त और मृत लगनेवाले रूपक अब भी जीवित और क्रियाशील हैं। दर्शनशास्त्र का 'विस्मयकारी दृश्य' श्वेत स्याही में लिखा होने के कारण निगाह में नहीं आ पाता है। यद्यपि रूपकों का अध:पतन अवधारणाओं के रूप में हो चुका है लेकिन 'रूपकीय अवसादन' (देरिदा के शब्द) अब भी सतह पर अपनी लहरें भेज देता है जिसमें सन्दर्भधर्मी भाषा द्वारा निर्मित लगनेवाली तर्कणा और युक्तिपरकता का ऊपरी शान्त पटल छिन्न-भिन्न हो जाता है। छिन्न-भिन्न कर देनेवाली इसी क्रिया को देरिदा ने विखंडन की संज्ञा दी है।

यदि यह मान लिया जाए कि भाषा स्वभावत: आलंकारिक होती है तब सत्य और संगति के रूप में अवधारित तत्त्वमीमांसा के उद्देश्यों को प्राप्त कर पाना असम्भव ही होगा। रूपक, तत्त्वमीमांसा की जड़ ही काट देता है; आलंकारिकता और संगति का संयोग सम्भव ही नहीं है। इससे इस तथ्य की सम्पुष्टि होती है कि साहित्यिक पाठ से हम वैज्ञानिक सगंति और पूर्ण सत्य की माँग नहीं कर सकते। नीत्शे का अनुसरण करते हुए देरिदा कहेंगे कि सिक्के की तरह प्रत्येक शब्द के दो पहलू होते हैं (यह रूपक देरिदा ने अनातोले फ्रांस से उधार लिया है) जिन्हें हम अवधारणा का सतही स्तर और रूपक का गहन स्तर कह सकते हैं। अनातोले फ्रांस की पुस्तक द *गार्डन ऑफ एपिकुरस* (एपिकुरस की वाटिका) के अन्त में एक संक्षिप्त वार्तालाप के माध्यम से तत्त्वमीमांसा की भाषा की समीक्षा की गई है। वार्ताकारों की केन्द्रीय चिन्ता को देरिदा ने सम्पुट रूप से इस प्रकार व्यक्त किया है :

> वार्ताकार ठीक उस समीचीन अलंकार से जुड़े हैं जो प्रत्येक तत्त्वमीमांसीय अवधारणा में इतना अधिक संरक्षित और घिसा-पिटा है कि यह लगभग पहचान में नहीं आ पाता। अमूर्त धारणाएँ सदैव ही किसी समीचीन अलंकार को छिपाए रहती हैं।[38]

इसी प्रच्छन्न आलंकारिकता को देरिदा अवधारणाओं का 'तत्त्वमीमांसीय प्रत्यय' कहते हैं। भाषा एक प्रकार की द्रष्टान्त-कथा बन जाती है जिसके दोनों अर्थ एक साथ ही प्रचलित रहते हैं।

भाषा के अलंकृत स्वरूप के आधार पर देरिदा दो निष्कर्ष निकालते हैं—प्रथम, मानव विज्ञानों की सामान्य कोटि में आने वाले साहित्य, दर्शन, इतिहास तथा अन्य अनुशासनों में कोई भेद नहीं होता क्योंकि इन सबका लेखन रूपकीय भाषा में होता है। उनका दूसरा निष्कर्ष है कि पाठ का कोई केन्द्र नहीं होता, उसमें कोई एकीकृत अर्थ नहीं होता। पाठ एक साथ ही अनेक परस्पर-विरोधी अर्थों को उड़ेल देता है जो एक-दूसरे को खारिज करते हैं और इस प्रकार पाठ जो कुछ भी रचित अथवा संरचित करना चाहता है उसे वह स्वयं विखंडित अथवा विनिर्मित कर देता है।

देरिदा का प्रभाव प्रारम्भ में उनके अपने अनुशासन-दर्शनशास्त्र के बजाय साहित्य समीक्षा में प्रकट हुआ और वह भी उनके अपने देश फ्रांस के बजाय अमरीका में घटित हुआ जहाँ समीक्षकों के एक समुदाय ने विखंडनवादी समीक्षात्मक विमर्श का अभ्यास प्रारम्भ कर दिया। इस समुदाय के प्रमुख सदस्य थे पॉल डि मान; जिनकी 1971 में प्रकाशित पुस्तक *ब्लाइंडनेस एंड इनसाइट* (अन्धापन और अन्तर्दृष्टि) ने अमरीकी समीक्षा में विखंडनवादी पद्धति का सूत्रपात किया।

अपने समीक्षात्मक लेखन में स्थान-स्थान पर डि मान ने यह उद्घोषित किया है कि भाषा मूलतः और तत्त्वतः रूपकीय होती है। वे जब यह कहते हैं कि "सन्दर्भी अर्थ एक ऐसा विपथी अलंकार बन जाता है जो भाषा की आत्यन्तिक आलंकारिकता इस मिथ्याभास के पीछे ढँक लेता है कि यह समुचित ढंग से अर्थन्यास कर सकता है"[39] तब डि मान देरिदा के इस विश्वास का समर्थन कर रहे होते हैं कि अलंकृति भाषा का मूलतत्त्व होती है और जिसे हम सन्दर्भधर्मिता कहते हैं वह मात्र भ्रम है क्योंकि सन्दर्भधर्मी भाषा जैसी कोई चीज होती ही नहीं।

डि मान आलंकारिता को साहित्यिकता का पर्याय मानते हैं जिसके परिणामस्वरूप देरिदा के ही समान उनके लिए भी "सारा कुछ साहित्य ही है; जिसे नृतत्त्वशास्त्र, भाषाविज्ञान, मनोविश्लेषण आदि का नाम दे दिया है, वह साहित्य के अतिरिक्त और कुछ भी नहीं।"[40] भाषा की तात्त्विक आलंकारिकता के कारण रूढ़िगत अर्थ में साहित्यिक प्रोक्ति ही नहीं अपितु सभी भाषिक निर्मितियाँ संगति अथवा सत्य सम्प्रेषित करने में असमर्थ होती हैं। अलंकार संगति को "समूलतः निलम्बित कर देता है और सन्दर्भी विपथन की परिभ्रामी सम्भावनाओं को खोल देता है।"[41]

प्रस्तुत सन्दर्भ में रूसी रूपवाद की भूमिका बहुत महत्त्वपूर्ण है। इस आन्दोलन का जन्म बीसवीं सदी के दूसरे दशक में ही हो चुका था और इस प्रकार पाश्चात्य समीक्षा-विमर्श के इतिहास में इसे उस सदी का प्रथम समीक्षा-आन्दोलन कहा जाना चाहिए। यदि समकालीन समीक्षा का केन्द्र-बिन्दु भाषा है तो यह स्मरण रखना

चाहिए कि रूसी रूपवादियों ने ही इस दिशा में पहल की थी और इसका प्रमाण था 1914 में उनके द्वारा 'काव्य-भाषा अध्ययन समिति' (ओपोयाज) की स्थापना। रूसी रूपवादियों के लिए समीक्षा का मुख्य उद्देश्य साहित्यिकता की व्याख्या करना है और इसके लिए उन्होंने 'विपरिचयीकरण' पद का इस्तेमाल किया है जिससे उनका तात्पर्य है उस विपथन को संज्ञापित करना जो साहित्यिक भाषा में घटित होता है।

रूसी रूपवाद की सर्वाधिक महत्त्वपूर्ण उपलब्धि है समकालीन समीक्षा के प्रचलित मुहावरे में रूपक का विकेन्द्रण। अलेक्सान्द्र पोतब्न्या ने, जिनके प्रभाव को प्राय: सभी रूसी रूपवादियों ने स्वीकार किया है, अमरीकी नव-समीक्षकों की ही भाँति इस बात पर बल दिया कि समीक्षा-चिन्तन का सारा ध्यान साहित्यिक कृति पर संकेन्द्रित होना चाहिए, न कि उसकी सामाजिक-ऐतिहासिक पृष्ठभूमि अथवा उसके अलग किये जा सकने वाले वर्ण्य विषय पर। और इस संकेन्द्रण का लक्ष्य होना चाहिए कृति में प्रयुक्त भाषा। पोतब्न्या एलेन टेट (नई अमरीकी समीक्षा आन्दोलन के सूत्रधार) की इस उक्ति से पूर्णतया: महसूस होता है कि "कवि का चिन्तन कुछ भी हो, अन्तत: उसकी पहचान आप उसकी भाषा के ही आधार पर करेंगे। उसकी भाषा का गुण ही उसके कथ्य की वैध सीमा होगा।"[42] अमरीकी नवसमीक्षकों की ही भाँति, यद्यपि उनसे बहुत पहले, पोतब्न्या यह प्रस्थापित कर चुके थे कि काव्य-भाषा का मूल तत्त्व रूपक होता है।

रूसी रूपवादी पोतब्न्या से काफी हद तक सहमत हैं लेकिन रूपक के महत्त्व और केन्द्रीयता के सवाल पर उनकी असहमति भी स्पष्ट है। उनके अनुसार साहित्यिकता को बिम्ब विधान का पर्याय नहीं माना जा सकता क्योंकि बिम्ब विधान, श्क्लोव्सकी के शब्दों में, "काव्य-भाषा की युक्तियों में से एक है।"[43] अन्त्यानुप्रास, छन्द-विधान, स्वरों और व्यंजनों का ध्वनि-संयोजन जैसी अन्य युक्तियाँ भी हैं जो साहित्यिक कृति की 'साहित्यिकता' को निर्धारित करती हैं और फिर बिम्ब भी दो प्रकार के होते हैं—गद्य-बिम्ब (मृत रूपक) और काव्य-बिम्ब (सजीव रूपक) और केवल काव्य-बिम्बों में ही विपरिचयीकरण की शक्ति होती है और विपरिचयीकरण ही साहित्यिक भाषा का पारिभाषिक तत्त्व होता है।

अपने विख्यात निबन्ध 'तकनीक के रूप में कला' के प्रारम्भ में ही विक्टर श्क्लोव्सकी पोतब्न्या के अनेक कथनों का उल्लेख करते हैं जिसमें वे कहते हैं कि बिम्ब कला का और विशेषकर कविता का, अभिभाज्य अंग होता है :

> "बिम्बों में सोचना ही कला है।"[44]
>
> "बिम्ब के अभाव में कला का अस्तित्व नहीं होता, विशेष रूप से कविता तो हो ही नहीं सकती।"[45]

श्क्लोव्सकी के अनुसार पोतब्न्या की पुस्तक *नोट्स आन द स्टडी ऑफ लिटरेचर* (साहित्य-अध्ययन पर टिप्पणियाँ) का निष्कर्ष-सूत्र "कविता बिम्ब का समरूपक है"[46] माना जा सकता है। यदि हम पोतब्न्या के इस निष्कर्ष को मान लें तो हमारे पास देरिदा के विखंडन-सिद्धान्त को मानने के अलावा और कोई चारा नहीं बचता। पोतब्न्या की घोषणा है कि "कविता और साथ ही गद्य, प्रथमतः और प्रमुखतः सोचने और जानने की एक विशिष्ट विधि है।"[47] यदि कविता बिम्ब है और बिम्ब रिचड्र्स के शब्दों में, भाषा का सर्वव्यापी सिद्धान्त है तो भाषा अपने रूप में साहित्य है और तब यह भी मानना पड़ेगा कि जानने और सोचने की एक ही विधि होती है जो हमें साहित्य और गैर-साहित्यिक अनुशासनों में समान रूप से दृष्टिगत होती है।

श्क्लोव्सकी का यह मत निर्विवाद है कि काव्य-बिम्ब और गद्य-बिम्ब को एक दूसरे से अलग रखा जाना चाहिए, यद्यपि यह भी सत्य है कि सजीव काव्य-बिम्ब गद्य में पाए जा सकते हैं। उनका यह भी मत है कि काव्य और गद्य (विशेषकर कथा-लेखन) पर अलग-अलग विचार किया जाना चाहिए। यद्यपि विपरिचयीकरण दोनों विधाओं का लक्षण होता है लेकिन जहाँ काव्य में विपरिचयीकरण भाषा द्वारा घटित होता है, वहीं गद्य में यह अनुभवगत होता है।

अमौलिक और अपरिवर्ती होने के कारण बिम्ब, श्क्लोव्सकी की दृष्टि में, अन्य साहित्यिक युक्तियों की अपेक्षा कम महत्त्वपूर्ण होता है :

> बिम्ब बहुत कम बदलते हैं—शताब्दी से शताब्दी तक, एक देश से दूसरे देश तक, एक कवि से दूसरे कवि तक वे बिना बदले हुए प्रवाहित होते रहते हैं। बिम्ब किसी एक के अधीन नहीं होते। वे बस 'ईश्वर के' होते हैं। किसी युग को आप जितना ही अधिक समझते हैं, उतना ही अधिक आपका यह विश्वास दृढ़ होता है कि किसी कवि द्वारा प्रयुक्त बिम्ब जिन्हें आप उसका आविष्कार मानते हैं वस्तुतः किसी दूसरे कवि से किसी परिवर्तन के बिना लिये गए होते हैं। बिम्ब कवियों को दिये जाते हैं, जिन्हें स्मरण रखना, उन्हें सृजित करने की तुलना में, कहीं अधिक महत्त्वपूर्ण होता है।"[48]

श्क्लोव्सकी के इस कथन का ऐतिहासिक महत्त्व है। अरस्तू से लेकर आई.ए. रिचड्र्स तक फैले हुए पाश्चात्य समीक्षा के इतिहास में एक केन्द्रीय चिन्तन-बिन्दु के रूप में बिम्ब को लगातार महत्त्व मिलता चला आया था जिसे श्क्लोव्सकी और उनके साथ के अन्य समीक्षकों ने एक झटके में खारिज कर दिया। रूसी रूपवादियों के अनुसार कवि की मौलिकता ध्वनि-संयोजना द्वारा सृजित लयात्मकता में निहित होती है, न कि बिम्ब-योजना में; जिसका स्वरूप शायद ही कभी बदलता हो। श्क्लोव्सकी बिम्ब के महत्त्व को स्वीकारते हैं लेकिन लयात्मकता को ये अधिक

महत्त्व देते हैं, और श्क्लोव्सकी की धारणा में दम है। आखिरकार, बिम्ब के बिना तो कविता हो सकती है लेकिन लयात्मकता तो उसका प्राणतत्त्व है जिसके बिना उसकी कल्पना ही नहीं की जा सकती।

ध्वनि-संयोजना, जो छन्द-रूप, अन्त्यानुप्रास और लयात्मकता की सहगामी होती है, काव्य-भाषा का प्राण-तत्त्व होती है। व्यावहारिक भाषा में शब्द 'सम्प्रेषण के साधन' (ल्यो याक्यबिन्सकी) होते हैं क्योंकि इस सम्प्रेषण में उनका अर्थ प्रमुख होता है जबकि काव्य-भाषा में उन्हें स्वायत्त मूल्य प्राप्त हो जाता है; वे अपने अर्थ के लिए महत्त्वपूर्ण न होकर, इस कारण महत्त्वपूर्ण हो जाते हैं कि वे लय-संयोजन सृजित करते हैं। कविता में शब्दों के अर्थ के बजाय उनकी ध्वनिग्रामता महत्त्वपूर्ण होती है। जैसा कि बोरिस आइखनबॉम रूपवादियों की अपनी समीक्षा के दौरान कहते हैं :

> पद्य-रचना में ध्वनियाँ सतही स्वर-माधुर्य के तत्त्व भर ही बिलकुल नहीं होतीं और उनकी भूमिका अर्थ के केवल संगतकार की ही नहीं होतीं अपितु उनका अपना स्वतंत्र महत्त्व होता है।[49]

रूसी रूपवादियों द्वारा किये गए व्यावहारिक और काव्यात्मक भाषा के विभाजन का पुष्ट आधार है। उनका यह मत उचित है कि व्यावहारिक भाषा में शब्द केवल भाववाचक (अमूर्त) होते हैं लेकिन कविता में वे सजीव काव्य-बिम्ब, समान्तरता तुलना, अतिशयोक्ति और शब्दालंकारों द्वारा विपरिचित कर दिये जाते हैं। गद्य की भाषा प्रत्ययोन्मुखी होती है जबकि कविता की विपरिचित भाषा अपने ऊपर ही ध्यान आकर्षित करती है। गद्य में शब्दों की पहचान प्रत्ययों के वाहक के रूप में की जाती है जबकि कविता में शब्दों की पहचान कवि के बोध के धारक के रूप में की जाती है :

> कला का उद्‌देश्य होता है उस रूप में वस्तुओं को (उनकी समस्त ऐन्द्रिकता के साथ) हम तक पहुँचाना जिस रूप में उनका अनुभावन होता है, न कि उस रूप में जिसमें उन्हें जाना जाता है। कला का सारा कौशल वस्तुओं को 'विपरिचित' बनाना, रूप को दुष्कर बनाना, अनुभावन की दुष्करता और समयान्तरता को बढ़ावा देना होता है क्योंकि अनुभावन की प्रक्रिया अपने आप में एक कलानुभूतिक उद्‌देश्य होती है और इसे खींचा जाना चाहिए।[50]

गद्य की भाषा में हम वस्तुओं को पहचान जाते हैं, काव्यभाषा में हम वस्तुओं का अनुभव करते हैं। और इसीलिए भाषा-प्रयोग की दो विधियाँ होती हैं—एक का उद्‌देश्य ज्ञान की अभिव्यक्ति होता है और दूसरी का उद्‌देश्य अनुभूति की अभिव्यक्ति है।

यदि हम रूपक को गद्य-रूपक और काव्य-रूपक में विभेदित करते हैं और रूसी रूपवादियों की भाँति लय, अन्त्यानुप्रास और छन्द जैसी अन्य युक्तियों को साहित्यिक कृति का अभिलक्षण मानते हैं तब साहित्य की अस्मिता सुरक्षित रहती है। लेकिन यदि हम पाठकवादी और विखंडनवादी समीक्षकों की भाँति यह मान लें कि भाषा के प्रयोग का एक ही प्रकार होता है (और गद्य तथा कविता की भाषा में कोई अन्तर नहीं होता) तब साहित्य की पहचान समाप्त हो जाती है, इसलिए नहीं कि साहित्य 'उड़न-छू' हो जाता है अथवा निष्प्राण हो जाता है अपितु इसका प्राचुर्य ही इसके लिए प्राणघातक हो जाता है। यदि साहित्य अपनी रूढ़िगत सीमाओं के भीतर नहीं रहता और भाषा के रूप में अपना असीमित फैलाव कर लेता है तब तो सभी शाब्दिक निर्मितियाँ साहित्य की कोटि में आ जाएँगी। इसका परिणाम यह भी होगा कि अनुशासनों के बीच के भेद समाप्त हो जाएँगे और साहित्यिकता की सर्वव्यापकता साहित्य के विशिष्ट स्वरूप को कवलित कर लेगी।

पॉल रिको ने अपनी पुस्तक *द रूल ऑफ मेटाफर* में रूपक में अन्तर्निहित तर्क-योजना पर विस्तार से विचार किया है। उनका उद्देश्य 'व्हाइट माइथोलॉजी' (श्वेत पुरागाथा) में और अन्यत्र व्यक्त किये गए देरिदा के इस मत का खंडन करना है कि अपने रूपकीय स्वरूप के कारण भाषा तर्क-योजना और सत्य से शून्य होती है।

रिको उन सभी समीक्षकों और साहित्यशास्त्रियों (जैसे डॉ. जॉनसन, विमसट, फ्राई, बियर्डस्ले, आदि) से टकराते हैं जिन्होंने कविता में सन्दर्भन के दमन में अपना विश्वास व्यक्त किया है। वे इन समीक्षकों से यहाँ तक तो सहमत हैं कि कविता के भीतर सन्दर्भन को दमित किया जाता है लेकिन वे उनसे आगे जाकर यह स्थापना भी देते हैं कि एक सन्दर्भ की मृत्यु से दूसरा सन्दर्भ जन्म लेता है। रूपकीय प्रोक्ति में सामान्य सन्दर्भ का निलम्बन किसी अन्य सन्दर्भ को प्राप्त करने के लिए किया जाता है। किसी रूपकीय वक्तव्य में प्राथमिक सन्दर्भ के स्तर पर अर्थगत असंगति हो सकती है जो अगले स्तर पर एक अन्य सन्दर्भ की अर्थगत संगति के लिए स्थान खाली कर देती है। इस सम्बन्ध में रिको प्रश्न करते हैं :

> क्या हम कह सकते हैं कि वाच्यार्थ के मलबे से एक नई अर्थगत संगति निकालने के द्वारा, रूपकीय व्याख्या, वक्तव्य की वाच्यार्थक व्याख्या के समरूपी सन्दर्भ को समाप्त कर देने वाले साधनों द्वारा किसी नये सन्दर्भी स्वरूप को संरक्षित कर लेती है।[51]

यह वास्तव में काव्यात्मक प्रोक्ति के भीतर एक ही समय मृत्यु और पुनर्जन्म के समान है। उदाहरण के रूप में 'आदमी भेड़िया है' अपने शाब्दिक अर्थ में निरर्थक लगता है, लेकिन एक नये सन्दर्भ के स्तर पर यह उस समय सार्थक बन जाता है जब यह आदमी और भेड़िये के गुण-धर्मों की तुलना करता है।

स्पष्ट प्रतीत होने वाली अर्थगत असंगति दूसरे स्तर पर अर्थगत संगति से पूरित हो जाती है। नेल्सन गुडमैन द्वारा अवधारित काव्य-प्रोक्ति में 'वर्णनात्मक सन्दर्भ के युग' पर टिप्पणी करते हुए रिको कहते हैं :

> एक अन्य सन्दर्भी-विधि तक पहुँचने की शर्त के रूप में हमें पहली सन्दर्भी-विधि के विलोपन से आगे जाना चाहिए।[52]

चूँकि सन्दर्भ जीवन और विश्व से जुड़ा होता है, अत: रिको का निहितार्थ है कि काव्य-प्रोक्ति में एक विश्व के मलबे से एक दूसरा विश्व जन्म लेता है। यह उक्ति हमें कॉलरिज द्वारा किये गए प्राथमिक और द्वितीयक कल्पना के विभाजन का स्मरण कराती है जिसे रिको द्वारा उल्लिखित न किया जाना आश्चर्यजनक लगता है। अपनी विख्यात पुस्तक *बायोग्राफिया लिटरेरिया* में प्राथमिक कल्पना और द्वितीयक कल्पना में भेद करते हुए कॉलरिज कहते हैं कि द्वितीयक अथवा काव्यात्मक कल्पना "पुन:सृजित करने के लिए (चीजों को) द्रवीभूत, अपविस्तृत और विकीर्ण कर देती है।"[53] द्वितीयक कल्पना प्राथमिक कल्पना के विश्व को नष्ट कर देती है और इस विधि से कविता के एक नये विश्व को अस्तित्व में लाती हैं। जिस प्रकार द्वितीय सन्दर्भ के जन्म के लिए प्राथमिक सन्दर्भ पूर्वशर्त होता है उसी प्रकार प्राथमिक कल्पना का पूर्व-अस्तित्व द्वितीयक कल्पना के प्रचालन के लिए अनिवार्य होता है। जब रिको यह कहते हैं कि "साहित्यिक कृति अपने अनुरूप संरचना के साथ विश्व को इस शर्त के साथ व्यक्त करती है कि वर्णनात्मक प्रोक्ति का सन्दर्भ निलम्बित रहे"[54] तब हमें कॉलरिज द्वारा प्रतिपादित 'अविश्वास के स्वैच्छिक निलम्बन' का स्मरण हो आता है। देरिदा के विखंडन का खंडन रिको मृत रूपक और सजीव रूपक के बीच क्रान्तिकारी भेद द्वारा करते हैं। देरिदा का विखंडनवादी सिद्धान्त भाषा के रूपकीय अवसादन का परिणाम है, जो अदृश्य होते हुए अब भी सक्रिय है। रूपक के मन्द पड़ने का परिणाम तत्त्व-मीमांसा है और रूपक का पुनरुज्जीवन तर्क संगति और सत्य के दावों सहित तत्त्व-मीमांसा का मूलोच्छेद कर देगा। रिको इसके दो उत्तर देते हैं—एक तो यह कि रूपक सन्दर्भ से रहित नहीं होता और दूसरा यह कि मृत रूपकों को रूपक नहीं माना जाना चाहिए। मृत और सजीव रूपकों का यह स्पष्ट विभाजन रिको 'अनुमानात्मक और काव्यात्मक प्रोक्ति के बीच असातत्य'[55] सिद्ध करने के लिए करते हैं। रिको बल देकर कहते हैं कि "मृत रूपक रूपक नहीं रह गए हैं अपितु वे वाच्यार्थ के साथ लिपटे हुए हैं।"[56]

> किसी शब्द के रूपकार्य में वाच्यार्थ से इसकी तुलना निहित होती है। विधेय के रूप में यह तुलनात्मक अर्थ अर्थगत संगति का अतिक्रम करता है। इस सन्दर्भ में रूपक के कोशीकरण का अध्ययन...घिसे हुए

> रूपक की मिथ्या समस्या के ऊपर से पर्दा हटाने में महत्त्वपूर्ण योग देता है। वास्तव में रूपक के स्वत:शोधी प्रकार्य को सम्वर्द्धित करने वाले अनेक लक्षण कोशीकरण के साथ ही गायब हो जाते हैं; प्रचलित अर्थ के विस्मरण के कारण प्रसंग की सम-स्थानिकता से सम्बद्ध विपथन को हम नजरअन्दाज कर जाते हैं।[57]

उक्त कथन द्वारा रिको देरिदा के विखंडनवाद का आधार ही उड़ा देते हैं। यदि मृत रूपकों की प्रजनन-शक्ति का क्षरण हो जाता है तब उन्हें साधारण भाषा के ऐसे शब्दों के रूप में माना जाना चाहिए जो शब्दश: एकार्थी होते हैं। देरिदा की यह दलील कि तथाकथित साधारण भाषा के शब्दों में भी रूपकात्मक शेषांश बचे रहते हैं जो उनके अभिधेय को तहस-नहस कर देते हैं, अपने आप ही भरभरा जाती है।

रिको व्युत्पत्ति के प्रश्न की भी चर्चा करते हैं जिसे देरिदा ने बहुत अधिक महत्त्व दिया है। शब्दों के रूपकीय विकीर्णन को उनकी व्युत्पत्ति द्वारा सक्रिय किया जा सकता है। यहाँ तक रिको देरिदा से सहमत हैं। "जब किसी मृतप्राय रूपक को उसके व्युत्पत्तीय स्फुरण से पुनर्जीवित कर दिया जाता है तो वह सजीव हो उठता है।"[58] "लेकिन किसी मृतप्राय रूपक को पुनर्जीवित करना उसके अ-कोशीकरण की सकारात्मक प्रक्रिया होती है जो रूपक के किसी नये और अन्तत: रूपकीय अर्थ के जन्म के समान होता है।"[59] व्युत्पत्ति के सहारे मृत रूपकों में शक्ति-संचरण प्राय: दार्शनिक प्रोक्तियों में किया जाता है। लेकिन इस शक्ति-संचरण द्वारा अवधारणाओं का उच्छेदन नहीं किया जाता। अपने जन्म के पश्चात् कोई भी अवधारणा अपने रूपकीय मूलों से स्वतंत्र होकर अस्तित्वमान रहती है।

रूपक तत्त्वमीमांसा का विनाश नहीं करता। तत्त्वमीमांसा में सादृश्यानुमान और रूपक में समरूपता एक ही सिक्के के दो पहलू हैं। रिको समिश्र प्रोक्ति की बात करते हैं जिसमें 'सानुपातिक रूपक' और 'मीमांसात्मक रूपक' एक साथ आते हैं।[60] जिसका अर्थ है कि अवधारणा और रूपक असंयोज्य नहीं होते। सजीव रूपक चिन्तन-प्रक्रिया का पटाक्षेप नहीं करता अपितु इसके विपरीत वह वास्तव में इसे तीव्रतर बनाता है। रिको लिखते हैं कि "रूपक की सजीवता का प्रमाण होता है यह तथ्य कि अवधारणात्मक स्तर पर यह 'तीव्रतर चिन्तन' में कल्पना की ऊर्जा संचारित कर देता है।"[61] इस प्रकार रिको देरिदा की दलीलों की कलई खोल देते हैं। अवधारणात्मक क्रिया को बाधित करने के बजाय रूपक उसे और अधिक ऊर्जस्वित करता है और इससे यह सिद्ध हो जाता है कि तत्त्व-मीमांसा और रूपक के बीच कोई विरोध नहीं होता।

जिसे हम साहित्यिक भाषा कहते हैं उसे मोटे तौर पर कविता की भाषा और गद्य (जैसे उपन्यास, नाटक आदि) की भाषा में विभेदित किया जा सकता है।

सजीव रूपक और ध्वनि-संयोजन काव्य-भाषा के लक्षण होते हैं। लेकिन काव्येतर साहित्य-विधाओं में ये न तो आवश्यक होते हैं और न ही महत्त्वपूर्ण। जैसा कि रूसी रूपवादियों ने सिद्ध कर दिया है, काव्येतर साहित्य-रूपों में कथानक उस विपरिचयीकरण का अभियोजक होता है जो साहित्यिकता का प्राण-तत्त्व होता है। साहित्य की भाषा में तर्क का पूर्ण विलोपन कभी नहीं होता। गद्य-कथा की भाषा अत्यधिक सन्दर्भी होती है लेकिन काव्य-साहित्य में प्रयुक्त रूपक सन्दर्भ से रहित नहीं होते। साहित्य गैर-साहित्यिक अनुशासनों से भिन्न होता है क्योंकि इन गैर-साहित्यिक अनुशासनों में न तो कविता की ध्वनि-योजना होती है, न ही गद्य-कथाओं का कथानक।

अनुवाद : रामकीर्ति शुक्ल

सन्दर्भ

1. *प्लेटोज थ्योरी ऑफ नालिज,* सं. एफ.एम. कॉर्नफोर्ड, (लन्दन, 1979), पृ. 26
2. जॉन लॉक, *एन ऐस्से कंसर्निंग ह्यूमन अंडरस्टैंडिंग,* सं. जॉन डब्ल्यू., योलटन, (लन्दन, 1972), पृ. 105
3. *एंशिएंट लिटरेरी क्रिटिसिज्म,* सं. डी.ए. रसेल, और एम. विंटरबॉटम, (ऑक्सफोर्ड, 1972), पृ. 52
4. लॉक, वही, पृ. 106
5. वही
6. *एंशिएंट लिटरेरी क्रिटिसिज्म,* पृ. 122
7. *प्रैक्टिकल क्रिटिसिज्म,* (न्यूयॉर्क, 1029), पृ. 180-191
8. एस.के. कॉफमन द्वारा *इमेजिज्म,* (नॉरमन, 1951) में पृ. 53 पर उद्धृत।
9. *स्पेकुलेशंस,* सं. हरबर्ड रीड, (लन्दन 1960), पृ. 131
10. *लिटरेरी एसेज ऑफ एजरा पाउंड,* सं. टी.एस. इलियट, (लन्दन, 1968), पृ. 5
11. द *फिलॉसफी ऑफ रिटारिक,* (न्यूयॉर्क, 1965), पृ. 92
12. द *स्ट्रक्चरलिस्ट्स : फ्राम मार्क्स टु लेवी-स्त्रास,* सं. रिचर्ड टी.डी. जॉर्ज और फर्नीनैंड एम. दि जॉर्ज, (मॉडर्न सिटी, 1972), पृ. 96
13. वही, पृ. 111
14. देखें—रोमाँ याकोब्सन और मॉरिस हेल, *फंडामेंटल्स ऑफ लैंग्वेज,* (दि हेग, 1956)
15. 'स्टैंडर्ड लैंग्वेज एंड पोइटिक लैंग्वेज', *ए प्राग स्कूल रीडर ऑन इस्थिटिक्स, लिटरेरी स्ट्रक्चर एंड स्टाइल,* सं. पाल. ए. गार्विन, (वाशिंगटन, डी.सी., 1964), पृ. 1055
16. वही
17. वही, पृ. 1057
18. 'फंक्शनल डिफरेंसिवेशन ऑफ द स्टैंडर्ड लैंग्वेज', *ए प्राग स्कूल रीडर ऑन एस्थिटिक्स, लिटरेरी स्ट्रक्चर एंड स्टाइल,* पृ. 9

19. वही, पृ. 10
20. 'यहाँ तीन चीजों पर विचार किया गया है : बाह्य संसार द्वारा कृति का नियमन, अपने वर्ग में कृतियों का अनुक्रम, और कृति को उसके कृतिकार को सौंपना।' 'फ्रॉम वर्क टु टेक्स्ट' *टेक्स्चुअल स्ट्रेटजीज,* सं. जोसु वी. हरारी, (इथाका, 1981), पृ. 78
21. जॉन स्टरॉक, 'रोलाँ बार्थ', *स्ट्रक्चरलिज्म एंड सिंस,* (ऑक्सफोर्ड, 1979), पृ. 65
22. स्टरॉक द्वारा उद्धृत। वही
23. 'टु राइट : एन इन्ट्राक्टिव वर्व', द *स्ट्रक्चरलिस्ट्स,* सं. रिचर्ड टी.डी. जॉर्ज और फर्नीनेड एम.डी. जॉर्ज, पृ. 159
24. वही
25. *टेक्स्चुअल स्ट्रेटजीज,* पृ. 27
26. जोनाथन कलर द्वारा उद्धृत, रोलाँ बार्थ, (लन्दन, 1983), पृ. 83
27. *इज दियर अ टेक्स्ट इन दिस क्लास?,* (कैम्ब्रिज, मास, 1980), पृ. 97
28. वही, पृ. 106
29. वही, पृ. 326
30. *द परसूट ऑफ साइंस,* (इथाका, 1981), पृ. 123
31. 'दि लैंग्वेज ऑफ पैराडॉक्स', *ट्वेंटीथ सेंचुरी लिटरेरी क्रिटिसिज्म,* सं., डेविड लॉज, (लन्दन, 1981), पृ. 162
32. *स्ट्रक्चरलिस्ट पोइटिक्स,* (इथाका, 1981), पृ. 163
33. वही, पृ. 162
34. जॉक देरिदा द्वारा उद्धृत, *ऑफ ग्रैमटोलॉजी,* अनु. गायत्री चक्रवर्ती स्पिवाक, (बाल्टीमोर, 1976), पृ. 271
35. पॉल डि मान द्वारा उद्धृत, *अलेगरीज ऑफ रीडिंग,* (न्यू हैवेन, 1979), पृ. 105
36. जॉक देरिदा द्वारा उद्धृत, 'व्हाइट माइथोलॉजी, मेटाफर्स इन दि टेक्ट्स ऑफ फिलॉसफी', *न्यू लिटरेरी हिस्ट्री,* (1974), पृ. 15
37. वही, पृ. 11
38. वही, पृ. 7
39. *अलेगरीज ऑफ रीडिंग,* पृ. 202
40. *ब्लाइंडनेस एंड इनसाइट,* (न्यूयॉर्क, 1971), पृ. 18
41. *अलेगरीज ऑफ रीडिंग,* पृ. 10
42. *ऑन दि लिमिट्स ऑफ पोइट्री,* (शिकागो, 1948), पृ. 85
43. 'आर्ट ऐज टेकनीक', *रशियन फार्मलिस्ट क्रिटिसिज्म,* सं. एल.टी., लेमन और मेरियन ज. रीस, (लिंकन, 1965), पृ. 9
44. वही, पृ. 5
45. वही
46. वही, पृ. 8
47. वही, पृ. 75
48. वही, पृ. 7
49. *दि थ्योरी ऑफ दि फार्मलिस्ट मेथड,* पृ. 110

50. वही, पृ. 12
51. *दि रूल ऑफ मेटाफर,* (लन्दन, 1978), पृ. 230
52. वही, पृ. 239
53. *बायोग्राफिया लिटरेरिया,* सं. जे. शाक्रांस, , खंड-दो, (लन्दन, 1962), पृ. 63
54. *दि रूल ऑफ मेटाफर,* पृ. 231
55. वही, पृ. 258
56. वही, पृ. 290
57. वही
58. 'पुनरुज्जीवित किया गया रूपक एक बार फिर सजीव रूपक के अभिलक्षक पुराकथा के रूप में और पुनर्वर्णन के रूप में प्रकार्य सम्पादित करता है और अभिधान के स्तर पर महज, एक परिवर्धन के प्रकार्य को पीछे छोड़ देता है।' वही, पृ. 292
59. वही, पृ. 291
60. वही, पृ. 279
61. वही, पृ. 303

भाषा, भाषाविज्ञान और साहित्य

साहित्य आलोचना और सैद्धान्तिकी के क्षेत्र में यह सर्वविदित है कि जॉक देरिदा साहित्य के किन्हीं विशिष्ट अथवा ऐकान्तिक लक्षणों अथवा गुणों की धारणा का खंडन करते हैं। उनके विचार में साहित्य में जो कुछ होता है, वह उन साहित्येतर अनुशासनों में भी होता है जो माध्यम के रूप में भाषा का प्रयोग करते हैं जिससे यही निष्कर्ष निकलता है कि भाषा ही साहित्य होता है। इस तर्क द्वारा यही नहीं कि साहित्य को उसकी पहचान से वंचित कर दिया जाता है, अपितु दर्शन, भाषाविज्ञान, इतिहास जैसे गैर-साहित्यिक माने जाने वाले अनुशासन भी साहित्यिक विमर्श के घेरे में आ जाते हैं। जर्मन दार्शनिक युरगन हैबरमास ने साहित्य और दर्शन के बीच अन्तर को रेखांकित करने के क्रम में दर्शन की विशिष्ट पहचान को स्थिर करने में महत्त्वपूर्ण भूमिका निभाई है।[1] इस प्रकार साहित्य की विशिष्ट पहचान को बचाए/बनाए रखने का भी प्रयास होना चाहिए।

देरिदा की उपर्युक्त मान्यता का आधार है फर्दिनन्द दि सश्योर का भाषाविज्ञान, जिसके अनुसार भाषा अ-सन्दर्भी और भेदात्मक होती है। सश्योर के इस मत का प्रयोग देरिदा और उनके अनुयायियों ने साहित्य की उस पारम्परिक अवधारणा को ध्वस्त करने के लिए किया है जिसके अनुसार साहित्य यथार्थ अनुकरण अथवा प्रतिनिधिकरण होता है। यदि भाषा यथार्थ को सन्दर्भित नहीं करती तब साहित्य इस यथार्थ का अनुकरण अथवा प्रतिबिम्बन कैसे कर सकता है? लेकिन भाषा के विषय में यह मान्यता एकमात्र मान्यता नहीं है और अलग-अलग भाषा वैज्ञानिकों अथवा भाषा-दार्शनिकों ने अलग-अलग ढंग से अपनी-अपनी अवधारणाएँ प्रस्तुत की हैं। सश्योर का भाषा सिद्धान्त 1916 में तब प्रकाश में आया जब उनके विद्यार्थियों ने कक्षाओं में प्रस्तुत उनकी टिप्पणियों और आलेखों को *कोर्स इन जनरल लिंग्विस्टिक्स* शीर्षक के अन्तर्गत पुस्तक के रूप में प्रकाशित कराया। 1916 के पश्चात् भाषा की प्रकृति/प्रकार्य से सम्बन्धित अनेक नवोन्मेषी कार्य हुए हैं जिनके आधार पर साहित्य की एक नई सैद्धान्तिकी निर्मित की जा सकती है जो इसकी अनुकरणात्मक तथा सन्दर्भी प्रकृति को रेखांकित करने के क्रम में इसकी विशिष्टता और चारित्रिक लाक्षणिकता तथा विभिन्न अनुशासनों के बीच इसकी अलग पहचान स्थापित कर सकती है।

बेंजामिन ली वोर्फ की यह युक्ति सही है कि हमारी भाषिक पृष्ठभूमि हमारी विश्व-दृष्टि का निर्माण करती है और आस्टिन तथा सियर्ल की भाषा-क्रिया सैद्धान्तिकी भी भाषा-प्रयोग में उस सन्दर्भ को अतिशय महत्त्व देती है जो अमूर्त भाषिक पद्धति में अनुस्यूत न होकर उस यथार्थ विश्व में मूलस्थ होता है जिसमें हम रहते और संवाद करते हैं।

भाषा-दर्शन के क्षेत्र में मिखाइल बाख्तिन की अत्यधिक मौलिक और नवोन्मेषी उपलब्धियाँ किंचित् विलम्ब से प्रकाश में आईं लेकिन रूसी साहित्यालोचन की परम्परा में उनकी स्थिति उस केन्द्रीय व्यक्तित्व के रूप में है जिसने बहुत पहले ही सश्योर के भाषा-वैज्ञानिक सिद्धान्तों को चुनौती दी थी। इसे संयोग ही कहा जाना चाहिए कि जिन दो रूसी विद्वानों ने आगे चलकर भाषाविज्ञान और साहित्य-चिन्तन को अपनी असाधारण प्रतिभा और वैदुष्यपरक कृतियों से व्यापक रूप में प्रभावित किया वे लगभग एक ही समय किन्तु विरोधी दिशाओं में अपना भाषा-चिन्तन कर रहे थे। अपने लेखन में सश्योर की भाषा वैज्ञानिक अन्तर्दृष्टि का प्रयोग करते हुए रूसी रूपवाद के प्रमुख स्तम्भ रोमाँ याकोब्सन फ्रांस और अमरीका में रूसी रूपवाद के एक महत्त्वपूर्ण ध्वजवाहक के रूप में प्रतिष्ठित हुए। इसी समय बाख्तिन ने सश्योर के भाषाविज्ञान के रूपवादी रुझान को प्रश्नांकित करते हुए भाषाविज्ञान और काव्यशास्त्र के समाज-वैज्ञानिक आयामों की केन्द्रीयता को रेखांकित किया और उसके फलस्वरूप एक सर्वथा नई भाषा वैज्ञानिक सोच को उपस्थित किया।

बाख्तिन के लिए और वैसे ही उनसे प्रभावित वी. एन. वोलोशिनोव तथा पी. एन. मेदवेदोव के लिए यही नहीं कि भाषाविज्ञान समाज में मूलस्थ होता है अपितु यह विचारधारा से भी अनुप्राणित होता है। 'डिस्कोर्स इन द नावेल' नामक अपने निबन्ध में बाख्तिन स्पष्ट करते हैं कि वे "भाषा को अमूर्त व्याकरणात्मक पद्धतियों के रूप में न लेकर यह मानते हैं कि भाषा की अवधारणा विचारधारा में अनुस्यूत होती है।"[2] वे सश्योर के इस विश्वास से अपनी असहमति व्यक्त करते हैं कि सभी भाषाओं का अध्ययन-अनुशीलन एक ही प्रकार के मानकों और नियमों के आधार पर किया जा सकता है क्योंकि इस तरह सश्योर सभी भाषाओं को एक अकेली भाषा के रूप में लघुकृत कर देते हैं। बाख्तिन मानते हैं कि कोई अकेली भाषा भी अपने प्रयोगकर्ताओं के पेशों और सम्बद्ध सामाजिक समूहों के आधार पर अनेक रूप धारण कर लेती है। सश्योर के मत से यथार्थ की रूप-रचना भाषा द्वारा होती है जबकि बाख्तिन का मानना है कि भाषा उस सामाजिक यथार्थ में मूलस्थ होती है जो इसे विकसित और रूप-आकार प्रदान करता है और इसीलिए बाख्तिन आग्रहपूर्वक कहते हैं कि भाषावैज्ञानिक का सरोकार समाज में अस्तित्वमान पूरी विविधता और बाहुल्यता से युक्त भाषा से होना चाहिए। सश्योर की पद्धति के अनुसार सारी भाषाओं का एक भाषा में न्यूनीकरण बाख्तिन को अमान्य है।

महाकाव्य और गीत की तुलना में उपन्यास की उनकी प्रशंसा भाषा के प्रति उनके दृष्टिकोण का ही परिणाम है। सश्योर के भाषावैज्ञानिक सिद्धान्त के अनुसार उपन्यास के शैली-वैज्ञानिक विश्लेषण को वे अस्वीकार करते हैं क्योंकि इस तरह का विश्लेषण या तो उपन्यास की भाषा-बाहुल्यता के स्थान पर उपन्यासकार की अकेली भाषा पर आधारित होता है अथवा विश्लेषण के लिए वह 'यह बिम्ब, प्रतीक, काव्यभाषा' जैसे काव्य-विधाओं के लक्षणों को एक-दूसरे से अलग कर देता है :

> सश्योर के भाषा-चिन्तन के ही अनुरूप दोनों स्थितियों में समान रूप से शैली का अर्थ होता है सामान्य भाषा का व्यक्तीकरण (विशिष्टीकरण)...। पूरा का पूरा उपन्यास और विविध शब्दावली, बहुस्वरी, बहुस्तरी और प्रायः बहुभाषी तत्त्वों से इस पूर्ण को रचने का विशिष्ट उद्यम इस तरह के अध्ययन की सीमाओं के बाहर शेष रहता है।[3]

उपन्यास की भाषा ही सामान्य जन की भाषा के निकट रहती है लेकिन सश्योर की पद्धति पर आधारित शैलीगत विश्लेषण उपन्यास विधा के साथ पूरा न्याय कर पाने में असफल रहता है क्योंकि इस विधा में अन्तर्निहित बहुस्तरीय भाषा की काव्य-विधाओं को एकस्वरी भाषा में न्यूनीकृत कर देता है।

यदि एक ओर बाख्तिन जन की सजीव भाषा को अपना मानक बनाकर सश्योर के विरुद्ध खड़े हो जाते हैं तो दूसरी ओर उनके मंडल के एक अन्य महत्त्वपूर्ण सदस्य वी. एन. वोलोशिनोव 1929 में प्रकाशित अपनी पुस्तक *मार्क्सिज्म एंड द फिलॉसफी ऑफ लैंग्वेज* में सश्योर के भाषा-सिद्धान्त को पूरी तरह खारिज कर देते हैं। 'भाषा, वाक् और कथन' शीर्षक वाले अध्याय में वे सश्योर के सिद्धान्त पर कम से कम आठ आपत्तियाँ उठाते हैं जिनमें निम्नलिखित चार प्रमुख हैं :

1. भाषा की वर्णनात्मक पद्धति को उसकी ऐतिहासिक पद्धति से अलग कर पाना सम्भव नहीं होता। भाषा जड़ न होकर गतिशील होती है और अतीत से वर्तमान में होते हुए भविष्य में प्रवाहित होती रहती है। भाषा की इस धारा में किसी ऐसे ठहरे हुए क्षण की पहचान कर पाना सम्भव नहीं होता जिसका वर्णनात्मक अध्ययन किया जा सके। 'समय में कोई ऐसा यथार्थ क्षण नहीं होता जब भाषा की किसी वर्णनात्मक पद्धति की रचना की जा सके।'[4]
2. भाषा पद्धति को वाक् से अलग नहीं किया जा सकता क्योंकि दोनों मिलकर एक अविभाज्य इकाई का निर्माण करती हैं। भाषा समाज में ऐसे मनुष्यों के बीच शाब्दिक संवाद के रूप में अस्तित्वमान होती है जो समय के भीतर जीवित रहते हैं और 'मृत और विजातीय के रूप में सजीव भाषा

को देखने के कारण अमूर्त वस्तुपरकतावाद भाषा को कोई ऐसी चीज बना देता है जो शाब्दिक संवाद की धारा के लिए बाह्य होती है।'[5]

3. सश्योर उस सन्दर्भ की उपेक्षा करते हैं जिसके भीतर भाषा अर्थ ग्रहण करती है; वे यह नहीं समझ पाते कि एक ही शब्द सन्दर्भ के अनुसार अलग-अलग अर्थ प्रदान करता है : 'किसी शब्द के उतने ही अर्थ हैं जितने कि इसके प्रयोग के सन्दर्भ।'[6]
4. भाषिक संवादों का अपने अर्थों के साथ सम्बन्ध इच्छाधीन नहीं होता क्योंकि ये संकेत विचारधारा से अनुप्राणित होते हैं और 'वर्ग संघर्ष के अखाड़े बन जाते हैं'[7] 'विचारधारात्मक परिपूर्णता से अलगाव अमूर्त वस्तुपरकतावाद की सर्वाधिक गम्भीर त्रुटियों में से एक है।'[8]

इस तरह के वक्तव्यों से यह स्पष्ट है कि वोलोशिनोव भाषा के मसले पर सश्योर के विरोधी छोर पर खड़े हैं। अपने भाषा-चिन्तन में वे शिष्टता और व्यक्तिपरकता पर जोर देते हैं जबकि सश्योर सामूहिकता और वस्तुपरकता पर। वोलोशिनोव के अनुसार सश्योर भाषा को सजीव और सृजनात्मक के बजाय मृत और निष्क्रिय के रूप में देखते है। 'एक बने-बनाए उत्पाद, एक स्थिर पद्धति के रूप में भाषा एक प्रकार की निष्क्रिय छाल, रूढ़ राख होती है।'[9] 'चिन्तन की दो प्रवृत्तियाँ' शीर्षक वाले पूरे अध्याय में वोलोशिनोव सश्योर के वर्णनात्मक भाषाविज्ञान के रूप में खारिज करते हैं। अध्याय के अन्त में वे एक वाग्मितात्मक प्रश्न करते हैं :

> फिर भाषिक यथार्थ का वास्तविक केन्द्र क्या है : विशिष्टता वाक् क्रिया-कथन अथवा भाषा की पद्धति! और भाषा के अस्तित्व की विधि क्या है : अविराम सृजनशील उद्‌भव अथवा स्व-सदृश्य मानक की निष्क्रिय परिवर्तनशीलता![10]

हम जानते हैं कि उपर्युक्त विकल्पों में से किसके पक्ष में वोलोशिनोव स्वयं खड़े हैं। उनकी अपेक्षा है कि भाषा को एक सजीव और सृजनशील तत्त्व के रूप में देखा जाए और उसके लिए आवश्यक है वाक् और कथन, जिसे सश्योर के भाषाविज्ञान ने कोने में खड़ा कर दिया है, उसके स्थान पर इन्हें केन्द्रीय महत्त्व दिया जाए।

नृविज्ञान, मनोविज्ञान और भाषाविज्ञान के क्षेत्र में अपने उल्लेखनीय अवदान के लिए विख्यात विद्वान एडवर्ड सेपिर भाषा का उद्‌गम संस्कृति और समाज को मानते हैं। 'द स्टेट्स ऑफ लिंग्विस्टिक्स एज अ साइंस' नामक अपने निबन्ध में 1929 में ही उन्होंने यह स्पष्ट कर दिया था : "भाषा प्रथमतः एक सांस्कृतिक और सामाजिक उत्पाद होती है और इसे इसी रूप में समझा जाना चाहिए।"[11] वे संस्कृति और समाज तथा भाषा के बीच एक प्रकार के संवादी सम्बन्ध के तथ्य

की ओर ध्यान आकृष्ट करते हैं, 'एक ओर जहाँ भाषा का उद्गम-स्थल संस्कृति और समाज में निहित होता है, वहीं दूसरी ओर संस्कृति और समाज के हमारे बोध के लिए भाषा एक महत्त्वपूर्ण उपकरण होती है।" सेपिर का कथन है कि "भाषा सामाजिक यथार्थ की मार्गदर्शिका होती है" और यह कि 'यथार्थ विश्व' बहुत सीमा तक अचेतन रूप से समूहों की भाषा प्रवृत्तियों के आधार पर खड़ा होता है। कोई दो भाषाएँ एक-दूसरे से इतना अधिक समान नहीं होतीं कि उनसे ऐसा लगे कि वे एक ही सामाजिक यथार्थ का प्रतिनिधित्व करती हैं।[12]

सेपिर के अनुसार सामाजिक और सांस्कृतिक विरचनाओं में भाषा की केन्द्रीय भूमिका होती है। समाज और भाषा के बीच इस प्रकार की आदान-प्रदान की क्रिया के लिए सश्योर के भाषाविज्ञान में कोई जगह नहीं है क्योंकि सश्योर भाषा को स्व-सन्दर्भी और परिणामत: यथार्थ से असम्पृक्त मानते हैं।

1933 में प्रकाशित अपने 'लैंग्वेज' नामक निबन्ध में सेपिर अपने को सश्योर के भाषाविज्ञान से पुन: अलग घोषित करते हैं। दोनों के बीच दूरी ही नहीं अपितु विरोधात्मकता का अनुमान निम्नलिखित उद्धरणों से लगाया जा सकता है :

> भाषा का एक और मनोवैज्ञानिक चरित्र यह तथ्य होता है कि जहाँ एक ओर इसे किसी ऐसी प्रतीक-पद्धति के रूप में माना जा सकता है जो अप्रत्यक्ष अनुभव की सूचना, अथवा उसका सन्दर्भ देती है अथवा उसका स्थान ले लेती है, वहीं दूसरी ओर यह भी सच है कि वास्तविक व्यवहार के रूप में यह प्रत्यक्ष अनुभव से दूर खड़ी रहती है अथवा उसके समानान्तर चलती है किन्तु उसके साथ पूर्ण रूप से घुल-मिल जाती है।[13]

> हमारे अपने स्तर पर वस्तुपरक यथार्थ और इसका सन्दर्भ देने वाले हमारे भाषिक प्रतीकों को एक-दूसरे से पूरी तरह अलग कर पाना प्राय: कठिन होता है और चीजें, गुण तथा घटनाएँ इसी तरह अनुभव की जा सकती हैं जैसे उन्हें जाना जाता है।[14]

इन दोनों उद्धरणों द्वारा सेपिर यह साफ कर देते हैं कि भाषिक प्रतीक (सश्योर के संकेतों के पर्याय) बाह्य यथार्थ को केवल सन्दर्भित ही नहीं करते अपितु उनमें समाए भी होते हैं। सेपिर के अनुसार भाषा और यथार्थ को एक-दूसरे से अलग नहीं किया जा सकता क्योंकि वे एक-दूसरे पर क्रियाशील और अन्तर्क्रियाशील होते हैं और एक-दूसरे से घुले-मिले हैं।

सेपिर से प्रभावित वोर्फ यह सिद्धान्त प्रस्तुत करते हैं कि किसी जनसमूह की विश्वदृष्टि उनकी भाषिक प्रवृत्तियों द्वारा निर्मित होती है। सेपिर यदि भाषा और संस्कृति के बीच पारस्परिक संवाद की बात करते हैं तो वोर्फ हमारी चिन्तन प्रणाली

पर पड़ने वाले भाषा के प्रभाव का सन्दर्भ देते हैं। अपने एक अत्यधिक उर्वर निबन्ध 'चिन्तन प्रवृत्ति तथा व्यवहार का भाषा से सम्बन्ध' (1939) का प्रारम्भ वे सेपिर से एक लम्बे उद्धरण का मुख-वाक्य के रूप में प्रयोग करते हैं जिसमें निम्नलिखित वाक्य भी सम्मिलित है :

> मनुष्य न तो केवल वस्तुपरक विश्व में और न ही केवल सामान्य रूप से समझे जाने वाले सामाजिक क्रियाकलापों के विश्व में रहते हैं अपितु वे उस भाषा की दया पर अत्यधिक निर्भर रहते हैं जो उनके समाज के लिए अभिव्यक्ति का माध्यम बन गई है।...हम जो कुछ देखते, सुनते और अनुभव करते हैं वह अधिकतर इसलिए कि हमारे समुदाय की भाषिक प्रवृत्तियाँ व्याख्या के कुछ विकल्प पहले से ही तैयार किये रहती हैं।[15]

इस उद्धरण से जो बात नहीं स्पष्ट हो पाती वह यह कि सेपिर के लिए भाषा संस्कृति और समाज का उत्पाद होती है। भाषा और बाह्य-जगत् के बीच पारस्परिक संवाद की सेपिर की धारणा वोर्फ में अनुपस्थित है। लेकिन दोनों चिन्तक भाषा और यथार्थ के अन्तर्सम्बन्ध की पुष्टि करते हैं।

सेपिर की सहायता और मार्गदर्शन के साथ वोर्फ ने अमरीकी आदिवासी होपी समुदाय की होपी भाषा का विस्तृत विश्लेषण किया है और यह सिद्ध किया है कि होपी समुदाय की विश्वदृष्टि होपी भाषा की संरचनाओं का परिणाम है। उदाहरण के लिए दिक् और काल की उनकी अवधारणा यूरोपीय लोगों की तत्सम्बन्धी अवधारणा से भिन्न है और इस भिन्नता का कारण भाषा और व्याकरण की भिन्नता है। यूरोपियों के विपरीत होपी समुदाय 'सरल प्रवाही अविच्छिन्नता' के रूप में काल की उस अवधारणा से अपरिचित है जिसमें प्रत्येक वस्तु अविराम गतिशीलता और परिवर्तन के प्रवाह से नहीं बच सकती है। काल की इन दो अवधारणाओं को अलग-अलग करते हुए वोर्फ लिखते हैं :

> हमारे (यूरोपियों के) लिए काल-दिक् के ऊपर एक गति है और इस तरह अविच्छिन्न आवृत्ति उस दिक् की इकाइयों की एक पंक्ति के समानान्तर अपनी शक्ति को छितराती-सी और व्यर्थ होती-सी लगती है। होपी समुदाय के लिए काल किसी गति का नाम न होकर जो कुछ कभी भी किया गया है उसके 'अतीत होने' का नाम है। उनके लिए अविच्छिन्न आवृत्ति व्यर्थ न होकर सम्पुंजित हो जाती है—मानो दिन का प्रत्यावर्तन किंचित् वय प्राप्त किन्तु बीते हुए कल के सभी चिह्नों से युक्त किसी व्यक्ति का प्रत्यावर्तन हो, किसी बिलकुल ही भिन्न व्यक्ति की तरह किसी 'अन्य दिन' का प्रत्यावर्तन नहीं।[16]

होपी समुदाय समय के दीर्घाकार को परिवर्तन के स्थान पर सम्पुंजन के अर्थ में लेता है। यह कहने के स्थान पर कि 'वे दस दिन तक रुके' वे कहते हैं कि 'ग्यारहवें दिन के पहले तक रुके।' वोर्फ मानते हैं कि काल-मापन की होपी-विधि अर्थात् 'विलम्बन की दो घटनाओं के बीच सम्बन्ध' के रूप में न होकर 'अविलम्बित होने' के रूप में अधिक बुद्धिसम्मत है।

बाख्तिन और उनके मंडल के भाषा सिद्धान्त की तरह सेपिर-वोर्फ सिद्धान्त सश्योर के इस तर्क को अस्वीकार करता है कि भाषा और यथार्थ के बीच सम्बन्ध विच्छेद होता है। बीसवीं शताब्दी के विवादी भाषा सिद्धान्त प्राचीन भारत में पद-पदार्थ सम्बन्ध को लेकर उठे विवाद का स्मरण कराते हैं। *द वर्ड एंड द वर्ल्ड* जैसे अर्थगर्भी शीर्षक वाली अपनी पुस्तक में बिमल कृष्ण मतिलाल ने इस विवाद का उल्लेख किया है। एक ओर जहाँ न्याय-वैशेषिक सम्प्रदाय यह मानता है कि पद-पदार्थ सम्बन्ध मानव-निर्मित रूढ़ियों से जन्मता है, वहीं दूसरी ओर वैयाकरण-मीमांसा सम्प्रदाय का विश्वास है कि यह सम्बन्ध नैसर्गिक और सनातन होता है। न्याय-वैशेषिक उक्ति के अनुसार पद और पदार्थ अलग-अलग क्षेत्रों से सम्बद्ध होते हैं और इस तरह उन्हें एक साथ जोड़ने का काम मानवीय क्रिया द्वारा सम्पन्न होता है। उदाहरण के लिए, 'घट' शब्द वाक् में स्थित है लेकिन 'घट' पद के उच्चरित होते ही जिस पदार्थ का ज्ञान हमें होता है वह तल पर स्थित एक भौतिक पदार्थ होता है। इन दो अलग-अलग तत्त्वों को एक साथ लाने का कार्य रूढ़ि सम्पन्न करती है जो मानव-निर्मित है।

वैयाकरण-मीमांसक जो पद और पदार्थ के बीच नैसर्गिक और सनातन तथा इच्छा-निरपेक्ष सम्बन्ध में विश्वास करते हैं, निम्नलिखित तर्क देते हैं :

1. 'घट' शब्द से किसी भौतिक पदार्थ के रूप का बोध होता है न कि उस पदार्थ का संकेत होता है। पदार्थ-विशेष नाशवान और परिवर्तनीय होता है (अनेक प्रकार के घट होते हैं) लेकिन पदार्थ का रूप नित्य होता है।
2. यदि पद और पदार्थ के बीच का सम्बन्ध रूढ़ि का परिणाम है तो प्रश्न उठता है कि इस रूढ़ि को जन्म किसने दिया वह पहला व्यक्ति कौन था जिसने पदार्थ के लिए 'घट' शब्द का प्रयोग किया?
3. जब कोई शिशु अपने माता-पिता से भाषा सीखता है तब वह पद और पदार्थ के बीच सम्बन्ध स्थापित नहीं करता अपितु पहले से स्थापित सम्बन्ध को पहचानता है।

भारतीय भाषा-दार्शनिकों के बीच उठे इस विवाद से यह स्पष्ट होता है कि भाषा के विषय में एक से अधिक मत सम्भव हैं और हमें अपेक्षाकृत अधिक विश्वसनीय और उपयोगी मत को चुनने की छूट होती है। मुझे वैयाकरण-मीमांसकों की इस

युक्ति में पर्याप्त सार दिखाई पड़ता है कि पद और पदार्थ के बीच नैसर्गिक और सनातन सम्बन्ध होता है।[17] अन्ततः किसी भाषा के विकास के किसी विशेष चरण को आधार बनाकर उस भाषा पर विचार करने से हमें ज्ञात हो जाएगा कि शब्दों को सन्दर्भ के रूप में इसलिए नहीं लिया जाता कि वे कुछ पदार्थों को सन्दर्भित करते हैं अपितु उनके सन्दर्भ का लक्ष्य वे होते हैं जिन्हें भारतीय चिन्तकों ने पदार्थों का रूप कहा है। मतिलाल की निम्नलिखित टिप्पणी अत्यन्त युक्तिसंगत है :

> यह कल्पना करना तथ्य से परे नहीं लगता कि किसी भाषा के विकास के इतिहास में कुछ विशेष वस्तुओं के लिए कुछ विशेष शब्दों के प्रयोग और उनके द्वारा कुछ विशेष अर्थ व्यक्त करने के बारे में सहमति हो गई रही हो।[18]

> भाषा के विषय में यह मत भाषा के विखंडनकारी सिद्धान्त को पूरी तरह निरस्त कर देता है जिसमें शब्द (संकेत) अ-सन्दर्भी होते हैं और अर्थ सदैव पहले से ही अनिश्चित बना रहता है।[19]

बाख्तिन और उनके मंडल, कार्ल सैंडर्स पियर्स और हिलेरी पुटनम से प्रेरणा ग्रहण करते हुए एस.पी. मोहन्ती इस निष्कर्ष पर पहुँचते हैं कि संकेत और इसके अर्थ संस्कृति और समाज में मूलस्थ होते हैं। कारण तो वे ही जानते होंगे लेकिन वे सेपिर और वोर्फ के विवेचन का प्रयोग नहीं करते जिन्होंने मोहन्ती जैसे ही मत व्यक्त किये हैं। उनके आक्रमण का मुख्य लक्ष्य है पॉल डि मान और उनके प्रेरक जॉक देरिदा। मोहन्ती के अनुसार डि मान भाषा के ज्ञानात्मक पक्ष में विश्वास नहीं करते क्योंकि वे इसे परिव्याप्त यथार्थ से अछूता मानते हैं। मोहन्ती लिखते हैं :

> डि मान के भाषा-विचार की समस्या यह है कि वे अर्थ के आश्वासन के रूप में सन्दर्भ की सामान्य धारणा की अस्वीकृति के पश्चात् अतिशीघ्रता से भाषा का स्वभावगत आलंकारिकता के रूप में भाषा सिद्धान्त तक पहुँच जाते हैं जो उस अनिश्चयकारी आलंकारिक क्रीड़ा द्वारा परिभाषित होता है जो किसी अर्थ की सुस्थिरता को तितर-बितर कर देता है।[20]

मोहन्ती उस वैकल्पिक सिद्धान्त में विश्वास करते हैं जो संकेत को समाज और संस्कृति से जोड़ता है। महानगरीय पश्चिम में निवास करने वाली गायत्री चक्रवर्ती और होमी भाभा जैसे लोगों की ही भाँति मोहन्ती अपने समर्थन में शब्द और अर्थ के विषय में भारतीय चिन्तन से सहायता नहीं लेते।

इससे इनकार नहीं किया जा सकता है कि विखंडनवादी सन्दर्भ को अस्वीकार करता है और किसी ऐसे सुनिश्चित अर्थ के सम्प्रेक्षण की असम्भावनाओं को मान्यता देता है जो सत्य अथवा तर्कसंगत हों। इस अवधारणा का विरोध करते हुए मोहन्ती

अनेक पश्चिमी चिन्तकों का सहारा लेते हुए अपने मत स्थापित करते हैं जो भाषा और समाज के बीच सम्बन्ध की पुष्टि करता है :

> मैं परोक्षत: यह मानता हूँ कि भाषा और संकेत की उर्वरता को समझना हम तभी प्रारम्भ करते हैं जबकि सन्दर्भ का कोई बेहतर विचार हमारे पास हो जो भाषा और विश्व के बीच (कारणात्मक) सम्बन्धों की ओर विशेष रूप से संकेतों और उनके सामाजिक पूर्वापर सम्बन्धों को स्पष्ट करता हो।[21]

यह मत निश्चित रूप से बाख्तिन, पियर्स और पुटनम के मतों पर आधारित है और इन विचारकों को मोहन्ती ने स्रोतों के रूप में प्रयोग भी किया है, लेकिन साथ ही इस मत का समर्थन सेपिर और वोर्फ तथा भारतीय चिन्तकों के मतों से भी होता है जिनका नामोल्लेख मोहन्ती ने नहीं किया है। मजेदार बात यह है कि एडवर्ड सईद, जो भारतीय चिन्तकों की तुलना में पश्चिमी चिन्तन परम्परा से ज्यादा गहरे जुड़े रहे हैं, भाषा और यथार्थ के सम्बन्ध में अपने मत के समर्थन में अरबी भाषाविज्ञान की ओर देखते हैं। *द वर्ल्ड, द टेक्स्ट, एंड द क्रिटिक* नामक अपनी पुस्तक के इसी शीर्षक वाले निबन्ध में उन्होंने यह उल्लेख किया है कि किस प्रकार समकालीन यूरोपीय भाषा-दर्शन का पूर्वानुमान ग्यारहवीं शताब्दी के इस्लामी दार्शनिक वैयाकरणों में मौजूद है। इन वैयाकरणों में प्रचलित भाषा के प्रति दो अलग-अलग दृष्टिकोणों का संकेत करते हुए वे लिखते हैं :

> बातीनियो का विश्वास है कि भाषा में अर्थ शब्दों में छिपा रहता है और इसीलिए इन अर्थों तक पहुँचने का एकमात्र तरीका होता है उनकी अन्तर्मुखी व्याख्या। जहरतियो का तर्क था कि शब्दों का अर्थ ऊपरी होता है अर्थात् ऐसा अर्थ जो किसी प्रयोग, परिस्थिति, ऐतिहासिक अथवा धार्मिक स्थिति में निहित होता है।[22]

इस प्रकार भारतीय भाषा-चिन्तन की दो धाराओं और अरबी भाषा-चिन्तन की दो प्रवृत्तियों में एक स्पष्ट समानता अथवा समान्तरता देखी जा सकती है। सईद के उद्धरण से यह संकेत मिलता है कि सश्योर द्वारा प्रभावित भाषाविज्ञान अकेला भाषा-सिद्धान्त का स्रोत नहीं है। जैसा कि हम देख चुके हैं, प्राचीनकाल में भी एक अन्य विकल्प भाषाविज्ञानियों और साहित्य समीक्षकों का उपलब्ध था जो साहित्य को अन्य अनुशासनों से अलग मानता था।

संकेतक और संकेतित (पद और पदार्थ, शब्द और अर्थ) के बीच का सम्बन्ध अनिश्चित अथवा निश्चित कुछ भी हो सकता है, लेकिन दोनों के बीच एक अन्तर होता है जो महत्त्वपूर्ण है। संकेतक व्यक्तियों के अनुसार नहीं बदलता।

हम अनेक ऐसे व्यक्तियों की कल्पना कर सकते हैं जो 'कुत्ता' संकेतक का इस्तेमाल करते रहे हों। हो सकता है कि वे इस संकेतक को अलग-अलग ढंग से लिखते हों अथवा उसका उच्चारण करते हों लेकिन इससे कोई फर्क नहीं पड़ता क्योंकि मूलतः वे सभी लोग इस संकेतक का प्रयोग एक ही संकेतित के लिए कर रहे होते हैं। प्रत्येक संकेतक का एक सुनिश्चित संकेतित होता है लेकिन साथ यह अनेक संकेतितों का भी संकेतक हो सकता है और यह निर्भर होता है स्थितियों और प्रसंगों पर। इस तरह संकेतक 'कुत्ता' अलग-अलग परिस्थितियों और प्रसंगों में एक-दूसरे से बिलकुल भिन्न संकेतितों के लिए प्रयुक्त हो सकता है लेकिन तो भी यह एक सुनिश्चित संकेतित से बँधा हुआ है। संकेतक और सुनिश्चित संकेतित के बीच सम्बन्ध के अन्य विपुल संकेतितों का निर्धारण समाज और संस्कृति पर निर्भर होता है। इससे सिद्ध होता है कि रूपवाद पर्याप्त नहीं होता। संकेतक भाषिक भी होता है और साथ ही एक सांस्कृतिक निर्मिति भी। भाषिक निर्मिति के रूप में इसका एक सुनिश्चित अर्थ होता है लेकिन यह बात सांस्कृतिक निर्मिति के रूप में इस पर लागू नहीं होती। संकेतकों का प्रयोग अर्थ-सम्प्रेषण के लिए होता है और इसके लिए हमें इसके भाषिक आयामों के साथ ही इसके सांस्कृतिक-सामाजिक आयामों का भी सहारा लेना पड़ता है। सार्थक अर्थ-सम्प्रेषण के लिए भाषा की सन्दर्भधर्मिता का सम्मान किया जाना चाहिए और एक बार इस तथ्य को हृदयंगम कर लेने के पश्चात् भाषा की देरिदा की विखंडनात्मक सोच अपने आप ही विखंडित हो जाएगी और ट्रेस अथवा छाप जो देरिदा को इरेजर अथवा विलोपन, डिफरांस अथवा भेद/स्थगन तथा अपोरिया अथवा अनिश्चितता की ओर ले जाता है अपने आप ही क्षरित हो जाएगा। सभी प्रकार के लेखन में अपोरिया की तथाकथित उपस्थिति के कारण ही देरिदा साहित्य और साहित्येतर लेखन के भेद को समाप्त कर देते हैं।

भाषा के स्व-सन्दर्भी और भेद घटित होने के सश्योर के विचार को यदि हम मान भी लें तो भी देरिदा का रास्ता नहीं लिया जा सकता। सश्योर न तो साहित्य अथवा साहित्यिक भाषा के विरुद्ध हैं और न ही वे यह मानते हैं कि पारम्परिक अर्थ में संस्कृति समाप्त हो गई है। अपनी पुस्तक *कोर्स इन जनरल लिंग्विस्टिक्स* के 'इंटरनल एंड एक्सटर्नल एलिमेंट्स इन लैंग्वेज' शीर्षक वाले पाँचवें अध्याय में सश्योर एक ऐसी बुद्धिसम्मत अवस्थिति की घोषणा करते हैं जो देरिदा की अत्यधिक उलझी हुई और समस्याग्रस्त अवस्थिति से बहुत अधिक अलग है। सश्योर स्वीकार करते हैं कि भाषा के विकास और निर्माण में भाषेतर बाह्य तत्त्वों की भूमिका महत्त्वपूर्ण होती है लेकिन तो भी भाषा का अध्ययन उसकी अन्तर्निर्मितियों के ही आधार पर किया जाना चाहिए। इन भाषेतर तत्त्वों में दो प्रमुख हैं : संस्कृति जिसका एक महत्त्वपूर्ण अंग है नृविज्ञान और दूसरा राजनीति। और इनके विषय में सश्योर की टिप्पणी निम्नलिखित है :

> किसी देश की संस्कृति उस देश की भाषा को प्रभावित करती है और दूसरी ओर, देश के लिए अधिकांशत: भाषा उत्तरदायी होती है।[23]

> रोम विजय जैसी महत्त्वपूर्ण ऐतिहासिक घटनाएँ अतिथि भाषिक तथ्यों पर अवर्णनीय प्रभाव डालती हैं। उपनिवेशीकरण जो उक्त प्रकार की विजय का एक रूप ही है किसी मुहावरे (भाषा) को एक अलग वातावरण में स्थानान्तरित कर उसमें परिवर्तन पैदा कर सकता है।[24]

पहला उद्धरण सश्योर को सेपिर-वोर्फ मान्यता के निकट लाता है लेकिन इस तरह के विचार देरिदा के चिन्तन के लिए विजातीय हैं। फिर भी देरिदा और सश्योर इस बात पर एकमत हैं कि भाषा का सर्वोत्तम अध्ययन-विश्लेषण उसके अन्तर्तत्त्वों के ही आधार पर हो सकता है अथवा होना चाहिए। भाषा में जो महत्त्वपूर्ण होता है वह इस पर पड़ने वाले बाह्य प्रभावों की अपेक्षा इसकी वह अन्तर्संरचना होती है जो रूपांकित उन नियमों के आधार पर होती है जिसे सश्योर लैंग (Langue) अर्थात् भाषापद्धति कहते हैं।

भाषापद्धति के महत्त्व पर ध्यान केन्द्रित करते हुए भी सश्योर परोल (Parole) अर्थात् भाषिक क्रिया की चर्चा करने में संकोच नहीं करते और यह भाषिक क्रिया जो भाषापद्धति की ही विशिष्ट अभिव्यक्ति होती है, साहित्यिक लेखन को भी अपने में समेटे रहती है। वे परोल अथवा भाषिक क्रिया के दो विभाजन करते हैं—साहित्यिक अथवा पुस्तकीय भाषा और बोली जाने वाली भाषा जिसके लिए वे क्रमश: डाइलेक्ट (Dailect) और वर्नाक्यूलर (Vernaculor) शब्दों का प्रयोग करते हैं। वे इन दोनों के बीच अन्तर्क्रिया की सम्भावना का भी संकेत करते हैं :

> प्रत्येक बिन्दु पर साहित्यिक भाषा साहित्य की सीमाओं का अतिक्रमण कर जाती है : हम यहाँ की साहित्य-संगोष्ठियों (सैलून), दरबार और राष्ट्रीय अकादमियों के प्रभाव तक ही अपने को सीमित रख रहे हैं। इसके अतिरिक्त साहित्यिक भाषा और स्थानीय बोलियों के बीच द्वन्द्व का भो प्रश्न होता है : भाषाविज्ञानी को साहित्यिक भाषा और वर्नाक्यूलर के बीच पारस्परिक आदान-प्रदान के तथ्य की भी पड़ताल करनी आवश्यक होती है क्योंकि संस्कृति का उत्पादन होने के कारण प्रत्येक साहित्यिक भाषा प्राय: अपने नैसर्गिक क्षेत्र अर्थात् बोली जाने वाली भाषा से अन्तत: दूर छिटक जाती है।[25]

परोल (भाषिक क्रिया) की सीमा में लैंग (भाषापद्धति) के दोनों रूप अर्थात् साहित्यिक भाषा और बोल-चाल की भाषा पारस्परिक आदान-प्रदान की क्रिया के माध्यम से एक-दूसरे से जुड़ी होती है। एक छोर पर बोल-चाल की भाषा डाइलेक्ट

का रूप ले सकती है तो दूसरे छोर पर यह दरबारों अथवा राष्ट्रीय अकादमियों की भाषा का रूप। इसी न्याय से साहित्यिक अथवा पुस्तकीय भाषा एक से अधिक रूप ले सकती है। हैबरमास की तरह इसे हम मानविकी और समाजविज्ञान की भाषा तथा साहित्य की भाषा में विभाजित कर सकते हैं। सश्योर के भाषाविज्ञान में इस तरह की सम्भावनाएँ खुली रहती हैं। इस तथ्य से इनकार नहीं किया जा सकता कि साहित्य के माध्यम तथा दैनन्दिन वार्तालाप, समाजविज्ञान अथवा विज्ञान का माध्यम एक ही भाषा होती है लेकिन इसके बावजूद साहित्य और साहित्येतर विषयों की भाषा में इतना अन्तर तो होता है कि उन्हें हम एक-दूसरे से सीमांकित कर सकते हैं। सश्योर इस तरह के सीमांकन के विरुद्ध नहीं हैं। सारा कुछ निर्भर करता है इस बात पर कि हम सश्योर के भाषाविज्ञान का इस्तेमाल कैसे करते हैं? इसी का प्रयोग करते हुए देरिदा ऐसा सिद्धान्त निर्मित करते हैं जो साहित्य की विशिष्ट पहचानों को प्रश्नांकित करता है जबकि दूसरी ओर रोमाँ याकोब्सन, यूरी लोतमन और जोनाथन कलर इसी के आधार पर साहित्य और साहित्य रूपों के अपने सिद्धान्त निर्मित करते हैं।

मेरी जानकारी के अनुसार याकोब्सन पहले व्यक्ति थे जिन्होंने साहित्य-अध्ययन में सश्योर के भाषाविज्ञान की अन्तर्दृष्टियों का प्रयोग किया। 1923 में ही उन्होंने चेक काव्य-लेखन पर एक पुस्तक प्रकाशित की थी जिसमें उन्होंने सश्योर के भाषाविज्ञान का उल्लेख किया था, और 1928 में उन्होने बोगातिनेव प्योत्र बोगातिनेव के साथ मिलकर एक लेख प्रकाशित किया था जिसमें सश्योर के भाषाविज्ञान का प्रयोग लोक साहित्य के किंचित् सुसंगत अध्ययन के लिए किया गया है। सश्योर के भाषाविज्ञान का प्रयोग वे अवश्य करते हैं लेकिन साहित्य को एक अलग भाषिक प्रवर्ग मानने से वे इनकार नहीं करते। अपनी प्रारम्भिक पुस्तक *मॉडर्न रशियन पोइट्री* में वे लिखते हैं :

> साहित्य के विज्ञान का लक्ष्य साहित्य न होकर साहित्य का साहित्यिक गुण होता है—अर्थात् वह गुण जो किसी कृति को एक साहित्यिक कृति बना देता है।[26]

याकोब्सन जिस साहित्यिकता अथवा साहित्यिक गुण की बात कर रहे हैं वह देरिदा की 'साहित्यिकता' से भिन्न है क्योंकि देरिदा इस गुण को भाषा में सर्वव्यापी मानते हैं जबकि याकोब्सन इसे केवल साहित्यिक कृतियों में उपस्थित मानते हैं। इस विषय पर उनका बाद का लेखन जैसे *लिंग्विस्टिक्स एंड पोइटिक्स* तथा *पोइट्री ऑफ ग्रामर एंड ग्रामर ऑफ पोइट्री* साहित्य की विशिष्ट अस्मिता की सम्पुष्टि करता है। वास्तव में याकोब्सन उस शैलीविज्ञान के जनक माने जाते हैं जो साहित्य की भाषा का अध्ययन करता है। आंग्ल-अमरीकी आलोचना में इस प्रवृत्ति का प्रवेश 1950 के दशक में हुआ जबकि रूसी आलोचना में इसका प्रारम्भ 1916 में 'सोसाइटी फॉर द स्टडी ऑफ द लैंग्वेज ऑफ लिटरेचर' की स्थापना के साथ ही हो गया था।

भाषिक सम्प्रेषण में अन्तर्निहित छह तत्त्वों और उनके प्रकार्यों की याकोब्सन द्वारा प्रस्तावित सूची का उद्देश्य साहित्य सहित भाषिक विरचनों की पहचान करना और उनमें अन्तर करना है। हैबरमास के भाषा-चिन्तन को प्रभावित करने वाले याकोब्सन प्रधानता पर बल देते हैं, न कि ऐकान्तिकता पर। वे स्पष्ट रूप से कहते हैं कि किसी भी भाषिक सम्प्रेषण में सभी छह तत्त्व सक्रिय होते हैं हालाँकि प्रधानता किसी एक की होती है। इस तरह कविता में, जो साहित्य विधाओं में सर्वाधिक साहित्यिक होती है, बल सन्देश पर होता है लेकिन याकोब्सन के विचार में यह सन्देश कविता का अर्थ न होकर उसका वाक् अथवा कथन होता है। भाषा के काव्य-प्रकार्य के विषय में वे लिखते हैं :

> भाषिक कला का काव्य-प्रकार्य एकमात्र प्रकार्य नहीं होता अपितु इसका प्रधान प्रकार्य होता है जबकि अन्य सभी भाषिक प्रयोगों में यह एक गौण अथवा सहायक उपादान होता है। यह प्रकार्य संकेतों की प्रमुखता पर बल देते हुए संकेतों और वस्तुओं के बीच बुनियादी विरोधात्मकता को ग्रहण करता है।[27]

इस उद्धरण में प्रस्तुत तर्क देरिदा द्वारा प्रेरित इस भ्रम को छितरा देता है कि साहित्य से अलग अस्तित्व बनाने के लिए भाषा को पूर्णतया परिशुद्ध होना चाहिए और उसमें काव्यात्मक प्रकार्य जैसी किसी चीज का रेशा नहीं होना चाहिए और चूँकि ऐसी किसी भाषा का अस्तित्व होता ही नहीं, अत: देरिदा के लिए साहित्य और साहित्येतर भाषा में कोई अन्तर भी नहीं होता।

अन्य रूसी रूपवादियों की तरह याकोब्सन केवल साहित्य और साहित्येतर भाषा में ही अन्तर नहीं करते बल्कि विभिन्न साहित्यिक विधाओं की भाषाओं में भी भेद करते हैं। मॉरिस हॉल के साथ संयुक्त रूप से लिखी अपनी पुस्तक में उन्होंने सश्योर के भाषाविज्ञान का सहारा लेते हुए रूपक और सादृश्यालंकार (मेटानिमि) में अन्तर किया है जिसका व्यापक स्तर पर साहित्य समीक्षा में प्रयोग किया गया है। वाचाघात (अफेशिया) से पीड़ित बच्चों में दो प्रकार के भाषिक दोषों को उपर्युक्त दोनों अलंकारों से जोड़ते हुए याकोब्सन का कहना है कि रूपक की प्रधानता कविता में होती है जबकि सादृश्यालंकार गद्य कथा में प्रमुख होता है। इसके अतिरिक्त अगर हम साहित्यिक प्रवृत्तियों अथवा आन्दोलनों के सन्दर्भ में सोचें तो रोमांटिक और प्रतीकवादी आन्दोलनों/प्रवृत्तियों में प्राथमिक भूमिका रूपकीय प्रक्रिया की होती है जबकि यथार्थवादी साहित्यिक प्रवृत्तियों में सादृश्यालंकार भाषा की प्रमुखता होती है।

याकोब्सन का काव्यशास्त्रीय चिन्तन यह स्पष्ट कर देता है कि सश्योर का भाषाविज्ञान साहित्य की विशिष्ट पहचान का विरोधी नहीं है। साहित्य और भाषाविज्ञान की याकोब्सन की समझ देरिदा की समझ से बेहतर है क्योंकि उन्होंने दोनों का

अध्ययन किया है जबकि देरिदा का प्रशिक्षण एक दार्शनिक के ही रूप में हुआ है। सश्योर के भाषाविज्ञान को साहित्यालोचन में प्रयोग करने के अभियान में याकोब्सन की भूमिका एक संस्थापक की रही है और उनका योगदान इस क्षेत्र में किसी एक का भी मार्गदर्शक हो सकता है।

याकोब्सन के अलावा सोवियत संघ में यूरी लोतमन और संयुक्त राज्य अमरीका में जोनाथन कलर ने अपने साहित्य सिद्धान्त स्थिर करने में सश्योर के भाषाविज्ञान को आधार बनाया है। लोतमन का लेखन 1964 और 1973 के बीच प्रकाश में आया और प्रस्तुत सन्दर्भ में उनकी महत्त्वपूर्ण पुस्तक है 1970 में मूल रूसी और 1977 में अंग्रेजी में प्रकाशित *द स्ट्रक्चर ऑफ दि आर्टिस्टिक टेक्स्ट*। हैबरमास की भाँति लोतमन भाषा को तीन वर्गों में विभाजित करते हैं : दैनन्दिन जीवन में वार्तालाप की भाषा, विज्ञान की कृत्रिम भाषा और कला (साहित्य) की भाषा। साहित्येतर भाषा और साहित्यिक भाषा के अन्तर को लोतमन भली-भाँति जानते हैं। साहित्य में भाषा के प्रचलन का उल्लेख करते हुए वे कहते हैं :

> पहली बात यह कि यह (भाषा) उन लक्षणों को अलग करने की इजाजत देती है जो कला (की भाषा) और प्रत्येक अन्य भाषा में समान होते हैं और साथ ही उन लक्षणों को संकेत-सिद्धान्त के सामान्य रूप में उल्लिखित करने की इजाजत देती है। दूसरे, पहले उल्लेख की रोशनी में उस लक्षण को अलग करने की इजाजत देती है जो एक विशेष भाषा के रूप में कला में अन्तरस्थ होता है और जो इस प्रकार की अन्य पद्धतियों से कला को अलग करता है।[28]

लोतमन का यह वक्तव्य उचित है कि कलात्मक पाठ की भाषा में कुछ लक्षण साधारण भाषा से आते हैं लेकिन कलात्मक भाषा के कुछ विशिष्ट और ऐकान्तिक लक्षण भी होते हैं जिनके कारण यह भाषा विशिष्ट हो जाती है। हम इस विचार से भली-भाँति परिचित हैं कि कॉलरिज की प्राथमिक कल्पना की तरह साधारण भाषा वह आधार होती है जिस पर साहित्य की भाषा एक सुन्दर महल का निर्माण करती है। 'अनुपम', 'विशेष', 'ऐकान्तिक' जैसे लोतमन के शब्द भाषा और साहित्य के विषय में देरिदा के प्रमाण रहित सामान्यीकरणों को निरस्त कर देते हैं यद्यपि ऐसा नहीं लगता कि लोतमन अपने फ्रेंच समकालीन देरिदा की कृतियों से परिचित थे। देरिदा की ही तरह सश्योर के भाषाविज्ञान का सहारा लेते हुए लोतमन इस निष्कर्ष पर पहुँचते हैं :

> साहित्य एक *विशेष भाषा* में बोलता है जो स्वाभाविक भाषा पर एक द्वितीयक पद्धति के रूप में आरोपित कर दी जाती है (बलाघात मेरा)।[29]

> प्रत्येक कलात्मक पाठ का सृजन अस्थायी आधार पर निर्मित एक विशेष विषयवस्तु से मुक्त एक अनूठे संकेत के रूप में होता है (बलाघात मेरा)।[30]

उद्धरणों में बलाघात-युक्त शब्द साहित्य को अन्य प्रकार के लेखन से अलग करते हैं। साहित्य की अनूठी, विशिष्ट और ऐकान्तिक भाषा देरिदा की धारणा का खंडन करती है।

साहित्य की अनूठी विशिष्टता स्थापित करने के क्रम में लोतमन कलात्मक सृजन की भाषा से परे भी जाते हैं। वे कहते हैं कि कलात्मक पाठक की भाषा ब्रह्मांड का एक प्रतिरूप सृजित करती है। कोई कलाकार हमें साहित्येतर विषयों से मिलने वाले विचार और सूचनाएँ ही नहीं उपलब्ध कराता, उसके लिए विचार ऐसा बिम्ब होता है जो विश्व की किसी भौतिक वस्तु का शाब्दिक समानार्थक होता है। निम्नलिखित तीन उद्धरणों से लोतमन की बात स्पष्ट हो जाएगी :

1. कला में कोई एक प्रतिरूप होता है क्योंकि यह यथार्थ का एक बिम्ब रचता हैं।[31]
2. किसी कलात्मक पाठ की भाषा तत्त्वतः ब्रह्मांड का एक कलात्मक प्रतिरूप होती है।[32]
3. कला में संकेत मूर्तिपरक और प्रातिनिधिक होते हैं, न कि रूढ़िगत, जैसे भाषा में...। संकेत अपनी विषयवस्तु का प्रतिरूप रचता है।[33]

तीसरा उद्धरण लोतमन की अवधारणा के केन्द्रीय बिन्दु को व्यक्त करता है। साहित्य में संकेतों की मूर्तिपरकता का विचार आंग्ल-अमरीकी आलोचना के अध्येताओं का जाना-पहचाना है। चार्ल्स सैंडर्स पियर्स द्वारा सबसे पहले प्रस्तावित इस विचार का प्रयोग जे.सी. रेंसम सहित अन्य आलोचकों ने किया है। रेंसम बिम्ब पर बहुत अधिक बल देते हैं क्योंकि यह उन अमूर्त विचारों को मूर्त विषयवस्तु से युक्त करता है जिनमें सांसारिक वस्तुओं को न्यूनीकृत किया जाता है। यद्यपि लोतमन रेंसम की तरह विस्तार में नहीं जाते फिर भी वे अपनी इस स्थापना में इन आलोचकों से भी आगे निकल जाते हैं कि रचनाकार ब्रह्मांड का एक प्रतिरूप सृजित करता है। बिम्बों के माध्यम से लेखक अपना एक निजी संसार रचता है; वह एक अलग संसार सृजित करता है जिसमें तमाम तरह के परिचित-अपरिचित जीव-जन्तु निवास करते हैं। इस साहित्यिक संसार में कुछ भी अमूर्तन के रूप में नहीं होता, सब कुछ सजीव, रक्त-मांस से युक्त होता है। सामान्य विश्व में जो केवल अमूर्त अथवा आभासी भर होता है, साहित्यिक संसार में वह रूप-युक्त हो जाता है। शेक्सपियर के गम्भीर नाटकों में भूत-प्रेत केवल छाया ही नहीं होते, वे रूप धरकर हमारे सामने आते हैं।

क्या साहित्येत्तर अनुशासनों में ऐसा सम्भव हो सकता है? फिर कैसे देरिदा अनुशासनगत भेदों को दरकिनार करते हुए केवल भाषा अथवा लेखन के आधार पर सभी अनुशासनों को एक कर देते हैं?

ऊपर के उद्धरणों में लोतमन एक और विचार व्यक्त करते हैं और वह है किसी विचार का उस सकल साहित्यिक संरचना में अविभाज्य ढंग से अनुस्यूत होना, जिसमें उसका अस्तित्व होता है। और इसीलिए वे किसी ऐसी विषयवस्तु अथवा सन्देश की धारणा को खारिज करते हैं जिसे उस संरचना से अलग किया जा सकता है। इस बात को स्पष्ट करने के लिए वे एक रूपक का सहारा लेते हैं। किसी घर का निर्माण एक सोची-विचारी योजना के अनुरूप होता है जो वास्तुकार के मन में होती है लेकिन यह योजना पूरे घर में रूपाकार ग्रहण करती है, न कि भवन निर्माण में प्रयुक्त होने वाले किसी एक अथवा दो उपदानों में। इसी प्रकार 'कोई कलात्मक विचार संरचना से इतर अकल्पनीय होता है।'[34] लोतमन की यह धारणा 'कविता की संरचना' तथा 'पदान्वयन का अपसिद्धान्त' से सम्बन्धित क्लियन्थ ब्रुक्स की उक्ति के अत्यधिक निकट है। बात चाहे ब्रुक्स ने कही हो या लोतमन ने, बिम्ब तथा बिम्ब और विचार के बीच अन्तर पर बलाघात पाठ के विषय में देरिदा की उस विखंडनवादी धारणा के प्रतिकूल है जो बिम्ब (रूपक) तथा विचार में अलगाव को खारिज करती है और यह स्थापना प्रस्तुत करती है कि भाषा ही साहित्य है। इसे विडम्बना ही कहा जाएगा कि जब देरिदा किसी पाठ का विखडंनवादी पाठ करते हैं, जैसा कि सश्योर के *कोर्स इन जनरल लिंग्विस्टिक्स* का तो उनका सारा ध्यान बिम्ब के बजाय विचार पर होता है।

लोतमन किसी साहित्यिक कृति में 'अर्थगत सन्तृप्ति' (सिमेंटिक सेटिएशन) की बात करते हैं। उनका विचार है कि किसी साहित्यिक कृति के सघन, बहुस्तरीय अर्थ को किसी सामान्य भाषा के माध्यम से सम्प्रेषित नहीं किया जा सकता। "एक संश्लिष्ट कलात्मक संरचना, जो भाषा के माध्यम से सृजित की गई है, सूचना के इतने विशाल पुंज को प्रसारित करने की छूट देती है जो किसी सामान्य भाषिक संरचना के वश की बात नहीं होती।"[35] बहुस्तरीय 'अर्थगत सन्तृप्ति' जिसे अंग्रेज आलोचक विलियम इम्पसन ने 'श्लेष' कहा है, वही नहीं है जिसे देरिदा ने विखंडनात्मक छितराव कहा है। लोतमन और इम्पसन दोनों सत्य, तर्क-मूलकता और बोधगम्यता में विश्वास करते हैं। इम्पसन अपने गुरु आई.ए. रिचर्ड्स के इस मत को खारिज करते हैं कि कविता में तर्कमूलकता अनुपस्थित होती है और वे इसमें अर्थ को रेखांकित करते हैं और लोतमन खुलकर घोषणा करते हैं कि "कला को सत्य की तलाश से अलग ही नहीं किया जा सकता।"[36]

लोतमन पर इतनी विस्तृत चर्चा का कारण यह स्पष्ट करना है कि सश्योर के भाषाविज्ञान के प्रयोग का यह आशय कभी नहीं होता कि साहित्य की विशिष्ट पहचान होती ही नहीं। अपने पूर्ववर्ती याकोब्सन की ही भाँति लोतमन ने सश्योर की

भाषावैज्ञानिक अन्तर्दृष्टियों का व्यापक स्तर पर प्रयोग किया है लेकिन इस बात को लेकर उनके मन में कभी सन्देह नहीं रहा कि साहित्य की अपनी विशिष्ट पहचान होती है और यह पहचान अनुस्यूत होती है, भाषा के इसके विशिष्ट प्रयोग में।

अनेक महत्त्वपूर्ण अर्थ में लोतमन प्रसिद्ध अमरीकी संरचनावादी आलोचक जोनाथन कलर के तर्कों का पूर्वानुमान प्रस्तुत करते हैं। कलर की चर्चित पुस्तक *स्ट्रक्चरलिस्ट पोइटिक्स* का शीर्षक लोतमन की प्रथम कृति *लेक्चर्स ऑन स्ट्रक्चरल पोइटिक्स* का स्मरण दिलाता है। यहाँ लोतमन की पुस्तक द *स्ट्रक्चर ऑफ दि आर्टिस्टिक टेक्स्ट* से कुछ चुने गए उद्धरण दिये जा रहे हैं जो कलर की साहित्यिक-आलोचनात्मक अनेक उपपत्तियों का संकेत दे रहे हैं :

> कला एक दोयम प्रतिरूपी पद्धति है, सभी संकेताश्रित पद्धतियों की तरह दोयम प्रतिरूपी पद्धतियाँ भाषा के प्रतिदर्श पर निर्मित की जाती हैं।[37]

> यदि हम एक ही प्रकार के प्रकार्यमूलक पाठों के एक बड़े समूह को लें और पद्धति से इतर सभी चीजों को अपने दृष्टिकोण से अलग रखते हुए उन्हें एक ही अपरिवर्ती पाठ के विभिन्न रूपों के रूप में देखें, तब हम पाठों के समूह की भाषा के संरचनात्मक वर्णन पर पहुँचते हैं।[38]

> चूँकि कोई कलात्मक पाठ किसी अत्यधिक छोटे से पाठ के 'क्षेत्र' में सूचना की एक विशाल राशि संकेन्द्रित कर सकता है, अत: यह कलात्मक पाठ एक अन्य लक्षण से भी युक्त होता है : यह अलग-अलग पाठकों को उनकी ग्रहण-क्षमता के अनुपात में अलग-अलग सूचना प्रेषित करता है।[39]

लोतमन का पहला कथन कलर के इस विचार का संकेत देता है कि भाषाविज्ञान को काव्यशास्त्र के मॉडल के रूप में देखा जा सकता है। कलर के लिए भाषाविज्ञान का भाषा से वही रिश्ता होता है जो काव्यशास्त्र का साहित्य से होता है। लोतमन और कलर के मतों की समानता पुष्ट करने के लिए कलर का निम्नलिखित वक्तव्य लिया जा सकता है :

> भाषाविज्ञान और साहित्य-समीक्षा के बीच उचित और लाभपद्र सम्बन्ध वस्तुत: एक प्रकार का रूपक अथवा सटीक रूप से कहें तो एक प्रकार की समधर्मिता है। अर्थात् भाषा-पद्धति के विश्लेषण के एक मॉडल के रूप में भाषाविज्ञान एक ऐसा मॉडल प्रस्तुत करता है जिससे यह ध्वनित होता है कि हम किस प्रकार एक ऐसा काव्यशास्त्र निर्मित कर सकते हैं जो एक पद्धति के रूप में साहित्य का अध्ययन करता है।[40]

कलर और लोतमन एक ऐसा काव्यशास्त्र रचते हैं जो सश्योर के संरचनात्मक भाषाविज्ञान की उपपत्तियों पर आधारित है। दोनों आलोचक भाषाविज्ञान और काव्यशास्त्र के बीच अन्तर के विषय में स्पष्ट है—भाषाविज्ञान का विवेच्य भाषा होती है जबकि काव्यशास्त्र का लक्ष्य साहित्य होता है। ऊपर उद्धृत लोतमन का दूसरा कथन सश्योर द्वारा लैंग (भाषापद्धति) और परोल (वाक्क्रिया) के बीच किये गए भेद पर आधारित है जो बाद में कलर द्वारा गीत (लिरिक) और उपन्यास के काव्यशास्त्र में भी विद्यमान है, जबकि लोतमन का तीसरा उद्धरण कलर की पाठकवादी धारणा की ओर संकेत करता है। गीत और उपन्यास पर लिखे अध्यायों में कलर, लोतमन द्वारा अभिहित 'अपरिवर्ती पाठ' का विकास करते हैं जो दोनों साहित्य विधाओं में अपने अलग-अलग रूपों में व्यक्त होता है। कलर का पाठकवाद इस बात की तफ्तीश करता है कि किस प्रकार अलग-अलग पाठक एक ही पाठ में अलग-अलग अर्थ खोज लेते हैं।

लोतमन और कलर दोनों के पीछे रोमाँ याकोब्सन का चिन्तन झाँक रहा है। लेकिन एक ओर याकोब्सन और लोतमन उस वस्तुनिष्ठता के लिए जाने जाते हैं जो सश्योर पर उनकी निर्भरता के कारण पैदा होती है जबकि दूसरी ओर उसी स्रोत का आधार लेते हुए कलर उन पाठकवादी आलोचकों के व्यक्तिनिष्ठा के सिद्धान्त को मानते हैं जिनके साथ उनकी गणना की जाती है।

कलर इस बात को स्थापित नहीं करना चाहते कि साहित्य का अस्तित्व नहीं होता बल्कि उनका मानना है कि साहित्य के व्याकरण अथवा पद्धति को आत्मसात् किया हुआ पाठक साहित्यिकता को जन्म देता है। ऐसी स्थिति में जब उस पाठक के मस्तिष्क में पद्धति की चेतना का अभाव होता है तब वह साहित्य की पहचान साहित्य के रूप में नहीं कर सकता, उसके आस्वाद की तो बात ही नहीं उठती। लेखन का कोई भी अंश साहित्यिक हो सकता है और नहीं भी। इसका निर्धारण होता है उन पाठकीय कौशलों द्वारा जिन्हें पाठक इस्तेमाल करता है। निम्नलिखित उद्धरण कलर की तर्कपद्धति को स्पष्ट करने में सहायक हो सकता है :

> संकेत वैज्ञानिक युक्ति यह संकेत करती है कि कविता को ऐसे कथन के रूप में सोचा जाए जिसमें अर्थ रूढ़ियों की उस पद्धति के ही कारण होता है जिन्हें पाठक ने आत्मसात् किया हुआ है। यदि दूसरी रूढ़ियाँ क्रियाशील हैं तब उसके सम्भावित अर्थों का क्षेत्र अलग होगा।[41]

लेकिन यह तथ्य कि कोई पाठ एक कविता है, अनिवार्यत: इसके भाषिक उपादानों का परिणाम नहीं होता और कविताओं की भाषा के विशिष्ट गुणों पर आधारित काव्य सिद्धान्त निर्धारित करने का प्रयास असफल होने के लिए नियतिबद्ध लगता है।[42]

कलर का विचार अतिवादी लगता है। 'रूढ़ियों की पद्धति' का स्रोत क्या होता है जिन्हें पाठक आत्मसात करने के पश्चात् कविता के प्रति संवेदित होता है? क्या वह इन रूढ़ियों को किसी प्रकार के लेखन से अपने परिचय के आधार पर प्राप्त करता है अथवा कविता के अपने पाठन अनुभव से? यदि इन रूढ़ियों का स्रोत उसका काव्यानुभव है तब कलर वही कह रहे हैं जो अरस्तू से लेकर आज तक के आलोचक कहते आ रहे हैं। अन्तर केवल विचारों को प्रस्तुत करने के तरीके में हो सकता है। क्या यह नहीं कहा जाता है कि अरस्तू ने अपने साहित्यिक अनुभव के आधार पर ही अपने काव्यशास्त्र की रचना की थी? साहित्य के प्रति प्रतिक्रिया अलग-अलग पाठकों में अलग-अलग होती है और यही कारण है कि साहित्य और साहित्य-रूपों के विषय में अनेक सिद्धान्त प्रचलित हैं।

कलर कहना चाहते हैं कि कविता की भाषा के कोई विशेष गुण नहीं होते अत: सामान्य गद्य का पाठ भी साहित्यिक पाठ में रूपान्तरित किया जा सकता है अथवा साहित्यिक पाठ को सामान्य गद्य का पाठ बनाया जा सकता है और यह सारा कुछ निर्भर करता है पाठन युक्तियों के प्रयोग पर। उन्होंने स्वयं एक गद्य वाक्य का उदाहरण दिया है जिसे उन्होंने एक काव्य-पंक्ति में बदल दिया है, जिसका मतलब यह भी है कि किसी काव्य-पंक्ति को गद्य-वाक्य में भी बदला जा सकता है। एजरा पाउंड की एक कविता 'इन अ स्टेशन ऑफ द मेट्रो' की दो पंक्तियाँ इस प्रकार हैं :

दि अपैरिशन ऑफ दीज फेसिज इन द क्राउड;
पेटल्स ऑन अ वेट, ब्लैक बाउ;
(भीड़ में इन चेहरों की छाया;
किसी भीगी, काली शाख पर पंखुरियाँ।)

कलर टिप्पणी करते हैं कि कविता किसी 'इन्सकेप', अर्थात् रहस्योद्घाटन के किसी क्षण के रूप में ग्रहण की अपेक्षा करती है जिसमें रूप का बोध कर लिया जाता है और सतह गहनता बन जाती है।[43] ऐसा कहना यह कहने जैसा हुआ कि कविता पाठक को यह निर्देश देती है कि इसका आस्वादन वह कैसे करे? और यह तब तक सम्भव नहीं हो सकता जब तक कि कविता की भाषा और संरचना में ऐसा कुछ न हो जिसमें पाठक को लगे कि यह कोई कविता है और कुछ ऐसी मूल्यवान कविता है जो गम्भीर पाठक की माँग करती है। कलर का यह कथन बहुत विश्वसनीय नहीं लगता कि साधारण भाषा में लिखे हुए किसी भी पाठ को 'युक्तियों की पद्धति' के परिवर्तन द्वारा साहित्यिक रूप दिया जा सकता है। 'अर्थगत सन्तृप्ति' के अभाव में ऐसा हो पाना असम्भव है।

यह एक रोचक तथ्य है कि लिरिक कविता की जिस पद्धति को कलर ने विकसित किया है वह 'नई' समीक्षा की उन अवधारणाओं पर आधारित है जिनका उल्लेख उन्होंने प्रायः किया है। *सेवेन टाइप्स ऑफ एम्बिगुइटी* जो 'नई' समीक्षा के सन्दर्भ में एक महत्त्वपूर्ण आलोचना कृति मानी जाती है के लेखक विलियम इम्पसन का नामोल्लेख कलर ने अनेक बार किया है। कलर मानते हैं कि इम्पसन के श्लेष और ब्रुक्स की विरोधाभास की अवधारणाएँ लिरिक कविता की पद्धति का अंग हैं और इस प्रकार लिरिक के आस्वादन के क्रम में पाठक इन अवधारणाओं को आत्मसात किये रहता है। दूरी और निर्वैक्तिकता, आंगिक अन्विति, अर्थ और रूपक का अकस्मात् रहस्यबोध जैसी धारणाएँ 'नई' समीक्षा के शस्त्रागार में सुरक्षित हैं। तथ्यतः कलर नये समीक्षकों से काफी हद तक सहमत हैं। असहमति का एक बिन्दु है उनका यह अस्वीकार करना कि नये समीक्षकों द्वारा उल्लिखित कविता के गुण पाठक में अन्तर्निहित होते हैं। कलर के लिए इन गुणों की पहचान सक्षम पाठक पाठन रूढ़ियों की युक्तियों की सहायता से करता है। कलर और नये समीक्षकों के बीच अन्तर विचारों की प्रस्तुति की शैली का है।

कलर की पंक्ति लोतमन और याकोब्सन जैसे उन समीक्षकों के साथ जुड़ती है जो सश्योर की भाषावैज्ञानिक उपपत्तियों के आधार पर ऐसे सिद्धान्त की अवधारणा करते हैं जो साहित्य को अ-साहित्य से अलग करता है। इस बात से कोई फर्क नहीं पड़ता कि कलर के विचार से साहित्य को विशिष्ट पहचान देने का कार्य पाठक सम्पन्न करता है, न कि कोई ऐकान्तिक साहित्यिक गुण।

यह स्पष्ट है कि देरिदा और उनके अनुयायियों के मत के विपरीत साहित्य का अस्तित्व अपनी विशिष्ट पहचान के कारण होता है। साहित्य और अन्य अनुशासनों के बीच विधागत भेद की देरिदा द्वारा पूर्ण उपेक्षा अधिक से अधिक एक अकादमिक व्यायाम हो सकती है जिसका उस सामान्य पाठक पर कोई प्रभाव नहीं पड़ा है जो साहित्य का आस्वादन और आकलन एक विशिष्ट विधा के रूप में आज भी कर रहा है।

अनुवाद : रामकीर्ति शुक्ल

सन्दर्भ

1. देखें—युरगन हैबरमास, 'लेवेलिंग द जानर डिस्टिंकशन बिटविन फिलॉसफी एंड लिटरेचर' *द हैबरमास देरिदा रीडर,* सं. लस्से रामसेन, (एडिनबरा, 2006), पृ. 13-14 (हैबरमास के उक्त लेख के अनुवाद के लिए देखें—*परिचय,* अंक-2, सं. श्री प्रकाश शुक्ल)
2. एम.एम. बाख्तिन, द *डाइलॉजिक इमेजिनेशन,* सं. माइकेल होलक्विस्ट, अनु. केरिल इमर्सन, (आस्टिन, 1983), पृ. 354

3. वही, पृ. 364-65
4. बी.एन. बोलोशिनोव, *मार्क्सिज्म एंड द फिलॉसफी ऑफ लैंग्वेज,* अनु. लादिस्टाफ मतेज्का और जे.आर. टिटूनिक, (न्यूयॉर्क, 1971), पृ. 66
5. वही, पृ. 81
6. वही, पृ. 79
7. वही, पृ. 231
8. वही, पृ. 71
9. वही, पृ. 48
10. वही, पृ. 63
11. एडवर्ड सेपिर, *कल्चर, लैंग्वेज एंड पर्सनैलिटी,* सं. जेविड जी. मैडेलबॉम, (बर्कले, 1994), पृ. 76
12. वही, पृ. 69
13. वही, पृ. 81
14. वही, पृ. 91
15. बेंजामिन ली. वोर्फ, *लैंग्वेज, थॉट, एंड रियलिटी,* (कैंब्रिज, एम.एस., 1979), पृ. 134
16. वही, पृ. 151
17. यह बात उम्बर्तो इको के इस कथन के बहुत निकट है : "हम उस वस्तु की प्रकृति को समझने का प्रयास करें जो अभिव्यक्ति की सम-रूपक है। हम डॉग (कुत्ता) पद ले सकते हैं। यह निश्चित है कि जिस समय इस पद को उच्चरित कर रहा होता हूँ तो सन्दर्भी वह कुत्ता नहीं होता जो मेरे पास खड़ा है। उस किसी भी व्यक्ति के लिए जो सन्दर्भी के सिद्धान्त में विश्वास करता है, इस स्थिति में 'सभी अस्तित्वमान कुत्ते' सन्दर्भी होंगे। लेकिन 'सभी अस्तित्वमान कुत्ते' कोई ऐसी वस्तु नहीं जिन्हें इन इन्द्रियों द्वारा ग्रहण कर सके। उक्त पद एक अनुक्रम, एक वर्ग है..." *अ थियरी ऑफ सिमिओटिक्स,* (ब्लूमिंगटन, 1976), पृ. 66-67
18. विमल कृष्ण मतिलाल, *द वर्ड एंड द वर्ल्ड,* (नई दिल्ली, 2001), पृ. 29
19. मतिलाल के कथन की पुष्टि रॉबर्ट शोल्स द्वारा भाषिक संकेतों की इच्छाधीन प्रकृति पर उठाए गए सवाल से हो जाती है। अंग्रेजी भाषा में संरचनावाद पर पहली विस्तृत पुस्तक के लेखक शोल्स संकेतों की इच्छाधीन प्रकृति पर सवाल उठाते हुए तर्क देते हैं कि सश्योर के भाषाविज्ञान में किसी विशेष संस्कृति के सन्दर्भ में ध्वनि और अवधारणा अर्थात् संकेतक और संकेतित के बीच सम्बन्ध इच्छाधीन नहीं होता : "ध्वनि और वस्तु के बीच सम्बन्ध प्रकृति के अनुसार इच्छाधीन होता है अवश्य लेकिन संस्कृति के सन्दर्भ में नहीं। हम जो अंग्रेजी भाषा के साथ पलते-बढ़ते हैं किसी पेड़ को पेड़ ही कहेंगे अगर हम चाहते हैं कि लोग हमारी बात समझें।" *स्ट्रक्चरलिज्म इन लिटरेचर* (न्यू हेवेन, 1974), पृ. 16
20. एस.पी. मोहन्ती, *लिटरेरी थियरी एंड द क्लेम्स ऑफ हिस्ट्री,* (नई दिल्ली, 1998), पृ. 34
21. वही, पृ. 35
22. एडवर्ड सईद, द वर्ल्ड, द *टेक्स्ट एंड द क्रिटिक,* (लन्दन, 1991), पृ. 361

23. फर्दिनन्द दि सश्योर, *कोर्स इन जनरल लिंग्विस्टिक्स,* अनु. वेड बास्किन, (न्यूयॉर्क, 1966), पृ. 20
24. वही,
25. वही, पृ. 25
26. बोरिस आइकेनबाम, 'द थियरी ऑफ फार्मल मेथड', *रशियन फार्मलिस्ट क्रिटिसिज्म,* सं. एल.टी. लेमन और मरिअन जे. रीस, (नेब्रास्का, 1965), में उद्धृत, पृ. 107
27. रोमाँ याकोब्सन, 'लिंग्विस्टिक्स एंड पोइटिक्स', *स्टाइल इन लैंग्विज,* सं. टामस एस. सेबिआक, (कैम्ब्रिज, एम.स., 1960), पृ. 356
28. यूरिज लोतमन, *द स्ट्रक्चर ऑफ द आर्टिस्टिक टेक्स्ट, अनु.* गेल लेनॉफ और रोनाल्ड ब्रून, (मिशिगन, 1977), पृ. 88
29. वही, पृ. 21
30. वही, पृ. 22
31. वही, पृ. 12
32. वही, पृ. 18
33. वही
34. वही, पृ. 112
35. वही, पृ. 10
36. वही, पृ. 15
37. वही, पृ. 9
38. वही, पृ. 15
39. वही, पृ. 29
40. जोनाथन कलर, 'लिंग्विस्टिक्स ऐज अ मॉडल फॉर पोइटिक्स', *ट्वेंटिएथ सेंचुरी अमेरिकन क्रिटिसिज्म : इंटरडिसिप्लिनरी अप्रोचेज,* सं. राजनाथ, (नई दिल्ली, 1977), पृ. 93
41. जोनाथन कलर, *स्ट्रक्चरलिस्ट पोइटिक्स,* (इथाका, 1975), पृ. 116
42. वही, पृ. 162
43. वही, पृ. 175

तीन

काल्पनिकता और साहित्य की पहचान

देरिदा का विखंडन सिद्धान्त साहित्य और साहित्येतर के बीच के सभी भेदों को मिटाकर उन्हें एक ही स्तर पर ले आता है। उसके अनुसार साहित्य में ऐसे कोई अभिलक्षण नहीं होते जो उसे सर्वथा विशिष्ट रूप देते हों। इसका कारण यह है कि देरिदा की दृष्टि में, भाषा मात्र ही साहित्य है, चाहे वह अब तक 'साहित्य' के रूप में स्वीकृत भाषा हो अथवा मानविकी या सामाजिक विज्ञान जैसे विषयों से जुड़ी भाषा। इस लेख में देरिदा के उस प्रश्न का उत्तर है जो साहित्य की एक निरपेक्ष विशेषता पर ध्यान केन्द्रित करके, उसकी स्वतंत्र पहचान पर ही प्रश्न-चिह्न लगाना चाहता है।

शताब्दियों से दार्शनिक और साहित्य के सिद्धान्तकार यह स्वीकार करते आए हैं कि काव्य-संसार का सम्बन्ध गल्प या कल्पना से है। आभिजात्यवादी युग में प्लेटो और अरस्तू, पुनर्जागरण काल में सर फिलिप सिडनी, नव्यशास्त्रवादी दौर में डॉ. जॉनसन और बीसवीं सदी में अनेक आलोचकों एवं दार्शनिकों ने इस कल्पनानिर्मित संसार के स्वरूप और प्रकार्य को लेकर बहस की है। जॉन क्रो रेंसम ने छन्द और अलंकार के साथ 'काल्पनिकता' (फिक्शनैलिटी) को भी ऐसी युक्तियों के रूप में परिगणित किया है जिनका कवि अपनी प्रत्यक्षीकृत भावनाओं को व्यक्त करने के लिए उपयोग करते हैं और व्यतिरेक के तौर पर उसकी तुलना उन्होंने व्यवहार जगत् से की है। इनमें से पहला क्षेत्र काव्य या साहित्य का है, दूसरा विज्ञान का। कविता के बारे में वह लिखते हैं :

> जो कविता कविता जैसी दिखाई देती है, उस पर एक संकेत लिखा रहता है और वह यह कि यह मार्ग कर्म से लेकर नहीं जाता; यह तो कल्पनानिर्मित है।[1]

रेंसम का तर्क है कि कला में जिस वस्तु का निरूपण किया जाता है उसका यथार्थ जगत् में कोई अस्तित्व नहीं होता और उस रूप में, वह केवल 'यथार्थ का भ्रम' प्रस्तुत करती है। इससे प्रसिद्ध जर्मन दार्शनिक कांट के इस विचार को बल मिलता है कि, "कला वस्तु के अस्तित्व पर आधारित न होकर वस्तु के अनस्तित्व

पर आधारित होती है।"[2] कला की दुनिया में जो वस्तुएँ होती हैं वे केवल उन वस्तुओं का भ्रम हैं, कांट का यह दावा कला की निन्दा नहीं है, हालाँकि वह कुछ दूर तक प्लेटो के तत्सम्बन्धी विचार से सहमत जान पड़ते हैं, जैसे कि नीचे दिये गए उदाहरण में :

> यदि ईर्ष्यालु विज्ञान को इसमें सफलता मिल जाती है कि वह इतिहास के क्षेत्र को केवल, और केवल, अपने उपयोग तक सीमित रखें तो इससे कलाओं का अस्तित्व समाप्त नहीं हो जाता। तब वे ऐसे क्षेत्र में प्रकट हो जाएँगी जो है तो यथार्थ यद्यपि वास्तविकता से एक सोपान दूर।[3] (बलाघात मेरा)

बलाघात अंश से यह संकेत मिल सकता है कि जिस दुनिया में हम रहते हैं, कला की दुनिया इससे हीनतर है। किन्तु रेंसम का यह मतलब नहीं है। वे एक काल्पनिक उदाहरण लेते हैं। कल्पना कीजिए कि हम कला की दुनिया में किसी वस्तु का आनन्द लेते हैं, फिर उसी वस्तु का यथार्थ जगत में अनुभव करते हैं। हम किसे प्राथमिकता देंगे? सम्भवत: पहली को क्योंकि हमें किसी वस्तु के कलात्मक चित्रण में जितना आनन्द आता है उसके वास्तविक रूप में उतना नहीं। इसके अतिरिक्त यथार्थ जगत् के बारे में कुछ अन्य तर्क दिये जा सकते हैं, जैसे कि हम उस वस्तु को प्राप्त करना चाहते हैं लेकिन उसको खरीदने के लिए हमारे पास पर्याप्त धन नहीं है। इन सब बातों से यह सिद्ध होता है कि रेंसम की दृष्टि में कल्पनाप्रसूत चित्रण, यथार्थ जगत् की वस्तु से अलग ही नहीं, बेहतर भी होता है।

काफी आगे चलकर, 2009 में प्रकाशित अपने एक निबन्ध में मैक्सिमिलियन डे गेंसफोर्ड ने इस समस्या की ओर पुन: हमारा ध्यान आकर्षित किया है—अर्थात् कविता के काल्पनिक या कल्पनाप्रसूत होने, या कहें सामान्य रूप से काव्यात्मक वक्तव्य की समस्या को लेकर। उक्त समस्या को वह एक ओर भाषा-दार्शनिकों जैसे जे. एल. ऑस्टिन और जॉन सर्ल, और दूसरी ओर कवियों और विद्वानों जैसे ज्यॉफ्री हिल (कवि) और क्रिस्टोफर रिक्स (विद्वान) के बीच जो विवाद चला उसकी जाँच-पड़ताल करते हैं। गेंसफोर्ड इस समस्या का मूल अधिष्ठान ऑस्टिन के नीचे दिये गए वक्तव्य में देखते हैं :

> पुन: एकदम विशिष्ट ढंग से मैं यह कह सकता हूँ कि इनमें से किसी भी प्रकार की उक्ति को हम किसी नाटक के मंचन के दौरान, या हँसी मजाक करते समय, अथवा कविता लिखते समय कर सकते हैं— हालाँकि कविता के सन्दर्भ में उसका अर्थ वस्तुत: गम्भीरतापूर्वक नहीं लिया जाएगा और इसके बारे में हम यह नहीं कह सकते कि हमने यह काम भलीभाँति सम्पन्न किया।[4]

उक्त कथन से जो विवाद पैदा हुआ वह नाटक और कविता के बारे में ऑस्टिन के रुख पर केन्द्रित है और हिल तथा रिक्स ऑस्टिन के इसी रुख को खारिज करने लायक मानते हैं। जो भी हो, ऑस्टिन ने कविता तथा नाट्य-प्रदर्शन में किसी अभिनेता की उक्ति और हँसी-मजाक को जो एक साथ रख दिया है वह दुर्भाग्यपूर्ण है, क्योंकि हँसी-मजाक को गम्भीर वक्तव्य की संज्ञा नहीं दी जा सकती। इसके विपरीत, कोई अभिनेता रंगमंच पर जो कुछ बोलता है या कवि अपनी कविता में जो कुछ कहता है, वह पाठक वर्ग या दर्शकों को पूरी ईमानदारी और गम्भीरता से सम्प्रेषित किया जाता है और पाठक या दर्शक वर्ग भी उसे इसी रूप में ग्रहण करता है। ऑस्टिन का तर्क है कि ये तीनों समरूप कथन हैं क्योंकि इन सभी में कथन की परिणति कर्म में नहीं होती। बात तो ठीक है किन्तु यह समरूपता यहीं पर समाप्त हो जाती है। यथार्थ जगत् में विशेष परिस्थिति में ही हँसी-मजाक सम्भव होता है और उसमें सम्प्रेषण की प्रक्रिया ऐसे लोगों के बीच घटित होती है जो एक-दूसरे को जानते हैं। किन्तु जब कोई अभिनेता रंगमंच पर, अथवा कवि अपनी कविता में बोलता है तो चाहे वह अपने पाठकों-दर्शकों को जानता ही क्यों न हो, वे यह मानकर चलते हैं कि वक्ता जो कुछ कह रहा है वह काल्पनिक अभिनय है और जिस व्यक्ति को यथार्थ जीवन में वे जानते हैं उससे वह भिन्न है। इसीलिए किसी मजाक को हो सकता है कि गम्भीरतापूर्वक न लिया जाए किन्तु किसी अभिनेता की उक्ति या किसी कविता के किसी अंश को एकदम अलग ढंग से ग्रहण किया जाता है जिसे किसी भी तरह मजाक या गैर-संजीदा नहीं माना जा सकता।

ऊपर गेंसफोर्ड ने ऑस्टिन का जो उद्धरण दिया है वह उनके निबन्ध *परमॉर्मेटिव अटरेंसिज* (प्रदर्शनमूलक कथन) से लिया गया है। यह लेख उनकी पुस्तक *फिलॉसफिकल पेपर्स* (दार्शनिक लेख) में संकलित है। एक अजीब बात यह है कि इसमें मजाक को नाटक और कविता के बीच में रख दिया गया है। किन्तु लगता है मजाक तथा नाट्य-प्रदर्शन और किसी काव्य-चरित्र द्वारा बोली गई उक्ति के बीच जो अन्तर है उसकी ऑस्टिन को जानकारी है, और इसलिए *हाऊ टु डू थिंग्स विद वर्ड्स* में मजाक उड़ाने का उदाहरण देने से अपने-आपको रोक लिया है और उसके स्थान पर स्वगत-कथन को रख देते हैं। उक्त पुस्तक में वह लिखते हैं :

> ...उदाहरण के लिए कोई कथन यदि किसी अभिनेता द्वारा रंगमंच पर कहा जाए अथवा किसी कविता में प्रस्तुत किया जाए, या फिर किसी स्वगत-कथन में बोला जाए तो वह एकदम खोखला और अर्थशून्य होगा।...ऐसी परिस्थितियों में भाषा का विशिष्ट रूप में प्रयोग होता है जो समझ में तो आता है किन्तु उसकी प्रयोग-विधि में गम्भीरता का अभाव है। उसका प्रयोग इस रूप में होता है कि वह सामान्य प्रयोग का

> पराश्रयी होता है—ऐसे रूपों में जो भाषा की कान्तिहीनता के सिद्धान्त के अन्तर्गत आते हैं।[5]

ऑस्टिन का मानना है कि उसने जिस त्रयी का उल्लेख किया है वे सभी कथन हैं, या स्वयं ऑस्टिन की शब्दावली में, ऐसी वाणी जिसे गम्भीरतापूर्वक ग्रहण नहीं किया जाता क्योंकि उसकी परिणति कर्म में नहीं होती। उदाहरण के लिए, 'जाओ और एक टूटते तारे को पकड़ो'—डन की यह काव्य-पंक्ति सामान्य अर्थ में कोई आज्ञा नहीं है जो किसी कर्म की ओर निर्दिष्ट हो। ऊपर दिये गए उद्धरण में दो शब्द- 'पराश्रयी' और 'कान्तिहीनता'—स्पष्ट ही निन्दात्मक संकेत लिये हुए हैं जो साहित्यिक सृजनशीलता के महत्त्व का अवमूल्यन करते हैं।

ऊपर के कथन में 'गम्भीरता का अभाव' पदबन्ध का जो प्रयोग आया है उसके प्रति ज्योफ्री हिल और क्रिस्टोफर रिक्स ने नाखुशी जाहिर की है, मानो ऑस्टिन की कविता-विषयक निन्दा वैसी ही हो जैसी कि प्लेटो की, और इसलिए उनके लिए यह जरूरी हो उठा है कि वे उसका उसी तरह पक्ष-समर्थन करें जैसे कि प्राचीन काल में अरस्तू ने किया था। जैसा कि हिल के खंडन से स्पष्ट है, इस विवाद ने दर्शन-बनाम-कविता विवाद का रूप ले लिया। हिल ने लिखा : "यह एक 'दार्शनिक' व्यंग्य है कि जो मानस परिभाषा की सटीकता को लेकर प्रयासरत था...वह कविता को एक प्रकार का मजाक मान बैठा—भाषा की नितान्त हल्की 'पराश्रयी' 'कान्तिहीनता' का उदाहरण।"[6] एक कवि के रूप में उन्हें यह स्वीकार्य नहीं हो सकता कि कविता वह है जो ऑस्टिन उसे बनाना चाहता है। अपनी कविता 'ऑन द रियलिटी ऑफ़ द सिम्बल' (प्रतीकात्मक यथार्थ के बारे में) में वह ऑस्टिन द्वारा निर्दिष्ट सम्बन्ध को स्वयं ऑस्टिन पर ही उलटकर लागू कर देते हैं। इस कविता में वह तत्त्वमीमांसा को ही मजाक की संज्ञा देते हैं : 'आम भाषा' में तत्त्वमीमांसा ही है, एक मजाक—जैसी।' हिल ने जो उत्तर दिया वह जैसे को तैसा की कोटि में आएगा। ऑस्टिन की 'सिद्धान्तहीन मजाक' का उत्तर मजाक द्वारा ही दिया गया है।

ऑस्टिन की काव्य-सम्बन्धी मीमांसा को लेकर रिक्स उतना कटु नहीं हैं। वह ऑस्टिन से इस बात में सहमत हैं कि "कार्य की ओर निर्दिष्ट लगने वाली उक्तियाँ भी कविता के कर्म में परिणत नहीं होतीं" किन्तु वह स्वीकार नहीं करते कि कविता में गम्भीरता नहीं होती। रिक्स मानते हैं कि साहित्य में और साहित्य के बाहर शब्द जो भूमिका निभाते हैं उनके प्रति ऑस्टिन की संवेदना और संवेदनशीलता सराहनीय है। इसलिए कविता के प्रति उनकी जो घृणा है और जिसके कारण वह कविता को जो खारिज करते हैं उसके मूल में व्यावसायिक स्पर्धा का भाव है, "कवि के उद्यम की एक दार्शनिक द्वारा की गई उपेक्षा।"[7]

जॉन सर्ल यह कहकर ऑस्टिन का बचाव करते हैं कि उसका सम्बन्ध उस रीति से है जिससे शब्द वाक्-प्रक्रिया में अपनी भूमिका निभाते हैं।

इसीलिए वह ऐसे शब्दों पर विचार नहीं करते जो मानक भाषा का अंग नहीं हैं, जैसे रंगमंच पर अभिनेताओं की अथवा उपन्यासों में उपन्यासकारों की उक्तियाँ :

> ऑस्टिन का विचार मात्र यह है : यदि हम यह जानना चाहते हैं कि कोई वादा करना या बयान देना क्या है, तो बेहतर हो कि हम किसी नाटक के दौरान रंगमंच पर किसी अभिनेता के वचन से, अथवा किसी उपन्यास में उसके पात्रों के बारे में उस उपन्यास के लेखक द्वारा दिये गए बयानों से, शुरुआत न करें। उसका सीधा-सीधा कारण यह है कि ये कथन, वचन या कथन के मानक उदाहरण नहीं हैं।[8]

सर्ल मजाक को भी परे हटा देते हैं और अपने-आपको नाटक और उपन्यास जैसे प्रमुख साहित्य-रूपों तक परिसीमित कर देते हैं। किन्तु यह बात समझ से परे है कि उन्होंने कविता को क्यों छोड़ दिया? यद्यपि सर्ल के 'अगम्भीर' शब्द की जगह ऑस्टिन अपना 'मानकेतर' रख देते हैं किन्तु सृजनात्मक साहित्य के प्रति उनका जो दृष्टिकोण है उसमें कोई अन्तर नहीं है। दोनों ही साहित्य को खारिज करते हैं क्योंकि साहित्यिक अभिव्यक्तियाँ काल्पनिक होती हैं और उस रूप में उनकी परिणति कर्म में नहीं होती।

कविता में, अथवा साहित्य के किसी भी रूप में शब्दों का प्रयोग इस रूप में होता है कि उनकी परिणति कर्म में नहीं होती, ऑस्टिन के इस तर्क पर आपत्ति नहीं की जा सकती। कविता के क्षेत्र में शब्द और कर्म के बीच अन्तराल ही वह तत्त्व है जो डब्ल्यू.बी. येट्स पर ऑडेन के शोकगीत में इन शब्दों में फूट पड़ा है—"कविता के माध्यम से कुछ घटित नहीं होता।" साहित्य की काल्पनिक दुनिया में शब्द, कर्म में परिणत नहीं होते, इस पर कभी प्रश्न-चिह्न नहीं लगाया गया, यद्यपि ये शब्द यथार्थ जगत् में लोगों को कर्म के लिए प्रेरित कर सकते हैं। लगता है, जिस बात से हिल को ठेस लगी वह है ऑस्टिन द्वारा कविता को हँसी-मजाक के साथ शामिल किया जाना यद्यपि अन्यत्र उन्होंने उचित ही ऐसा नहीं किया। रिक्स की प्रतिक्रिया अधिक सन्तुलित और संवेदनशील है। जैसा कि रेंसम ने तर्क दिया है, काल्पनिकता कविता की एक अनिवार्य विशेषता है। जहाँ तक कविता में काल्पनिकता का प्रश्न है, रेंसम और ऑस्टिन के बीच आश्चर्यजनक समानता है। किन्तु उसके मूल्यांकन को लेकर दोनों में मतभेद है। यदि कविता को अगम्भीर बताकर ऑस्टिन ने उसके प्रति घृणा व्यक्त न की होती तो हमें साहित्य के मूल स्वरूप को पहचानने में मदद मिलती। वास्तव में ऑस्टिन साहित्य की जो कमजोरी खोज निकालते हैं वही वह तत्त्व है जो साहित्य को साहित्येतर से अलग करता है और उसे अपनी स्वतंत्र पहचान देता है।

जहाँ हिल और रिक्स ने साहित्य को एक प्रकार से खारिज करने की वजह से आक्रामक रुख अपनाया है वहाँ दूसरी ओर देरिदा दर्शन को ही साहित्य में रूपान्तरित करके उनके पैरों तले की जमीन खिसका देता है। जो 'काल्पनिकता' ऑस्टिन और हिल के बीच झगड़े की जड़ है, वह केवल साहित्य तक सीमित नहीं है वरन् लेखन मात्र में ही शामिल है। फिर तो यथार्थ और कल्पना के बीच तथ्यपरक लेखन और काल्पनिक लेखन के बीच का अन्तर ही मिट जाता है। जैसा कि हमें भलीभाँति मालूम है, देरिदा, दार्शनिकों तथा साहित्य के सिद्धान्तकारों द्वारा प्रतिपादित द्विभाषा सिद्धान्त को नहीं मानते। इसके बजाय वह पूरी दृढ़ता से एक भाषा के पक्ष में वकालत करते हैं और वह भाषा है, साहित्यिक भाषा।

ऑस्टिन के अनुसार कुछ वाक्य ऐसे होते हैं जिनका उत्तर 'सही' या 'गलत' रूप में दिया जा सकता है, इसके विपरीत कुछ ऐसे होते हैं जिनका उत्तर इस रूप में नहीं दिया जा सकता; साथ ही उन्होंने तर्क दिया है कि दूसरी कोटि के वाक्य पहली कोटि पर निर्भर होते हैं। ऑस्टिन के इस विचार को देरिदा ने अपने 'सिग्नेचर, इवेंट, कांटेक्स्ट' शीर्षक लेख में विखंडनवादी विश्लेषण का विषय बनाया है। इस लेख में उनका निष्कर्ष है कि पहली कोटि के वाक्यों में उनका विरोधी रूप भी बहिष्कृत नहीं है, वरन् शब्द-प्रति-शब्द उदाहरण देकर वह यह बताते हैं कि उसका विरोधी विचार भी वहाँ बड़े अजीब-बेडौल रूप में पहले से मौजूद है।[9] देरिदा का मानना है कि गम्भीर और अगम्भीर उक्ति के बीच जो अन्तर किया गया है उसका समर्थन नहीं किया जा सकता। यदि गम्भीर उक्ति हमें सत्य का साक्षात्कार कराती है तो देरिदा की दृष्टि में ऐसी कोई उक्ति नहीं होती क्योंकि सभी कथनों की प्रकृति साहित्यिक होती है जिसका सत्य से कुछ सरोकार नहीं होता। यदि किसी उक्ति का अर्थ सन्दर्भ के आधार पर तय होता है तो ऑस्टिन की गम्भीर उक्ति में कोई सुनिश्चित अर्थ अन्तर्निहित नहीं हो सकता क्योंकि उसी वाक्य को अनेक सन्दर्भों में बोला जा सकता है जो अलग-अलग अर्थ व्यक्त करेंगे। ऑस्टिन के तर्क को उलटकर ऑस्टिन पर ही लागू करते हुए देरिदा ने लिखा : "कोई अर्थ सन्दर्भ के बिना निर्धारित नहीं हो सकता, किन्तु कोई सन्दर्भ परिपूर्ण नहीं माना जा सकता।"[10] सृजनात्मक साहित्य और सृजनेतर साहित्य में, अथवा कल्पनाप्रधान लेखन और तथ्यात्मक लेखन में एक अन्तर यह माना जाता है कि सृजनात्मक साहित्य में अर्थ अनिश्चित होता है जबकि सृजनेतर साहित्य में सुनिश्चित। किन्तु देरिदा का तर्क है कि अर्थ हमेशा अनिश्चित होता है और उसकी कोई सीमा नहीं बाँधी जा सकती क्योंकि जिस सन्दर्भ के आधार पर अर्थ तय होता है वह स्वयं अनिश्चित है। ऑस्टिन के भाषा-दर्शन में देरिदा जो चीज अपनी दृष्टि से ओझल कर देते हैं वह यह है कि सतत अर्थ किसी वाक्य का स्थायी अर्थ है जबकि निष्पादनपरक अर्थ उसका परिवर्तनशील अर्थ है जो सन्दर्भ पर निर्भर है। ऑस्टिन का यह कहना ठीक है कि

सतत अर्थ आधार है जिस पर निष्पादनपरक अर्थ निर्भर है। काफी बाल की खाल निकालने के बाद देरिदा, ऑस्टिन की सतत/निष्पादनपरक और गम्भीर/अगम्भीर श्रेणियों की अपने विखंडनपरक विश्लेषण द्वारा ध्वस्त कर देते हैं।

हिल और देरिदा दोनों ऑस्टिन का विरोध करते हैं लेकिन दोनों की प्रतिक्रियाएँ मूलतः भिन्न हैं। हिल की अपनी आपत्ति ऑस्टिन के इस कथन से है कि साहित्य में गम्भीरता का अभाव है और वह एक प्रकार का मजाक है, और वह दर्शन को एक प्रकार का मजाक कहकर खारिज कर देते हैं। बहरहाल, हिल और आस्टिन दोनों ही दर्शन और साहित्य की स्वतंत्र सत्ता को स्वीकार करते हैं। अपने इस विचार में दोनों एक साथ हैं। देरिदा दर्शन और साहित्य के अन्तर को समाप्त कर दार्शनिकों और साहित्यिकों के द्वन्द्व को सदा-सदा के लिए विसर्जित कर देते हैं। यदि साहित्य में गम्भीरता का अभाव है तो वह दर्शन में भी है, बशर्ते कि गम्भीरता का अर्थ सत्य या तथ्यात्मकता हो। विखंडन के सन्दर्भ में दर्शन और साहित्य की एकरूपता पर प्रकाश डालते हुए ऐलन बास लिखते हैं :

> लेखन की दार्शनिक अवधारणाएँ जिस पाठ में अपने-आपको व्यक्त करती हैं—अपनी (अ)सम्भाव्यता को प्रमाणित करने के लिए अपनी अखंडनीय द्वैतता का जिस रूप में विस्फोट करती हैं उसको क्या कहा जाएगा? चूँकि वे सत्य के किसी दार्शनिक नियम का पालन नहीं करतीं, इसलिए इनके पाठों में एक प्रकार की 'काल्पनिक' या 'साहित्यिक' विशेषता होती है...।[11]

देरिदा की विखंडनवादी अटकलबाजियों को भी, जो विधाओं और अवधारणाओं के सभी भेदों को मिटाकर बराबर कर देती हैं, आगे चलकर चुनौतियों का सामना करना पड़ा। उम्बर्तो इको एक प्रसिद्ध संकेतविज्ञानी, उपन्यासकार और अत्यन्त संवेदनशील समीक्षक हैं। उन्होंने अपनी पुस्तक *ऑन लिटरेचर* में सृजनात्मक और तथ्यात्मक साहित्य के बीच के अन्तर को और ज्यादा मजबूती प्रदान की है। अपनी पुस्तक में एक स्थान पर वह उन दोनों विधाओं के बीच के अन्तर पर अपनी टिप्पणी करते हैं : एक वह दुनिया जिसमें हम रहते हैं, कर्म करते हैं और एक-दूसरे से अपनी बात कहते-सुनते हैं, दूसरी वह जिसकी रचना लेखक करते हैं। यह पूरा अंश इतना महत्त्वपूर्ण है कि उसमें काट-छाँट नहीं की जा सकती। इसीलिए यहाँ उसे पूरा-का-पूरा उद्धृत किया जा रहा है :

> एक तरफ 'दुनिया' एक बन्द किताब जैसी है जिसे आप केवल एक बार पढ़ सकते हैं। उदाहरण के लिए ग्रहीय आकर्षण-शक्ति के बारे में यदि कोई नियम है, तो या तो वह सही होगा या गलत। इसकी तुलना में पुस्तक का जो विश्व है वह एक मुक्त विश्व है। किन्तु हम सहज बोध

> से सम्पन्न किसी वर्णनात्मक कृति को लेकर चलते हैं उनकी तुलना उन परिकल्पनाओं से करें जो हम दुनिया के बारे में करते हैं। जहाँ तक दुनिया का सम्बन्ध है, हम देखते हैं कि सार्वभौम आकर्षण-शक्ति के नियम वे हैं जो न्यूटन ने प्रतिपादित किये थे; अथवा यह भी सच है कि नेपोलियन की मृत्यु 5 मई, 1821 को सेंट हेलेना में हुई थी। इसके बावजूद यदि हम अपने दिमाग को खुला रखते हैं तो विज्ञान ब्रह्मांड के इन नियमों की अलग ढंग से व्याख्या करे, अथवा किसी इतिहासकार को अब तक प्रकाशित ऐसे दस्तावेज मिलें जिनसे हमें यह पता चले कि नेपोलियन की मृत्यु बचने के लिए भागते समय बोनापार्ट के एक जहाज पर हुई थी, तो हम अपनी धारणा को बदलने के लिए तैयार हो जाएँगे। दूसरी ओर, जहाँ तक किताबों की दुनिया का सम्बन्ध है, 'शेरलॉक होम्स अविवाहित थे',...'अन्ना कैरेनीना आत्महत्या कर लेती है'—जैसी अभ्युक्तियाँ अनन्त काल तक सच बनी रहेंगी और कोई भी उनका खंडन न कर सकेगा। ऐसे लोग हैं जो इससे इनकार करते हैं कि जीसस ईश्वर के पुत्र थे, कुछ दूसरे ऐसे हैं जो उनके ऐतिहासिक अस्तित्व को आशंका की दृष्टि से देखते हैं, कुछ अन्य ऐसे जो यह दावा करते हैं कि वही एकमात्र मार्ग है, वही सत्य है, वही जीवन है, पुनः कुछ ऐसे जो यह मानते हैं कि ईसामसीह को अभी इस दुनिया में आना है। और ऐसे प्रश्नों के बारे में हम कुछ भी क्यों न सोचें, हम इन मतों को आदर की दृष्टि से देखते हैं। लेकिन जो लोग यह दावा करते हैं कि हैमलेट ने ऑफीलिया से विवाह किया था, या क्लर्क केंट महामानव नहीं हैं, उन्हें हम वैसा सम्मान नहीं देते।[12]

इको ने वस्तु-जगत् और पुस्तक के बीच जो भेद किया है वह तथ्यात्मक लेखन और कल्पनाप्रसूत लेखन के बीच का भेद है। उसका यह कथन इस सामान्य धारणा के खिलाफ जाता है कि यथार्थ जगत् प्रामाणिक है जबकि कल्पनाप्रसूत जगत परिवर्तनशील है। इको की दृष्टि में बात इससे ठीक उलटी है। वस्तु-जगत् में जो तथ्यों पर आधारित होता है, किसी तथ्य के बारे में आशंका व्यक्त की जा सकती है और उसे बदला जा सकता है लेकिन कलाकार द्वारा रचित संसार को लेकर इस तरह की आशंका या बदलाव सम्भव नहीं है। कारण, साहित्यिक दुनिया में जो कुछ होता है वह अपरिवर्तनीय है और वह हमेशा-हमेशा के लिए होता है।

इको की भाँति, हरबर्ट मारक्यूस का मानना है कि कला में जो यथार्थ चित्रित होता है वह कल्पनाप्रसूत होने के बावजूद बाह्य यथार्थ की तुलना में अधिक यथार्थ और सत्य होता है :

> ...एक कलाकृति की दुनिया, अपने सामान्य अर्थ में, 'अयथार्थ' होती है। यह कल्पनाप्रसूत यथार्थ होता है। किन्तु यह 'अयथार्थ' है तो इसलिए नहीं कि यह संस्थापित यथार्थ की तुलना में कम यथार्थ होता है, वरन् इसलिए कि वह उससे कुछ अधिक होने के साथ-साथ गुणात्मक रूप से भिन्न होता है। एक कल्पना-जगत् के रूप में, यथार्थ के एक भ्रम के रूप में, उसमें दैनन्दिन यथार्थ की अपेक्षा अधिक सत्य निहित रहता है...।[13]

मारक्यूस, ऑस्टिन और सर्ल की इस मान्यता को तो स्वीकार कर लेते कि साहित्यिक दुनिया काल्पनिक है, किन्तु वह उनके ध्रुवों को उलट देते हैं। उनकी मान्यता है कि काल्पनिकता यथार्थ को सत्य के और अधिक नजदीक ले आती है। बहरहाल, मारक्यूस भी कला की सीमा से परिचित हैं जैसा कि उनके इस कथन से स्पष्ट है : "कला मेरी दृष्टि को यथार्थ में रूपान्तरित नहीं कर सकती" क्योंकि "यह एक काल्पनिक दुनिया ही रहती है।"[14] मारक्यूस के इस कथन में ऑस्टिन की मान्यता की अनुगूँज है। किन्तु मारक्यूस का तर्क है कि कला की यह सीमा कला से विकर्षित नहीं करती क्योंकि कला, परिवर्तनशील ऐतिहासिक यथार्थ को ऐसा रूप दे देती है जो अपने-आप में कहीं अधिक मूल्यवान और स्थायी है।

जॉनथन कलर ने अपने काव्य-चिन्तन का ढाँचा भाषाविज्ञान के आधार पर खड़ा किया है। वह साहित्य की काल्पनिकता का दर्शन उसकी भाषा में करते हैं। वह उदाहरण के रूप में संकेतवाचक शब्दों और पुनरुक्त शब्दों को लेते हैं जो साहित्य के क्षेत्र में उसी रूप में कार्यवाही नहीं करते जैसे कि साहित्य-क्षेत्र से बाहर करते हैं। *ऑक्सफोर्ड ऐडवांस्ड लर्नर्स डिक्शनरी* (8वाँ संस्करण, 2010) में संकेतवाचक की व्याख्या इन शब्दों में की गई है : "ऐसे शब्द या अभिव्यक्ति से सम्बन्धित जिसका अर्थ इस बात पर निर्भर है कि उसे कहने वाला कौन है, वे हैं कहाँ, वे बात किनसे कर रहे हैं आदि, उदाहरण के लिए 'आप', 'मैं', 'यहाँ', 'अगले हफ्ते'।" सामान्य वार्तालाप में इन प्रश्नों के जवाब देना आसान है लेकिन किसी साहित्यिक विमर्श में हम उनका जवाब किसी काल्पनिक रचना के माध्यम से ही दे सकते हैं। कलर, शेली की कविता 'द क्लाउड' (बादल) का उदाहरण लेते हैं जिसमें कविता का 'मैं', अर्थात् उसका वक्ता बादल है किन्तु ऐसा वक्ता साहित्य के कल्पना-जगत् में ही स्वीकार्य हो सकता है।

जो कुछ संकेतवाचक शब्दों के बारे में सच है वही पुनरुक्तिसूचक उपपद 'द' के विषय में भी। कलर यहाँ डब्ल्यू.बी. येट्स की कविता 'लीडा एंड द स्वान' का उदाहरण लेते हैं जहाँ 'द' उपपद (आर्टिकिल) निम्नलिखित में से कोई भूमिका नहीं निभाता जैसा कि वह सामान्य वार्तालाप में निभाता है :

1. सामान्य वर्ग से अलगाने के लिए।
2. विशिष्ट सदस्य/विशिष्ट वर्ग की किसी इकाई के प्रति आग्रह दिखाना।
3. किसी पूर्व-उल्लिखित वस्तु/व्यक्ति की ओर संकेत करना।

'द ग्रेट विंग्स बीटिंग स्टिल/एबव द स्टैगरिंग गर्ल' (बलाघात कलर द्वारा) 'द' ऊपर निर्दिष्ट भूमिकाओं में से कोई भूमिका नहीं निभा रहा है। इस कविता में निश्चयवाचक उपपद 'द' के प्रयोग के बारे में कलर लिखते हैं :

> यह किसी अन्य लड़की के बरक्स कोई खास अचम्भित हुई लड़की नहीं है, न यह छोटे पंखों के बरक्स कोई विशिष्ट विशाल पंख हैं। निश्चयवाचक उपपद (डेफिनिट आर्टिकल) यहाँ इस रूप में अपनी भूमिका नहीं निभा रहे हैं, न वस्तुतः वह किसी सामान्य वर्ग को अलगाने का काम कर रहे हैं ('अचम्भित लड़की एक विचित्र प्रजाति की लड़की है'), वे पुनरुक्त रूप में काम कर रहे हैं, इस अर्थ में कि वे हमें पूर्व-उल्लिखित कथन की ओर निर्दिष्ट करते हैं। किन्तु वस्तुतः, शीर्षक को छोड़, कोई पूर्व-उल्लेख तो है नहीं। इससे लगता है कि यह कविता हमें किसी ऐसे दृश्य या परिस्थिति की ओर निर्दिष्ट कर रही है जिसकी हमें परिकल्पना करनी होगी।[15]

कलर के उक्त कथन से यह संकेत मिलता है कि जब हम कोई साहित्यिक कृति पढ़ते हैं तो एक ऐसी काल्पनिक दुनिया में प्रवेश कर जाते हैं जिसमें पाठक अपनी कल्पना की सहायता से दृश्यों और परिस्थितियों का पुनर्सृजन करता चलता है ताकि वह सम्बद्ध पाठ को हृदयंगम कर सके।

सच्चाई के प्रश्न के अतिरिक्त-कल्पना द्वारा निर्मित काल्पनिक दुनिया में एक ऐसी विशेषता होती है जो यथार्थ जगत् की दुनिया में एकदम गायब है। साहित्यिक दुनिया से हमें आनन्द, और केवल आनन्द, प्राप्त होता है जबकि यथार्थ जगत् में कभी आनन्द और कभी दुःख। यहाँ तक कि जीवन के दुःखद अनुभव भी रस के काव्यानन्द का स्रोत बन जाता है। जैसा कि एम. हिरियन्ना ने लिखा है, "यह ऐसा आनन्द प्रदान करता है जो विशुद्ध है और जिसमें दुःख का लेश भी नहीं है।"[16] यह उक्ति वड्र्सवर्थ की उस उक्ति से मिलती-जुलती है जो उन्होंने अपने प्रसिद्ध आमुख में कही है कि कवि द्वारा रचित सौन्दर्य के इस संसार में 'जब हम दुःख के प्रति अपनी सहानुभूति व्यक्त करते हैं तो हम पाएँगे कि इस दुःख में भी आनन्द के सूक्ष्म कण मिले हुए हैं।'[17]

हमें यह नहीं भूलना चाहिए कि साहित्य से हम जो आनन्द या रस ग्रहण करते हैं वह यथार्थ जगत् के सामान्य अनुभव से प्राप्त आनन्द से भिन्न होता है। काव्यानन्द या रस बाह्य वस्तुओं के शाब्दिक चित्रण से प्राप्त होता है।

ये वस्तुएँ बाह्य उद्दीपक के रूप में विद्यमान नहीं रहतीं। लेखक अपने कलात्मक कौशल से एक समानान्तर विश्व की रचना करता है जो यथार्थ जगत् से भी अधिक यथार्थ है और इसी यथार्थ में पाठक विशुद्ध आनन्द की अनुभूति करता है।

साहित्य और साहित्येतर के बीच जो अन्तर है उसमें ऊपर निर्दिष्ट काल्पनिकता की एक महत्त्वपूर्ण भूमिका है। पाठकीय प्रतिक्रिया सिद्धान्त से जुड़े आलोचक जॉनथन कलर यह कहेंगे कि इस काल्पनिकता की सृष्टि, पठन-रूढ़ियों के आधार पर पाठक करता है। किन्तु यह आंशिक रूप से ही सच है। यह मूलतः लेखक की कल्पना की उपज है और उसका आस्वाद लेते समय पाठक इसमें अपना योगदान करता है।

अनुवाद : कृष्णदत्त शर्मा

सन्दर्भ

1. जे.सी. रेंसम, द *वल्ड्र्स बाडी,* (बेटन रूज, 1968), पृ. 131
2. *जे.सी. रेंसम में उद्धृत,* वही,
3. वही, पृ. 132
4. मैक्समिलियन डे गेंसफोर्ड 'द सीरियसनेस ऑफ पोइट्री', *एसेज इन क्रिटिसिज्म,* जिल्द LIV, पृ. 1 पर उद्धृत।
5. जे.एल. ऑस्टिन, *हाऊ टु डू थिंग्स विद वर्ड्स,* (कैम्ब्रिज. एम.एस., 1975), पृ. 22
6. गेंसफोर्ड, पृ. 3 पर उद्धृत।
7. वही, पृ. 6
8. जॉनथन कलर, *ऑन डिकंस्ट्रक्शन,* (लन्दन, 1983), पृ. 117
9. जॉक देरिदा, *मार्जिंस ऑफ फिलॉसफी,* अनु. एलन बास, (ससेक्स, 1982), पृ. 327
10. जॉक देरिदा, 'लिविंग ऑन : बार्डर लाइंस', *डिकंस्ट्रक्शन एंड क्रिटिसिज्म,* सं. हेरल्ड ब्लूम आदि, (न्यूयॉर्क, 1979), पृ. 81
11. एलन बास, 'लिटरेचर'/लिलरेचर' *वेलॉसिटीज ऑफ चेंज,* सं. रिचर्ड मैक्सी, (बाल्टीमोर, 1974), पृ. 349
12. उम्बर्तो इको, *ऑन लिटरेचर,* अनु. मार्टिन मैकलाफ्टिन, (लन्दन, 2006), पृ. 5
13. हरबर्ट मारक्यूस, द *एस्थेटिक डाइमेंशन,* (बोस्टन, 1978), पृ. 54
14. वही, पृ. 57
15. जॉनथन कलर, 'लिंग्विस्टिक्स ऐज ए मॉडल फॉर पोइटिक्स', *ट्वेंटिएथ सेंचुरी अमेरिकन क्रिटिसिज्म,* सं. राजनाथ, (नई दिल्ली, 1977), पृ. 95
16. एम. हिरियन्ना, 'द मेन आस्पेक्ट्स ऑफ इंडियन एस्थेटिक्स', *इंडियन एस्थेटिक्स,* सं. वि.एस. सेतुरमन, (मद्रास, 1991), पृ. 164
17. विलियम वर्ड्सवर्थ, 'प्रीफेस टु द लिरिकल बैलेड्स', *इंग्लिश क्रिटिकल टेक्स्ट्स,* सं. डी.जे. एनराइट और अंसर्ट डी. चिकेरा, (दिल्ली,1975), पृ. 173

साहित्य और अनुभव

पोइट्री एंड एक्स्पीरियंस में आर्किबाल्ड मैकलीश साहित्य पर लिखी चीनी कवि लू शी की गद्य कविता का हवाला देते हुए लिखते हैं कि इसका केन्द्रीय तत्त्व यह है कि "इसका प्रारम्भ आत्मा के अम्लक्षार में गहरे धँसे बिजली के किसी एक स्तम्भ के बजाय ऐसे दो स्तम्भों से होता है—अर्थात् एक ओर एक व्यक्ति (रचनाकार) और उसकी दूसरी ओर संसार।"[1] यह बात कविता ही नहीं बल्कि साहित्य के अन्य रूपों के लिए भी सही होती है। इसके साथ ही हमें यह भी स्मरण रखना चाहिए कि अनुभव, संवेग अथवा अनुभूति एक-दूसरे के पर्याय नहीं होते; जिसे हम अनुभव कहते हैं वह संवेग और विचार अथवा अनुभूति एवं बोध के मिश्रण का परिणाम होता है। रचनाकार संसार की अनुभूति ही नहीं करता, वह उसके विषय में सोचता भी है।

भारतीय काव्यशास्त्र का चरम बिन्दु रस सिद्धान्त है। यद्यपि अंग्रेजी भाषा में 'रस' शब्द का सटीक समानार्थक खोज पाना कठिन है तो भी 'कलात्मक मनोदशा' अथवा 'कलात्मक अनुभव' अथवा सीधे-सीधे 'संवेग' के रूप में इसे अनूदित किया जा सकता है, लेकिन यह 'संवेग' साहित्य का आनन्द लेने के क्रम में पाठक का होता है, न कि रचना के क्रम में रचनाकार का। यह एक मजेदार तथ्य है कि अपने प्रख्यात निबन्ध 'ट्रेडिशन एंड दि इंडिविजुअल टैलेंट' में विभिन्न प्रकार के संवेगों की व्याख्या के क्रम में टी.एस. इलियट ने 'कला संवेग' पद का प्रयोग किया है :

> अपने जीवन की कुछ विशेष घटनाओं के कारण उत्पन्न होने वाले किन्हीं व्यक्तिगत संवेगों के कारण लेखक विशिष्ट अथवा रोचक नहीं हो जाता (बलाघात मेरा)।[2]

एक प्रकार से यहाँ नाटक द्वारा उपलब्ष कराए गए संरचनागत संवेगों का संकेत किया जा रहा है (इलियट का यह वक्तव्य किसी नाटक के एक ऐसे उद्धृत प्रसंग के विषय में है जिसमें सौन्दर्य और कुरूपता के संवेगों की तुलना करते हुए उनके बीच सन्तुलन का संकेत है)। लेकिन सम्पूर्ण प्रभाव, प्रमुख स्वर का कारण है यह तथ्य होता है कि इस संवेग से जुड़ी अनेक अस्पष्ट *प्रवाही अनुभूतियाँ* इसमें

घुल-मिल गई होती हैं जिसके कारण हमारा साक्षात्कार एक नये कला संवेग से होता है (बलाघात मेरा)।[3]

यहाँ इलियट उन संस्कृत आचार्यों के निकट पहुँच गए लगते हैं जिनकी दृष्टि में किसी कला-कृति में रूपांकित निर्वैयक्तिक संवेग ही उसकी अन्तिम फलश्रुति होती है। इलियट कविता के अपने निर्वैयक्तिक सिद्धान्त के लिए प्रसिद्ध हैं और संस्कृत आचार्यों ने किसी कलाकृति में अभिव्यक्ति पाने वाले संवेगों के साधारणीकरण के सिद्धान्त की उद्‌भावना की थी।

ऐसा माना जाता है कि पाश्चात्य साहित्य परम्परा में केन्द्रीय स्थान लेखक को दिया जाता रहा है जबकि भारतीय परम्परा में यह प्रतिष्ठा पाठक अथवा सहृदय को मिली हुई है। वास्तविकता लेकिन यह है कि पाश्चात्य साहित्य-दर्शन में पाठक की यद्यपि खुली चर्चा नहीं की गई है तो भी वह सदैव ही अन्तर्निहित रहा है। प्लेटो, अरस्तू, लांजायनस, होरेस, सिडनी, जॉनसन, कॉलरिज, वर्ड्सवर्थ, अर्नोल्ड, तथा आई.ए. रिचर्ड्स और इलियट सहित सभी आलोचकों ने अपनी आलोचना अवधारणाओं में पाठक के महत्त्व को ध्यान में रखा है। यह सही है कि वहाँ पाठक को मानकर चला गया है और पाठकवादी आलोचकों की भाँति उसकी सूक्ष्म व्याख्या नहीं की गई है। पश्चिम में पाठकवादी आलोचना सम्प्रदाय का जन्म बीसवीं शताब्दी में भी बहुत बाद की घटना है। जो भी हो, दोनों परम्पराओं में साहित्य की अलग पहचान पर कोई विवाद नहीं रहा है। भारतीय काव्यशास्त्र में साहित्य के बरक्स *शास्त्र को* रखा जाता रहा है जबकि पश्चिमी साहित्य-परम्परा में शास्त्र के स्थान पर विज्ञान शब्द का प्रयोग होता रहा है जिसका मतलब केवल प्राकृतिक विज्ञान ही नहीं होता अपितु इसके अन्तर्गत मानवीकियों और सामाजिक विज्ञानों के उन अनुशासनों को भी रखा जाता रहा है जिनका लक्ष्य अपने विमर्शों में वैज्ञानिक तटस्थता प्राप्त करना होता है।

साहित्य और अन्य अनुशासनों के बीच किया जाने वाला कठोर विभाजन किसी भी प्रकार उचित नहीं माना जा सकता, फिर ऐसा विभाजन चाहे प्राच्य परम्परा में किया गया हो या पाश्चात्य परम्परा में, लेकिन इस सन्दर्भ में देरिदा और उनके अनुगामियों द्वारा प्रचारित वह अतिवादी अवस्थिति भी स्वीकार्य नहीं हो सकती जो साहित्य और अ-साहित्य में कोई अन्तर ही नहीं करती। वास्तविकता यह है कि विज्ञान कल्पना के बिना सम्भव ही नहीं और साहित्य तार्किकता से शून्य नहीं होता। कल्पना, व्यक्तिनिष्ठता, और साहित्यिकता का कुछ न कुछ संस्पर्श विधिशास्त्र, मनोविज्ञान, इतिहास जैसी विज्ञान की शाखाओं में भी होता है—ठीक वैसे ही जैसे भाषा के अभिधात्मक गुण पर आधारित तार्किकता का तत्त्व साहित्य में विद्यमान रहता है। अतीत के आलोचकों द्वारा उल्लिखित संवेग-तार्किकता का द्वैध साहित्यिक और अ-साहित्यिक लेखन से प्रमाणित नहीं होता।

रस सिद्धान्त के उपागम के आधार पर साहित्य के विषय में लिखते हुए वी.के. चारी यह मत व्यक्त करते हैं :

> रस सिद्धान्त केवल यही नहीं कहता कि कविता भावों को अभिव्यक्त करती है बल्कि इसकी यह भी मान्यता है कि भावों की अभिव्यक्ति ही इसका एकमात्र लक्ष्य और सभी साहित्यिक उत्पादों का उभयनिष्ठ लक्षण होता है।[4]

अपने आलोचनात्मक उपागमों में संस्कृत काव्यशास्त्र रोमांटिक है जिसमें व्यक्तिनिष्ठता और भावों की अभिव्यक्ति पर ऐकान्तिक बल दिया गया है। इस काव्यशास्त्र में भाषा-अवधारणा और साहित्य-अवधारणा के बीच अन्तराल है, भाषा की अभिधा शक्ति को कभी भी अस्वीकार नहीं किया गया है और भाषा की अभिधा शक्ति ही होती है जो सत्य, तार्किकता और तर्क शक्ति का आधार होती है। संस्कृत काव्यशास्त्र से जो बात उभर कर आती है वह यह कि अभिधा ही वह आधार होती है जिस पर लक्षणा और व्यंजना का भवन निर्मित होता है। और यदि यह सत्य है तो यह भी निश्चित है कि साहित्य केवल संवेगों (भावों) की ही अभिव्यक्ति नहीं होता। एस.टी. कॉलरिज ने उचित ही विज्ञान और कविता के बीच इस आधार पर भेद किया है कि विज्ञान का तात्कालिक उद्देश्य सत्य होता है जबकि कविता का तात्कालिक उद्देश्य आनन्द होता है : "कविता साहित्य की वह विधा होती है जो आनन्द को अपना तात्कालिक लक्ष्य बनाने के कारण विज्ञान से भिन्न होती है क्योंकि विज्ञान का प्रथम उद्देश्य सत्य होता है।"[5] विज्ञान में आनन्द और कविता में सत्य गौण होते हैं। अपना चरम उद्देश्य प्राप्त कर लेने के पश्चात् विज्ञान से जिस आनन्द का अनुभव होता है वह उपेक्षणीय नहीं होता लेकिन यह उसका प्रथम उद्देश्य नहीं होता; इसी प्रकार कविता में जो सत्यानुभव होता है वह मूल्यवान होने के बावजूद उसका प्रधान लक्ष्य नहीं होता। कविता में विरुद्धों का जो सामंजस्य अन्ततः साहित्यिक कल्पना के कारण घटित होता है उसमें विचार और बिम्ब, व्यवस्था और भाव तथा निर्णयात्मकता और उत्साह जैसे परस्पर विरोधी युग्मों का समाहार होता है। कॉलरिज इस बात को लेकर सचेत हैं कि यद्यपि आनन्द, संवेग और भाव कविता में प्राथमिक बने रहते हैं तो भी इनमें व्यवस्था बनाए रखने के लिए तार्किकता और क्रमबद्धता का होना आवश्यक होता है।

द मिरर एंड द लैम्प नामक अपनी प्रख्यात पुस्तक में एम.एच. अब्राम्स ने रोमांटिक और क्लासिक आलोचना पद्धतियों में स्पष्ट भेद पर बल दिया है। उनकी मान्यता के अनुसार रोमांटिक आलोचना रचनाकार के मानस को एक दीपक के रूप में कल्पित करती है जो बाह्य यथार्थ को अपने प्रकाश से आलोकित करता है जबकि क्लासिकल आलोचना में कवि कल्पना को एक ऐसे दर्पण के रूप में

ग्रहण किया जाता है जो वाह्य यथार्थ की अनुकृति ही कर सकता है। अब्राम्स के पांडित्य पर उँगली नहीं उठाई जा सकती और उनकी उक्त पुस्तक उनके पांडित्य और उनकी विलक्षण आलोचनात्मक अन्तर्दृष्टियों का भंडार है लेकिन जब वे पुस्तक के पहले अध्याय में रोमांटिक आलोचना की पड़ताल करते हैं तो वे शेली, कीट्स तथा मिल जैसे उन समीक्षकों का विश्लेषण करते हैं जो उनके अपने मत का समर्थन करते हुए प्रतीत होते हैं और शायद इसी कारण वे कॉलरिज जैसे प्रखर और मौलिक प्रतिभा वाले आलोचक पर ध्यान नहीं देते।[6] जब अब्राम्स विलियम वड्र्सवर्थ द्वारा की गई कविता की परिभाषा उद्धृत करते हैं, तब वे उस परिभाषा के केवल पहले अंश तक ही अपने को सीमित रखते हैं जिसमें वड्र्सवर्थ कविता को "सशक्त अनुभूतियों के मुक्त उच्छल प्रवाह" के रूप में अभिहित करते हैं और उस अंश को छोड़ देते हैं जिसमें वड्र्सवर्थ कहते हैं कि "यह ऐसा संवेग होता है जो निरभ्र शान्ति में स्मृति में पुनः कौंध जाता है।" पुनःस्मृति एक सचेत प्रक्रिया के तहत क्रियाशील होती है और पुनःस्मृति संवेग वैसा आवेग नहीं होता जैसा प्रथम आवेग में यह रहता है। इसके अतिरिक्त सत्य और ज्ञान जैसे शब्द वड्र्सवर्थ के विख्यात 'प्रिफेस' में प्रायः आते हैं, विशेषकर तब जब वे कविता की प्रकृति और प्रकार्य की बात कर रहे होते हैं :

> मूल्यवान कही जा सकने वाली कविताओं का जन्म विषयवस्तुओं की विविधता पर कभी भी निर्भर नहीं रहा है, अपितु (इनके जन्म के कारण रहे हैं) सामान्य की अपेक्षा कहीं अधिक आंगिक संवेदना से युक्त ऐसे मनुष्य जिन्होंने दीर्घकालिक गहन चिन्तन किया था।[7]
>
> मुझे ज्ञात हुआ है कि अरस्तू के अनुसार लेखन के क्षेत्र में कविता सर्वाधिक दार्शनिक होती है : यह ठीक ही है, इसका लक्ष्य होता है वह सत्य जो व्यक्तिनिष्ठ और स्थानबद्ध होने के बजाय सामान्य और सजीव, बाह्य प्रमाण पर निर्भर न होकर भावावेग द्वारा सजीव रूप में हृदय में संचरित होता है।[8]
>
> कवि वह गीत गाता है जो सबके सहकार के लिए मुक्त होता है; कवि अपने साक्षात् सखा और चिर-सहचर सत्य के संग आनन्दमग्न रहता है कविता सभी ज्ञान की सूक्ष्म आत्मा और साँस होती है।[9]
>
> कविता प्रथम और अन्तिम ज्ञान है।[10]

वड्र्सवर्थ के 'प्रिफेस' से लिये गए इन उद्धरणों से यह सन्देह नहीं रह जाता कि वड्र्सवर्थ के लिए कविता पूर्णतयः व्यक्तिनिष्ठ और संवेगाधारित नहीं होती।

यह एक ओर भावावेग और सुखबोध तथा दूसरी ओर सत्य और ज्ञान के मिश्रित रसायन का सुफल होती है।

कॉलरिज और वड्र्सवर्थ रोमांटिक आलोचना के दो प्रमुख स्तम्भ हैं। उनकी आलोचना की प्रमुख परिकल्पना यह है कि विज्ञान का लक्ष्य सत्य होता है जिस तक पहुँचने का इसका साधन होता है तर्क जबकि कविता और साहित्य सर्वसामान्य होते हैं और इनमें तर्क और सत्य संवेग और अनुभूति के साथ घुल-मिल जाते हैं। साहित्य में सत्य और ज्ञान (वड्र्सवर्थ) तथा विचार, क्रमबद्धता और निर्णय (कॉलरिज) की उपस्थिति की प्रस्थापना देरिदा की इस धारणा का खंडन करती है कि साहित्य अथवा इसकी भाषा में सत्य की अभिव्यक्ति हो ही नहीं सकती।

आधुनिक आलोचकों में कविता की रोमांटिक सैद्धान्तिकी और विशेष रूप से कविता की वड्र्सवर्थ की परिभाषा पर सवाल उठाने वाले पहले आलोचक हैं इलियट; जिन्होंने अपने 'ट्रेडिशन एंड दि इंडिविजुअल टैलेंट' नामक निबन्ध में वड्र्सवर्थ की परिभाषा को सिरे से खारिज करते हुए कहा :

> हमें यह अवश्य ही मानना चाहिए कि "निरभ्र शान्ति में स्मृति में पुनः कौंधने जाने वाला संवेग" एक भ्रामक सूत्र है। कारण यह है कि न तो यह संवेग है, न पुनर्स्मृति और न ही यह यह विरूपणरहित अर्थ (और निरभ्र) शान्ति।[11]

रोमांटिक आलोचकों द्वारा संवेगों (भावों) पर अत्यधिक बलाघात की इलियट की आलोचना से यह ध्वनि निकाली जा सकती है कि वे कविता में विचार और बौद्धिकता की ऐकान्तिक प्रतिष्ठा के अतिवादी छोर पर चले गए हैं लेकिन तथ्य यह है कि इलियट कविता में रोमांटिक तथा नव-क्लासिकी के सन्तुलन के पक्ष में हैं और परिणामतः वे विचार और संवेग के सह-अस्तित्व पर जोर देते हैं। इस तथ्य का प्रमाण है उनके द्वारा प्रस्तावित 'संवेदना के एकीकरण' की सैद्धान्तिकी जिसका आधार है विचार और संवेग का एकीकरण अथवा उनके शब्दों में 'विचार का संवेगात्मक समानार्थक' जिसका उदाहरण प्रस्तुत करने के दौरान वे सत्रहवीं सदी के अंग्रेजी 'मेटाफिजिकल' कवियों का उल्लेख करते हैं। इन कवियों पर विचार करते हुए वे लिखते हैं :

> यह द्रष्टव्य है कि इन (मेटाफिजिकल) कवियों की भाषा पूर्णतया सरल और शुद्ध है...। वाक्यों की संरचना एक ओर कभी-कभार जटिल हो जाती है, लेकिन यह कोई दोष नहीं है, (इसका कारण है कि) यह विचार और अनुभूति के प्रति एकनिष्ठ है।[12]

अपने पूरे आलोचनात्मक लेखन में इलियट ने इस बात को रेखांकित किया है कि विचार और संवेग के विरोधी युग्म कवि-कल्पना में एक-दूसरे में घुल-मिल जाते हैं। अपनी इस धारणा के कारण इलियट रोमांटिकों और नव-क्लासिकीवादियों के अतिरेकों से बचते हुए आलोचक के रूप में अपना एक सर्वथा नया स्वरूप प्रस्तुत करते हैं। इस तरह यह बात आसानी से खारिज हो जाती है कि इलियट विचार और बौद्धिकता के लिए संवेग और अनुभूति स्वीकार नहीं करते।

यह सही है कि इलियट शेली जैसे कवियों द्वारा संवेगों के अतिरेकी प्रयोग की आलोचना करते हैं लेकिन अपने काव्य सिद्धान्तों में वड्र्सवर्थ अथवा कॉलरिज के विचार और बौद्धिकता के तत्त्वों की सह-उपस्थिति से परहेज नहीं करते। इलियट कविता में विचार और संवेग की एक साथ अभिव्यक्ति पर बल देते हैं, न कि टेनिसन अथवा ब्राउनिंग की तरह दोनों की क्रमवार अभिव्यक्ति पर। इलियट कविता में संवेग, अनुभूति अथवा व्यक्तित्व की अभिव्यक्ति के विरोधी नहीं हैं। यदि वे तार्किकता अथवा बौद्धिकता का पक्ष लेते हैं तो केवल इसलिए कि वे 'मेटाफिजिकल' कवियों के उत्तरवर्ती कवियों में इनका अभाव पाते हैं। 'द मेटाफिजिकल पोयट्स' नामक निबन्ध में फ्रेंच कवि-नाटककार रेसीन और अंग्रेजी के कवि डन पर लिखते हुए उन्होंने एक अत्यन्त ही सारगर्भित टिप्पणी में कहा है, "रेसीन और डन ने हृदय की अपेक्षा अन्य अनेक चीजों में गहराई से देखा है। हमें मष्तिष्क-क्रिया, स्नायुतंत्र और पाचनतंत्र में भी अवश्य ही झाँकना चाहिए।"[13] कवि को 'अन्य अनेक चीजों के भीतर झाँकने' की सलाह का अर्थ यह नहीं कि कवि को अपने हृदय में नहीं झाँकना चाहिए। यदि ऐसा न होता तो इलियट संवेगों और अनुभूतियों को कविता के आवश्यक उपादानों के रूप में न अभिहित करते रहते। इसका अर्थ यही है कि कविता में संवेग और अनुभूति के साथ विचार और बौद्धिकता की उपस्थिति वांछनीय होती है।

आधुनिक पाश्चात्य आलोचकों में आइवर विंटर्स ने साहित्य में तार्किकता के महत्त्व पर सर्वाधिक जोर दिया है। जैसा कि उनकी पुस्तक *इन डिफेंस ऑफ रीजन* के शीर्षक से ही स्पष्ट है, वे साहित्य में बौद्धिकता के महत्त्व पर बल देने में कोई कोर-कसर नहीं छोड़ते। उनका मानना है कि कवि की विषयवस्तु बनने के पहले संवेगीय अनुभूति कवि के बौद्धिक बोध से गुजर चुकी होती है और अन्ततः अभिव्यक्ति तक पहुँचते-पहुँचते दोनों तत्त्वों का मिश्रण हो चुका होता है :

> कवि अपने विषय को बौद्धिक पदों में जानता है और वह भाषा को इस प्रकार प्रयोग करता है कि वह इस बौद्धिक बोध और इसके द्वारा उद्दीप्त अनुभूति को एक साथ सम्प्रेषित करने में समर्थ हो जाता है।[14]

इस प्रकार बौद्धिक और संवेगीय को अलग-अलग व्यक्त करने के बजाय कविता दोनों का सामंजस्य कर लेती है। अपने पूरे आलोचना लेखन में विंटर्स इसी तर्क को आधार बनाते हैं कि कवि किसी अवधारणा और इस अवधारणा द्वारा जनित संवेग को ही अभिव्यक्त करता है और इस प्रकार वैज्ञानिक से अलग होता है क्योंकि वैज्ञानिक की एकमात्र चिन्ता अवधारणा को सम्प्रेषित करना होता है। कवि और वैज्ञानिक की तुलना करते हुए विंटर्स लिखते हैं : "वैज्ञानिक की रुचि प्रत्यय में होती है, न कि प्रत्यय की अनुभूति में... दूसरी ओर कविता की विषयवस्तु प्रत्यय न होकर मानवीय अनुभव होता है।"[15]

साहित्य में एक ही समय प्रत्यय और अनुभव जैसे विरोधी युग्म की उपस्थिति प्रत्यय के विषय में देरिदा की विखंडनवादी धारणा को खंडित कर देती है क्योंकि साहित्य में दोनों का सामंजस्य हो जाता है। विंटर्स के अनुसार विज्ञान और उसी न्याय से दर्शन प्रत्यय का क्षेत्र होता है जबकि कविता अनुभव के साथ प्रत्यय का सम्प्रेषण करती है क्योंकि "अवधारणा अथवा प्रत्यय ही अनुभूति को उत्प्रेरित करता है।"[16] वास्तव में विंटर्स देरिदा के ठीक विरोध में खड़े दिखते हैं। वे साहित्य में तर्क की उपस्थिति स्वीकार करते हैं जबकि देरिदा दर्शन सहित सभी अनुशासनों में इसकी असम्भावना रेखांकित करते हैं। कोई कविता किस प्रकार संरचित होती है, इसे स्पष्ट करते हुए विंटर्स कहते हैं :

> कविता शब्दों से बनती है अर्थात् अपने जन्म में यह अवधारणामूलक होती है और यह अपने मूल से बच नहीं सकती। किसी वृक्ष को विषय बनाकर लिखी गई कविता प्रथमत: अमूर्तनों से और फिर इन अमूर्तनों द्वारा जाग्रत अनुभूतियों से बनती है : वृक्ष, इसकी पत्तियाँ, इसकी छाल, इसकी हरीतिमा, इसका भूरापन, इसका खुरदुरापन, इसका चिकनापन, इसकी मजबूती, इसकी गति और इसके अन्य गुण ऐसे पदों में संकेतित किये जाने चाहिए जो प्रथमत: अवधारणात्मक होते हैं। लेकिन ये सभी पद प्रत्यक्षण और अनुभूति की विधि की कुछ ढीली-ढाली सम्भावनाओं का संकेत देते हैं और कवि का काम होता है इन्हें और इनके जैसी अन्य चीजों को इस प्रकार सम्बद्ध करना ताकि वृक्ष के कुछ पक्षों के मनोबिम्ब के साथ इसका एक सुनिश्चित प्रत्यय उभर सके और इस प्रकार उभर सके कि वह अनुभूति सम्प्रेषित हो जाए जो प्रत्यय-बिम्ब के ऐसे पूर्ण सहसंयोजन और इसके प्रत्येक अंश के अनुकूल हो ताकि कविता के पाठन के समय कोई पाठक वृक्ष का साक्षात्कार इस प्रकार कर सके मानो वह इसी की तलाश कर रहा था।[17]

यहाँ विंटर्स कविता के जन्म में संसक्त अवधारणा की भूमिका रेखांकित कर रहे हैं कि किस प्रकार वृक्ष पर लिखी कविता में प्रत्यय और बिम्ब दोनों का संयोग होता है। प्रत्यय और बिम्ब का यह संयोग इस बात को प्रमाणित करता है कि किस प्रकार साहित्य-रचना के क्रम में किसी संसारबद्ध वस्तु का अमूर्त प्रत्यय बिम्ब के आवरण में मूर्त रूप ग्रहण कर लेता है। विंटर्स की यह परिकल्पना कॉलरिज द्वारा संकेतित उस कल्पना सिद्धान्त का स्मरण दिलाती है जिसमें प्रत्यय और बिम्ब का पूर्ण सामंजस्य रूपाकार ग्रहण कर लेता है।

इस सन्दर्भ में अपने साहित्य-चिन्तन के क्रम में जॉन क्रो रेंसम, विंटर्स से भी आगे जाते हुए, यह मत व्यक्त करते हैं कि साहित्य संवेग और अनुभूति के बजाय एक विशेष प्रकार का ज्ञान सम्प्रेषित करता है। आलोचकों द्वारा प्रायः कही जाने वाली इस बात को रेंसम अस्वीकार कर देते हैं कि विज्ञान और साहित्य पूरी तरह एक-दूसरे के विरोधी होते हैं, कि पहले का प्रधान लक्ष्य ज्ञान और दूसरे का अन्तिम लक्ष्य आनन्द होता है और इस प्रकार रेंसम ज्ञान के रूप में साहित्य की अपनी सैद्धान्तिकी प्रस्तुत करते हैं। वे विज्ञान और साहित्य के बीच एक नये सम्बन्ध का सन्धान कर लेते हैं जिसमें दोनों अलग-अलग मार्गों से चलते हुए एक ही लक्ष्य की ओर अग्रसर हो रहे होते हैं।

रेंसम के अनुसार विज्ञान और साहित्य द्वारा सम्प्रेषित ज्ञान में कोटि भेद होता है लेकिन दोनों कोटियों के ज्ञानों का अपना-अपना महत्त्व होता है। विज्ञान द्वारा सम्प्रेषित ज्ञान अपरिवर्ती सामान्यों अथवा सार्वभौमिकों का ज्ञान होता है; जबकि साहित्यजनित ज्ञान विशेषों से सम्बद्ध होता है। दोनों प्रकार के ज्ञान एक-दूसरे के पूरक होते हैं। रेंसम का कथन इस प्रकार है : "ज्ञान की वैज्ञानिक और कलात्मक विधियों को एक-दूसरे को आलोकित करना चाहिए : शायद वे वैकल्पिक ज्ञान होते हैं और किसी एक को दूसरे पर वरीयता देना स्वभाव में किसी तात्त्विक अथवा प्राथमिक पक्षपात के कारण होता है।"[18] विज्ञान और साहित्य के कार्यभार अलग होते हैं और इसीलिए एक ही मानक से दोनों का मूल्यांकन नहीं किया जाना चाहिए। यद्यपि रेंसम का विश्वास है कि दोनों अनुशासन आत्यान्तिक रूप से परस्पर विभेदित नहीं किये जा सकते क्योंकि साहित्य में तर्क का संस्पर्श होता है और विज्ञान में भी कलात्मकता का नितान्त अभाव नहीं होता तो भी एक अनुशासन के तत्त्व की मात्रा की दूसरे में उपस्थिति न्यूनतम होती है। अपने प्रख्यात निबन्ध 'पोइट्रीः अ नोट इन ऑन्टोलॉजी' में वे लिखते हैं :

> विज्ञान तर्कोन्मुखी और व्यावहारिक उत्कंठा को सन्तुष्ट करता है और न्यूनतम प्रत्यक्षण प्रकट करता है। कला प्रत्यक्षणात्मक उत्कंठा को सन्तुष्ट करती है और न्यूनतम तार्किकता प्रदर्शित करती है।[19]

यद्यपि रेंसम साहित्य में न्यूनतम तार्किकता की बात करते हैं लेकिन अपने आलोचना-कर्म में सदैव ही तार्किकता का पक्ष लेते हैं और यह भी कहते हैं कि यह तार्किकता ही उस ज्ञान का उद्गम होती है जिसे किसी अन्य अनुशासन से नहीं प्राप्त किया जा सकता। इस तरह रेंसम का साहित्य-सिद्धान्त देरिदा की उस विखंडन सैद्धान्तिकी का विरोधी ठहरता है जो साहित्य में तार्किकता के अभाव का समर्थन करती है और चूँकि देरिदा के अनुसार साहित्य सभी प्रकार की भाषिक निर्मितियों का पर्याय होता है, यही बात सभी भाषिक निर्मितियों के बारे में कही जा सकती है।

रेंसम के अनुसार संरचना (स्ट्रक्चर) और बुनावट अथवा तन्तु-विन्यास (टेक्स्चर), जो क्रमश: 'तर्कसम्मत अर्थ' और 'स्थानीय अर्थ' के समानार्थक हैं, किसी भी कविता अथवा साहित्य रचना में साथ-साथ भूमिका निभाते हैं। दोनों के बीच सम्बन्ध की व्याख्या के लिए वे किसी आवासीय कक्ष का उदाहरण देते हैं :

> मेरे कक्ष की दीवारें निश्चित ही संरचना हैं, शहतीरें और तख्ते कुछ प्रकार्य सम्पन्न करते हैं और उसी तरह दीवारों पर लगा पलस्तर है जो दीवार का दिखाई देने वाला पक्ष है। पलस्तर की अपनी कोई पहचान नहीं होती और यह विशुद्ध रूप से प्रकार्यमूलक बना रहता है। लेकिन इसका भी रंग होता है और इस पर प्राय: रंगीन कागज भी चढ़ा दिया जाता है हालाँकि इस सबका कोई संरचनात्मक मूल्य नहीं होता और केवल सौन्दर्यात्मक महत्त्व होता है। दीवारों का रंग-रोगन, उन पर चढ़ा हुआ कागज और उस पर बना चित्र तन्तु-विन्यास है।[20]

ऊपर के उद्धरण से यह स्पष्ट हो जाता है कि साहित्यिकता जो सौन्दर्यात्मक की समानार्थक है, संरचना के अभाव में पैदा ही नहीं हो सकती। न दिखाई देने के बावजूद सौन्दर्यात्मक तत्त्व तख्तों, शहतीरों और पलस्तर के बिना उपलब्ध ही नहीं किया जा सकता और सौन्दर्यात्मक तत्त्व के बिना कोई कलाकृति आकर्षक नहीं हो सकती। तन्तु-विन्यास में बिम्ब-विधान होता है और रेंसम की आलोचना में बिम्ब विधान का केन्द्रीय महत्त्व है। इसी तन्तु-विन्यास को रेंसम 'स्थानीय' अर्थ की संज्ञा देते हैं क्योंकि तन्तु-विन्यास ही सांसारिक परिघटनाओं का व्यक्तीकरण अथवा उन्हें एक विशिष्ट रूप प्रदान करता है और उस ज्ञान को स्पष्ट करता है जो रेंसम के अनुसार केवल साहित्य अथवा कलाओं से प्राप्त होता है। वे यह भी कहते हैं कि "कल्पना ज्ञान का अंग होती है जिसकी तकनीक होता है बिम्ब-विधान"[21] और "कला का अस्तित्व ज्ञान के लिए ही होता है।"[22] विज्ञान और साहित्य में सांसारिक परिघटनाओं के चित्रण की तुलनात्मक व्याख्या करते हुए रेंसम कहते हैं कि विज्ञान सार्वभौमिकताओं का प्रयोग करते हुए हमारे सामने एक सामान्य 'मनुष्य' की तसवीर प्रस्तुत करता है जबकि साहित्य बिम्ब-विधान के माध्यम से एक 'विशिष्ट मनुष्य'

को उसकी समस्त विशिष्टताओं के साथ प्रस्तुत करता है।[23] विशिष्टताओं का ज्ञान साहित्य ही दे सकता है क्योंकि अन्य अनुशासन सार्वभौमिकताओं का सहारा लेते हैं।

रेंसम को अपेक्षित ख्याति अथवा प्रतिष्ठा तो आलोचना के क्षेत्र में नहीं मिली लेकिन उनके कुछ अवदान अत्यन्त महत्त्वपूर्ण हैं। उदाहरण के लिए, उन्होंने साहित्य समीक्षा के एक नये प्रतिमान की नींव रखी जिसने साहित्य-आस्वादन में संवेग के स्थान पर तर्क और ज्ञान को प्रतिष्ठित किया। इस नये उपागम ने पश्चिमी साहित्य सैद्धान्तिकी के प्लेटो तथा अरस्तू जैसे संस्थापकों के साथ ही कविता के आस्वादन में भाव अथवा संवेग की केन्द्रीयता जैसी संस्कृत काव्यशास्त्र की कुछ नितान्त ही बुनियादी मान्यताओं को भी सवालिया घेरे में डाल दिया। पश्चिमी आलोचना के इतिहास में संवेग को सर्वाधिक महत्त्व देने की प्रवृत्ति को खारिज करते हुए रेंसम लिखते हैं :

> कविता की प्रतिष्ठा पर किंचित् चोट तब लगती है जब यह मान लिया जाता है कि इसमें कोई विशेष अथवा परिभाषीय विषयवस्तु नहीं होती और इसकी पहचान निर्धारित होती है किसी असामान्य प्रयास के माध्यम से (पाठकों के मन-मष्तिष्क पर) कुछ प्रमुख प्रभावी दशाएँ पैदा करने की इसकी क्षमता के कारण। और इस प्रकार की दशाओं के बारे में सुनिश्चित रूप से विमर्श करना असम्भव होता है, परिणामत: प्रभाववादी आलोचना अत्यधिक अस्पष्ट होती है।[24]

इसमें कोई सन्देह नहीं कि रेंसम संस्कृत काव्यशास्त्र से अपरिचित थे लेकिन उनका उपर्युक्त कथन संस्कृत काव्यशास्त्र की कुछ बुनियादी मान्यताओं का स्मरण दिलाता है जिससे पता चलता है कि संस्कृत काव्यशास्त्र अधिकांशत: भाववादी है। रेंसम उन सभी पश्चिमी और पूर्वी आलोचकों से हटकर हैं जो भाव अथवा संवेग को अपनी आलोचना के केन्द्र में रखते हैं। वे आई.ए. रिचर्ड्स द्वारा कविता में तर्क की पूर्ण अनुपस्थिति की धारणा को अस्वीकार कर देते हैं। ये दोनों आलोचक एक दूसरे से कितना भिन्न हैं इसका अनुमान रिचर्ड्स के इस कथन से मिल जाता है :

> कवि अपने कथन को गड्डमड्ड कर सकता है : उसके कथन ऐसे हो सकते हैं जिनका कविता में प्रस्तुत विषयवस्तु से कुछ भी तर्कसंगत सम्बन्ध नहीं होता; रूपक अथवा किसी अन्य युक्ति के माध्यम से कवि चिन्तन के लिए ऐसी वस्तुओं को उपस्थित कर सकता है जो तार्किकता के हिसाब से बिलकुल ही असंगत हों; वह तर्कसंगत अनर्गल प्रलाप कर सकता है; वह यथासम्भव असंगत अथवा ऊल-जलूल हो सकता है।[25]

रिचर्ड्स का उक्त कथन उन्हें रेंसम से दूर और देरिदा के निकट ले आता है। रेंसम के अनुसार साहित्य ऐसे ज्ञान का सम्प्रेषण करता है जो विज्ञान के लिए कर पाना सम्भव ही नहीं। साहित्य में तर्क पर अपने बलाघात के कारण उनके और देरिदा के बीच दो ध्रुवों की दूरी हो जाती है। लेकिन यहाँ यह अवश्य ही ध्यान में रखा जाना चाहिए कि रेंसम का साहित्य-सिद्धान्त चाहे जितना भी मौलिक हो, यह संवेग को आलोचना से दूर नहीं रख सकता। बिम्बों के माध्यम से प्रस्तुत किये गए संसार की अनुभूति तो संवेगात्मक होती है लेकिन उसका बोध बौद्धिक होता है।

जैसा कि पहले कहा जा चुका है, संस्कृत काव्यशास्त्र रसानुभूति को विचारों अथवा बौद्धिकता से दूर ही रखता है। वास्तव में भावों पर अपने बलाघात में संस्कृत काव्यशास्त्र पश्चिमी रोमांटिक काव्यशास्त्र को भी पीछे छोड़ देता है। रेंसम जिस भाववाद की आलोचना करते हैं वह अतिशय मात्रा में संस्कृत काव्यशास्त्र में मौजूद है। संस्कृत आचार्यों के अनुसार साहित्य का मूल तत्त्व वह नहीं होता जो इसे बनाता है अपितु वह है जो इससे छनकर पाठक तक आता है और इसीलिए इस काव्यशास्त्र में सहृदय पर इतना अधिक बल दिया गया है। आनन्दवर्द्धन की काव्य अवधारणा की व्याख्या करते हुए के. कृष्णमूर्ति लिखते हैं :

> कविता में भाषा प्रयोग सर्वथा नवीन होता है क्योंकि कवि का प्रयास होता है तथ्यों और क्रियाओं के साथ ही भावों, मनोदशाओं और अनुभूतियों को सम्प्रेषित करना। पत्थरों और हड्डियों जैसे कठोर और जुगुप्सा पैदा करने वाले पदार्थ भी मनोनुभूतियों के साथ मिल जाते हैं और इस प्रकार रसरिक्त प्रतीत होने वाले काव्यांशों में भी बुद्धिसम्पन्न और संवेदनशील व्यक्ति रस की कोई न कोई छाया अनुभव कर सकता है।[26]

कवि तथ्यों और क्रियाओं का सम्प्रेषण करता है लेकिन पाठक इससे भावानुभूति अर्थात् रस ही ग्रहण करता है। इस बात का समर्थन वी. के. चारी भी करते हैं जब वे इस बात की व्याख्या करते हैं कि संस्कृत आचार्यों के अनुसार काव्य अथवा साहित्य किससे बनता है और उसमें से क्या निःसृत होता है :

> रस-सिद्धान्त की आधारभूत मान्यता है कि कविता का उद्‌देश्य संसार के विषय में सूचना देना अथवा तथ्यों को मात्र प्रमाणित करना न होकर उन अनुभूतिपरक संवेदनाओं को व्यक्त करना होता है जो ये तथ्य लोगों के भीतर जगाते हैं।[27]

संस्कृत काव्यशास्त्र पर इस टिप्पणीं से यह सिद्ध होता है कि पाठक की इन अनुभूतिपरक संवेदनाओं में विचार तत्त्व नहीं होता। लेकिन तथ्य यह है कि अपने रसानुभूति के क्षण में कविता से वह जो कुछ भी ग्रहण करता है वह केवल संवेग

ही न होकर संवेगों और विचारों का मिश्रण होता है यद्यपि इसमें संवेग की मात्रा अधिक होती है। और ठीक यही बात इलियट के 'संवेदना के एकीकरण' के बारे में भी लागू होती है। दूसरी ओर जब 'नये' समीक्षक ज्ञान के रूप में साहित्य की बात करते हैं तब यह विज्ञान का रुक्ष ज्ञान न होकर कलात्लक अनुभूति से निःसृत ज्ञान होता है। इस सन्दर्भ में रेंसम की चर्चा हो चुकी है। क्लियन्थ ब्रुक्स और आर.पी. वारेन के अनुसार, "कविता हमें यह जानने में सक्षम बनाती है कि इस संसार में रहने की अनुभूति कैसी होती है।"[28] 'अनुभूति' और 'अनुभूति होने' में अन्तर होता है। इस संसार में रहते हुए इसकी परिघटनाओं से सामना होने पर हमें अनुभूति होती है, लेकिन साहित्य के क्षेत्र में हम कल्पना-प्रसूत वस्तुओं की अनुभूति काल्पनिक युक्ति द्वारा करते हैं जो इन कल्पना-प्रसूत वस्तुओं को, संसार में वे जिस रूप में अस्तित्वमान हैं उस रूप में, देखने में हमें समर्थ बनाती है; यद्यपि ये वस्तुएँ अनुभूति के क्षण में अनुपस्थित होती हैं लेकिन तो भी हमें उनकी उपस्थिति की अनुभूति होती है। इस प्रकार साहित्य में हम इस प्रापंचिक संसार को उसके रूप से कहीं अधिक विस्तृत और विविधतापूर्ण रूप में देखते हैं।

उपर्युक्त विमर्श से यह स्पष्ट हो जाता है कि साहित्य तर्कशून्य नहीं होता और इसीलिए देरिदा की यह धारणा नहीं स्वीकार की जा सकती कि भाषा ही साहित्य होती है और कि ऐसी कोई भाषा नहीं है जो सत्य अथवा तर्क का संवहन कर सके। साहित्य और अ-साहित्य दोनों की अपनी अलग-अलग पहचान होती है। साहित्य में भाव और तर्क का सम्बन्ध प्रधान और गौण का होता है जबकि अ-साहित्य में यह सम्बन्ध उलट जाता है।

ऊपर हमने साहित्य की विषयवस्तु में क्या होता है तथा पाठक को उससे क्या मिलता है, इस बात की चर्चा की है और जिन तर्कों के सहारे यह चर्चा की है वे देरिदा के तर्कों को खंडित करते हैं। विखंडनवादी इससे इनकार नहीं करते कि विचार, संवेग और कलात्मक अनुभूतियाँ होती हैं लेकिन साहित्य के सन्दर्भ इन सब के बारे में उनका मत बिलकुल ही अलग है। क्योंकि वे साहित्य और दर्शन को एक-दूसरे से अलग नहीं मानते, अतः वे साहित्य में विचार और दर्शन में संवेग को उपस्थित मानते हैं। देरिदा साहित्य और दर्शन को अथवा और अधिक स्पष्ट रूप से 'साहित्यिक' तथा 'दार्शनिक' को उद्धरण-चिह्नों के भीतर रखते हैं ताकि वे यह संकेत कर सकें कि वे इन्हें उस अर्थ में नहीं लेते जिस अर्थ में इन्हें सामान्यतयः लिया जाता है। दोनों अनुशासनों में विचार और संवेग होते हैं लेकिन विचार तर्कनिरपेक्ष होता है और संवेग नाम है अतिशय सुखानुभूति का।

साहित्य आलोचना में विचार के सन्दर्भ में दो उपागम रहे हैं। एक ओर फिलिप सिडनी और आई.ए. रिचर्ड्स हैं जिनका यह मत है कि साहित्य में विचारों का क्रम तर्काधारित नहीं होता; दूसरी ओर रेंसम और विंटर्स हैं जो साहित्य में उसी

प्रकार का तर्क-विधान देखते हैं जैसे अन्य अनुशासनों में होता है। लेकिन किसी भी आलोचक ने यह नहीं कहा है कि साहित्य में विद्यमान तर्क के साथ ही एक प्रति-तर्क भी होता है जो देरिदा के अनुसार 'अपोरिया' से ग्रस्त अथवा असंयोज्य होता है। एम.एच. अब्राम्स ने इस प्रति-तर्क को "असमाधानीय गतिरोध अथवा सदैव के लिए अनिश्चय में झूलते रहने वाले असंयोज्य और अन्तर्विरोधी अर्थों का 'दुहरा बन्धन'" कहा है।[29] इसका मतलब यह कि हम किसी अर्थ को सही अर्थ के रूप में नहीं चुन सकते क्योंकि यह उसी के पार्श्व में मौजूद अपने विरोधी अर्थ से खंडित हो जाता है।

जहाँ तक संवेग का प्रश्न है तो दर्शन और साहित्य में इसकी प्रकृति और विस्तार में कोई द्वन्द्व नहीं है, दोनों अनुशासनों में इसे एक ही प्रकार की मान्यता मिली हुई है। संवेग के लिए देरिदा ने फ्रेंच भाषा के एक शब्द 'जिवसांस' का इस्तेमाल किया है जिसका अर्थ होता है सुखातिरेक अथवा आनन्दातिरेक जिसमें मैथुन सुख की ध्वनि मौजूद है। साहित्य के पारम्परिक पाठन से भिन्न विखंडनात्मक पाठन के विषय में देरिदा लिखते हैं :

> निषिद्ध आनन्दातिरेक की मुक्ति यदि विखंडनात्मक पाठन का अभियान नहीं तो शायद इसका प्रभाव है...। शायद इसी आनन्दातिरेक से ही विखंडन के अन्ध विरोधी सबसे अधिक चिढ़ते हैं। ये अन्ध विरोधी जिन्हें विखंडनवादी कहते हैं उन्हें इसलिए दोषी मानते हैं क्योंकि ये विखंडनवादी उन्हें महान कृतियों के पाठन अथवा परम्परा की समृद्ध निधियों से मिलने वाले उनके परिचित सुखों से वंचित करने के साथ ही अत्यधिक क्रीड़ाप्रेमी, अति सुख पाने वाले और अपने ही सुख के लिए जो भी चाहें कहने वाले होते हैं।[30]

पाठ के साथ पूर्ण एकाकार की स्थिति में पाठक जिस आनन्दातिरेक का अनुभव करता है वह मैथुन-सुख से तुलनीय होता है। *द प्लेजर ऑफ द टेक्स्ट* में रोलाँ बार्थ ने इस बिन्दु को विस्तार से व्याख्यायित किया है जहाँ उन्होंने 'पाठकीय' पाठ और 'लेखकीय' पाठ में अन्तर करते हुए कहा है कि 'पाठकीय' पाठ एक खास उद्देश्य की ओर जाता है जो पाठक की सुखानुभूति को नियंत्रित करता है जबकि 'लेखकीय' पाठ से जिसका कोई ऐसा उद्देश्य नहीं होता पाठक को आनन्दातिरेक प्राप्त होता है। 'लेखकीय' पाठ का अर्थ विविधार्थी होने के कारण किसी एक बिन्दु की ओर उन्मुख न होकर तमाम दिशाओं में फैल जाता है जो अपने आप में विरोधी होती हैं। किसी अनुशासी बिन्दु के अभाव में पाठक इसके आस्वादन में पूर्ण स्वतंत्र होता है और इस प्रकार यह आस्वादन काम-क्रिया की तरह पूर्णतय: उन्मुक्त होता है।

एक बार यह अस्वीकार कर देने के पश्चात् कि साहित्यिक अथवा अ-साहित्यिक पाठ अनियंत्रित अथवा असंयोज्य अर्थों को जन्म देता है और यह कि कलात्मक अनुभव और दार्शनिक संवेग एक जैसे होते हैं, विचार और संवेग की देरिदा की अवधारणा धराशायी हो जाती है। और देरिदा की इसी अवधारणा का खंडन करना ही इस अध्याय का उपक्रम रहा है। अ-साहित्यिक पाठों से साहित्यिक पाठ की समानताएँ होती हैं लेकिन उसकी भिन्नताओं की उपेक्षा नहीं की जा सकती। अन्य पाठों से साहित्यिक पाठ की समानता यह होती है कि दोनों प्रकार के पाठों में अनुस्यूत अनुभव हमारे जीवन के ही अनुभव होते हैं लेकिन इस अनुभव के चित्रण और विन्यास की विधि और युक्ति पाठों को एक-दूसरे से अलग करती हैं। कलात्मक चित्रण में तर्क का भी दुहरा चरित्र होता है। इस तर्क पर सवाल नहीं उठाए जा सकते क्योंकि कलात्मक रूपान्तरण के क्रम इसका स्वरूप बदल जाता है। इस पर सवाल तब उठाए जाते हैं जब यह पूरी तरह निरर्थक और अतार्किक होता है क्योंकि तब 'विश्वास का स्वैच्छिक निलम्बन' भंग हो जाता है और हमारी प्रश्नाकुल बुद्धि जाग्रत हो जाती है।

अनुवाद : रामकीर्ति शुक्ल

सन्दर्भ

1. *पोयट्री ऐज इक्स्पीरियंस,* (हारमॉन्ड्सवर्थ, 1965), पृ. 15
2. *सेलेक्टेड एसेज,* (लन्दन, 1951), पृ. 20
3. वही, पृ. 20
4. *संस्कृत क्रिटिसिज्म,* (दिल्ली, 1993), पृ. 9
5. *बायोग्राफिया लिटरेरिया,* सं. जे. शाक्रॉस, खंड-2, (लन्दन, 1962), पृ. 10
6. ए.एच. अब्राम्स, *द मिरर एंड द लैम्प* (लन्दन, 1979), पृ. 21-26
7. प्रिफेस टु लिरिकल बैलेड्स, *इंग्लिश क्रिटिकल टेक्स्ट्स,* सं. दि.जे. एनराइट और अंर्स्ट डि चिकेरा, (दिल्ली, 1975), पृ. 65
8. वही, पृ. 173
9. वही, पृ. 174
10. वही, पृ. 175
11. *सेलेक्टेड एसेज,* पृ. 21
12. वही, पृ. 385
13. वही, पृ. 290
14. *इन डिफेंस ऑफ रीजन,* (शिकागो, 1937), पृ. 503
15. वही, पृ. 506
16. वही, पृ. 503
17. वही

18. *बीटिंग द बुशेज,* (न्यूयॉर्क, 1972), पृ. 13
19. वही, पृ. 30
20. 'क्रिटिसिज्म ऐज स्पेकुलेशन' *एसेज इन मॉडर्न क्रिटिसिज्म,* सं. आर.बी. वेस्ट, (न्यूयॉर्क, 1952), पृ. 233
21. द *बल्ड्र्स बाडी,* (वैटन रूज, 1968), पृ. 156
22. *बीटिंग द बुशेज,* पृ. 197
23. वही, पृ. 6
24. वही, पृ. 12
25. *प्रैक्टिकल क्रिटिसिज्म,* (न्यूयॉर्क, 1929), पृ. 180-81
26. 'इंट्रोडक्शन', *ध्वन्यालोक ऑफ आनन्दवर्द्धन,* (दिल्ली, 1982), पृ. 36
27. *संस्कृत क्रिटिसिज्म,* पृ. 298
28. क्लियन्थ ब्रुक्स और आर.पी. वारेन, *अंडरस्टैंडिंग पोइट्री,* (न्यूयॉर्क, 1976), पृ. 9
29. *अग्लासरी ऑफ लिटरेरी टर्म्स,* (आरलैंडों, 1959), पृ. 58
30. जॉक देरिदा, *एक्ट्स ऑफ लिटरेचर,* सं. डेरेक एट्रिज, (लन्दन, 1991), पृ. 61

साहित्यिक भाषा कितनी साहित्यिक है?

पाठक-प्रतिक्रिया (रीडर-रेस्पॉन्स) आलोचना पद्धति के शिखर-पुरुषों में से एक स्टैनले फिश ने अपने प्रसिद्ध निबन्ध 'हाऊ ऑर्डिनरी इज ऑर्डिनरी लैंग्वेज?' ('साधारण भाषा कितनी साधारण है?') में एक स्वतंत्र साहित्यिक-भाषा के अस्तित्व पर प्रश्न-चिह्न लगाया है तथा सामान्य और साहित्यिक भाषा के मध्य किसी भी किस्म की विभाजक-रेखा खींचने से इनकार किया है। वे कहते हैं कि इस निबन्ध में उनका इरादा यह है :

> साधारण भाषा एवं साहित्यिक भाषा के भेद को चुनौती दी जाए, पहले इस बात की तरफ इशारा करके कि कैसे यह भेद मानक और उससे तथाकथित विचलन दोनों को ही प्रभावहीन बना देता है, और फिर इस बात का खंडन करके कि उक्तियों के एक खास वर्ग के तौर पर साहित्य को उसके रूपात्मक गुणों द्वारा पहचाना जा सकता है।[1]

फिश यह मानते हैं कि भाषा सिर्फ एक होती है जिसे साधारण या साहित्यिक बनाना पढ़ने की उन परिपाटियों पर निर्भर करता है जिनका प्रयोग पाठक द्वारा किया जाता है। बफेलो के राज्य विश्वविद्यालय में अपनी एक कक्षा में उन्होंने दिलचस्प प्रयोग किया। उन्होंने लगभग आधा दर्जन भाषाविदों के नाम एक पेड़ के आकार में लिख दिये और अपने विद्यार्थियों से कहा कि वे जो कुछ भी बोर्ड पर लिखा हुआ देख रहे हैं, वह एक धार्मिक कविता है। विद्यार्थियों ने धार्मिक कविता के पाठ की रणनीतिक पद्धतियाँ लागू करके उन नामों में ऐसे गहरे अर्थों की खोज कर डाली जो उन्हें कभी न सूझते अगर उनको यह पता होता कि वे जो पढ़ रहे हैं वह प्रख्यात भाषाविदों के नाम हैं। रिचर्ड ओह्मान के उपनाम की सबसे मनोरंजक व्याख्या हुई। कभी उसे 'ओमेन' अर्थात् भविष्य का संकेत करने वाले प्रतीक के रूप में, कभी 'ओह मैन' या 'हे मानव' की तरह तो कभी 'आमीन' की तरह पढ़ा गया।

भाषा सिर्फ एक होती है, उसकी अभिव्यक्ति दो तरह से (साधारण या साहित्यिक) हो सकती है। फिश इस सिद्धान्त को मानने वाले अकेले विद्वान नहीं हैं। जोनाथन कलर, जो पाठक-प्रतिक्रिया आलोचना पद्धति के ही एक अन्य आलोचक हैं,

ने अपनी कृति *स्ट्रक्चरलिस्ट पोएटिक्स* में तथा अन्यत्र समान दृष्टिकोण व्यक्त किया है। वे लिखते हैं कि "यह तथ्य कि कोई पाठ कविता है, भाषा के लक्षणों द्वारा तय नहीं होता और वे सारे प्रयास जो कविता की भाषा के विशिष्ट लक्षणों को काव्य-सिद्धान्त का आधार मानते हैं अन्ततः असफल होने को अभिशप्त होते हैं।"[2] फिश की तरह वह भी अपने सिद्धान्त को इस वाक्य द्वारा आजमाते हैं जिसका प्रयोग कोई भी रोजमर्रा की बातचीत में कर सकता है : 'कल, मैं शहर गया और एक दीपक खरीदा।' इस वाक्य को कविता की तरह व्यवस्थित करने पर और काव्य-पाठ की रणनीतियों और रूढ़ियों के प्रकाश में व्याख्यायित करने पर, वाक्य के साधारण शब्द जैसे कल, मैं शहर गया, और एक दीपक खरीदा गहरे आशयों को व्यक्त करने लग गए और गहरा महत्त्व अर्जित करने लग गए।[3]

फिश और कलर दोनों यह मानते हैं कि एक ही भाषा की दो भिन्न किस्म की अभिव्यक्तियाँ, एक साधारण और दूसरी साहित्यिक, सम्भव हैं। दो भिन्न भाषाओं (साधारण और साहित्यिक) के सिद्धान्त को, जिसे सबसे पहले रूसी रूपवादियों ने स्थापित किया और बाद में आंग्ल-अमरीकी नई आलोचना ने स्वीकार किया, पाठक-प्रतिक्रिया आलोचना पद्धति के इन दो आलोचकों ने सशक्त चुनौती दी। देरिदा ने एक कदम आगे जाकर जोर-शोर से यह स्थापना दी कि भाषा एक ही होती है, और वह है साहित्यिक। वह तर्क देते हैं कि साहित्यिक भाषा के जो भी लक्षण होते हैं, उनकी मौजूदगी को तथाकथित साधारण भाषा में भी देखा जा सकता है। डेरेक एट्रिज को दिये गए जवाब में उनका प्रेक्षण यह है :

> कोई भी आन्तरिक आलोचना पाठ की सारभूत 'साहित्यिकता' के प्रति हमें आश्वस्त नहीं कर सकती। साहित्य का कोई आश्वस्तिकारक सारतत्त्व या अस्तित्व नहीं होता। यदि हम किसी साहित्यिक कृति के समस्त तत्त्वों का विश्लेषण करने चलें तो साहित्य मिलेगा ही नहीं, मिलेंगे तो कुछ लक्षण जिन्हें वह कृति अन्यत्र, अन्य पाठों से, साझा करती है, चाहे मामला भाषा का हो, अर्थ का हो या फिर संकेतों ('आत्मनिष्ठ' या 'वस्तुनिष्ठ') का।[4]

देरिदा साहित्य के अस्तित्व मात्र को ही खारिज करते हैं, क्योंकि ऐसी कोई साहित्यिक भाषा नहीं है जो साधारण भाषा से भिन्न हो।

मैंने पाठक-प्रतिक्रिया आलोचना पद्धति के आलोचकों और विखंडनवादियों दोनों से ही असहमति जताई है न तो मैं पाठक-प्रतिक्रिया आलोचना-पद्धति के इस दावे से सहमत हूँ कि साहित्यिकता पूर्णतः पाठक द्वारा उत्पन्न होती है और न ही विखंडनवादियों की इस स्थापना से कि समस्त भाषा ही साहित्यिक होती है। साहित्यिकता और साहित्यिक अर्थ लेखक और पाठक द्वारा संयुक्त रूप से उपजाए

जाते हैं तथा साहित्यिक भाषा का साधारण भाषा से जो फर्क होता है वह सीमा का होता है, विभेद का नहीं।

इस निबन्ध के, या यह कहें कि फिश के निबन्ध के शीर्षक में जो प्रश्न निहित है, उसका उत्तर देना कठिन है। साधारण और साहित्यिक भाषा के बीच कोई विभाजक-रेखा खींच पाना या यह बताना कि कब साधारण भाषा साहित्यिक भाषा में तब्दील हो जाती है लगभग पूरी तरह असम्भव है। इसीलिए रूसी रूपवादियों और नई आलोचना के आलोचकों ने किसी भी किस्म की सीमा-रेखा की परवाह किये बिना दो भाषाओं के अस्तित्व को प्रत्यक्षत रूप में स्वीकार किया था। भाषा का साधारण और साहित्यिक में सख्त विभाजन असफल होने के लिए अभिशप्त है। रूसी रूपवादियों और प्राग के संरचनावादियों ने जिन पदों का इस्तेमाल किया जैसे परिचित-विपरिचित (फैमिलियर—डिफैमिलियराइज्ड), स्थापित—अग्रस्थापित (स्टैंडर्ड—फोरग्राउंडेड), स्वचालित—विस्चालित (ऑटोमैटिक—डिऑटोमटाइज्ड) वे निषेध का नहीं, बल्कि प्रधानता का संकेत करते हैं। दोनों भाषाओं के बीच का फर्क निरपेक्ष न होकर सापेक्ष होता है, जो हमारे जीवनानुभवों द्वारा अनुकूलित होता है। क्या हम अच्छे और बुरे व्यक्ति या सुशासन और कुशासन या फिर वस्तुओं अथवा मनुष्यों की अच्छी और बुरी कोटि के मध्य कोई कठोर रेखा खींच सकते हैं? परम असमानताएँ कपोल-कल्पना है, परन्तु यदि हम असमानताओं का पूरी तरह तिरस्कार कर देंगे तो अराजकता व्याप जाएगी। हमें यह मानना पड़ेगा कि दो भाषाएँ अपनी-अपनी विशिष्टताओं के साथ पाई जाती हैं, जो एक-दूसरे का निषेध नहीं करतीं बल्कि एक-दूसरे को कुछ हद तक आच्छादित करती हैं।

साहित्य की भाषा अलंकार, प्रतीक, उपमान, मिथक इत्यादि जिन युक्तियों का प्रयोग करती हैं, वे साहित्य के बाहर या तो अनुपस्थित होती हैं या हाशिये पर मौजूद रहती हैं अथवा अपने मृत रूपों में पाई जाती हैं। रोमेंटिक युग के महान आलोचक एस.टी. कॉलरिज ने व्यापक पद 'बिम्ब' का सूत्रपात किया जो तुलना पर आधारित समस्त साहित्यिक युक्तियों को समाविष्ट करता था। बीसवीं सदी में यह पद इतना लोकप्रिय हुआ कि कई विद्वानों और आलोचकों ने विशिष्ट लेखकों और पाठों में बिम्ब के प्रयोग का विस्तारपूर्वक अध्ययन किया।[5] 1930 के दशक के महत्त्वपूर्ण कवि सी.डी. लीविस ने काव्यात्मक बिम्ब पर एक पुस्तक लिखी और प्रसिद्ध विद्वान फ्रैंक करमोड ने अपनी मुख्य कृति का नाम द *रोमेंटिक इमेज* (रूमानी बिम्ब) रखा। अलंकार और प्रतीक बिम्ब के महत्त्वपूर्ण घटक माने गए।

कॉलरिज ने बिम्ब का लेखक की रचनात्मक कल्पनाशीलता के उत्पाद के रूप में जो वर्णन किया है, उसे साहित्य की आलोचना के क्षेत्र में उनका महत्त्वपूर्ण योगदान माना जाता है। आधुनिक आलोचकों पर उनका प्रभाव इतना असन्दिग्ध था कि एस.ई. हईमन ने यहाँ तक कह दिया कि "कॉलरिज की 1817 में प्रकाशित

बायोग्राफिया लिटरेरिया आधुनिक आलोचना की बाइबल है।"[6] कभी-कभी आधुनिक आलोचकों ने बिम्ब की जगह रूपक पद का इस्तेमाल किया और उसकी प्रशंसा वैसे ही की जैसे कॉलरिज ने बिम्ब की। नई आलोचना के महत्त्वपूर्ण आलोचक क्लिएन्थ ब्रुक्स ने आधुनिक आलोचना को एक ऐसी आलोचना के रूप में व्याख्यायित किया जो 'रूपक का पुनराविष्कार करने वाली है, रूपक को पूर्णतया समर्पित है।'[7] रूपक के महत्त्व की खोज पहले कॉलरिज ने की और आधुनिक काल के आलोचकों ने इसे पुनराविष्कृत और पुष्ट किया।

कॉलरिज का कल्पना-सिद्धान्त ऐसी कई साहित्यिक युक्तियों का स्रोत है जिन्हें आलोचनात्मक चर्चाओं में बार-बार प्रयुक्त किया जाता है। कल्पना की उनकी अवधारणा पश्चिम की साहित्यालोचना में प्रतिमान के विस्थापन का प्रमुख उदाहरण बनी। जैसे-जैसे बाह्य यथार्थ पर जोर देने की नव-क्लासिकी मान्यताओं के ऊपर कवि के विचारों और भावों को अभिव्यक्त करने की रोमेंटिक प्रवृत्ति हावी होती गई, वैसे-वैसे अलंकार, बिम्ब और प्रतीक जैसी युक्तियाँ उसके भीतरी संसार को व्यक्त करने के लिए जरूरी हो गईं।

आलोचनात्मक चर्चाओं में कॉलरिज द्वारा कल्पना (इमेजिनेशन) और जड़ कल्पना (फैंसी) के मध्य किया गया अन्तर बहुत उपयोगी साबित हुआ। यह उनकी कल्पना की अवधारणा ही है जिस पर रिचर्ड्स का मूल्य सिद्धान्त और इलियट का संवेदना के एकीकरण का सिद्धान्त आधारित है।[8] कल्पना और जड़ कल्पना के मध्य मुख्य अन्तर यह है कि कल्पना जैविक, रचनात्मक और क्रियाशील होती है जबकि जड़-कल्पना यांत्रिक, पुनरुत्पादक और सजावटी होती है।

कल्पना और जड़-कल्पना दोनों में ही बिम्बों का इस तरह इस्तेमाल होता है कि वे बिम्ब जो कल्पना से प्रसूत हैं; अर्थ के अनेक स्तरों द्वारा आवेशित होते हैं जबकि जो जड़-कल्पना द्वारा जन्मे हैं वे यदि आई. ए. रिचर्ड्स की पदावली का प्रयोग करें तो सार (टेनर) और माध्यम (व्हीकल) को कुछ सतही समानताओं के चलते एक साथ बँधे होते हैं।

कॉलरिज और रिचर्ड्स दोनों ही यह दर्शाते हैं कि कैसे कल्पना के उत्पाद अर्थों के भरे-पूरे समूह को सम्प्रेषित करते हैं। यही साहित्यिक भाषा का सौन्दर्य है जिसे लेखक द्वारा रचा जाता है और योग्य पाठक (जोनाथन कलर) या सहृदय (संस्कृत काव्यशास्त्र) द्वारा सराहा जाता है।

कल्पना के विपरीत, जड़-कल्पना बिम्बों को बड़े सतही और यांत्रिक तरीके से नियोजित करती है। कॉलरिज ने शेक्सपियर की कृति *वीनस और एडोनिस* से कुछ पंक्तियाँ उद्धृत करके जड़-कल्पना का उदाहरण प्रस्तुत किया है।

मैंने कॉलरिज की कुछ विस्तृत चर्चा करके यह दर्शाने की कोशिश की है कि किस तरह वह बिम्ब, जिसमें अलंकार शामिल होता है, अनेक स्तरों पर सक्रिय

रहता है और किस तरह साहित्यिक और गैर-साहित्यिक के मध्य ही नहीं, बल्कि समान साहित्य-रूपों में भी कल्पना के स्वभाव और क्रियाकलापों में भिन्नताएँ पाई जाती हैं। कॉलरिज ने कुछ आलोचनात्मक विभेदों का जिक्र किया है जो उन महाकाय सरलीकरणों का तीखा विरोध करते हैं जिनके संस्थापक देरिदा हैं और जो साहित्य और अन्य अनुशासनों के बीच कोई भी अन्तर देख पाने में विफल रहते हैं।

कवि द्वारा प्रयुक्त अलंकार उसके परिश्रम का प्रतिफल इस रूप में देते हैं कि वे सतह के भीतर छिपे गहरे आशयों को बाहर लाते हैं। ये जीवन्त अलंकार हैं, जो रूढ़ियों का उल्लंघन करके, पाठक की एकाग्रता पर प्रतिघात करके, उसे रुकने और सोचने के लिए बाध्य करके उन अर्थों की खोज करते हैं जो महज कथन की तरह नहीं, बल्कि व्यंजना की तरह उपस्थित होते हैं। जब, उदाहरण के लिए, इलियट 'द लव सांग ऑफ जे. अल्फ्रेड प्रुफ्रोक' में शाम की तुलना 'मेज पर बेसुध किये गए रोगी' से करते हैं या जब येट्स 'सेलिंग टू बाईजेंतियम' में वृद्ध व्यक्ति की तुलना 'छड़ी पर टँगे फटे-चिथड़े कोट' से करते हैं, या जब एजरा पाउंड 'इन ए स्टेशन ऑफ द मेट्रो' में मेट्रो स्टेशन से बाहर आते लोगों के चेहरों की तुलना 'किसी मृत काली शाखा पर पँखुड़ियों' से करते हैं तब सार (टेनर) और वाहक (व्हीकल) के बीच सादृश्य द्वारा अर्थ की व्यंजना के अनेक स्तर उद्घाटित होते हैं। यही अलंकार किसी साहित्यिक कृति की विशेषता है, जो उसे साहित्येतर से अलग करते हैं।

अलंकार, जो व्यापक अर्थ में उपमा को भी धारण करता है, के अलावा प्रतीक भी एक साहित्यिक युक्ति है जिसका उपयोग साहित्यिक रचनाओं में किया जाता है। देरिदा ने, जिनका सारा ध्यान अलंकार पर केन्द्रित है, साहित्य में महत्त्वपूर्ण भूमिका निभाने वाले प्रतीक पर जरा भी विचार नहीं किया है।

प्रतीक द्वारा अर्थ की जो व्यंजनाएँ उत्पन्न होती हैं उन्हें साहित्य की अनन्य सम्पदा माना जाता है। वह रस अथवा सौन्दर्यानुभूति का ऐसा स्रोत है, जिसकी प्रत्याशा हमें किसी कलाकृति से ही होती है। साधारण विमर्श अलंकारों का उपयोग तो करते हैं, मगर उनमें प्रतीकों का पाया जाना बहुत दुर्लभ है। प्रतीकात्मक और संकेतात्मक भाषा साहित्य का ही लक्षण है, जो उसे अ-साहित्य से अलग करता है।

प्रतीक केवल कविता में ही महत्त्वपूर्ण भूमिका नहीं निभाते, बल्कि मैं यह कहना चाहूँगा कि वे उतनी ही महत्त्वपूर्ण भूमिका साहित्य की अन्य विधाओं, जैसे नाटक और गल्प, में भी अदा करते हैं। कोई भ्रम न हो, इसलिए हमें यह ध्यान रखना होगा कि साहित्य के प्रतीकों और भाषाविज्ञान के प्रतीकों में अन्तर होता है। *मीनिंग ऑफ मीनिंग* में, जो अर्थ-विज्ञान की पुस्तकों की श्रेणी में आती है, आई.ए. रिचड्र्स ने प्रतीक शब्द का प्रयोग इस अर्थ में किया है कि प्रत्येक शब्द किसी वस्तु को प्रदर्शित और संकेतित करता है।[9] यह भाषा की सांकेतिकता है जिसे फर्दिनन्द द सश्योर ने चुनौती दी है। यहाँ प्रतीक का एक निश्चित अर्थ है जो उस

वस्तु से परे, जिसका वह संकेत करता है, किसी भी अन्य वस्तु को ध्वनित नहीं करता। हम भाषाविज्ञान में प्रयुक्त होने वाले अभिधात्मक (शाब्दिक) प्रतीक और साहित्य में प्रयुक्त होने वाले साहित्यिक प्रतीक के बीच अन्तर स्थापित कर सकते हैं। यहाँ हम प्रतीक शब्द का प्रयोग साहित्यिक प्रतीक के अर्थ में ही कर रहे हैं।

नाट्य-विधा के क्षेत्र में, शेक्सपियर के नाटक अपने शक्तिशाली प्रतीकों के लिए जाने जाते हैं। तूफान और संगीत उनके नाटकों के मुख्य प्रतीक हैं, पहला असंगति, अव्यवस्था और विक्षोभ के लिए और दूसरा संगति, व्यवस्था और शान्ति के लिए। उनके दुखान्त नाटकों में तूफान और सुखान्त में संगीत प्रबल है। शेक्सपियर के नाटकों में तूफान इस कदर शक्तिशाली प्रतीक के रूप में प्रयुक्त हुआ है कि शेक्सपियर के सुविख्यात अध्येता जी. विल्सन नाइट ने अपनी पुस्तक *द शेक्सपियरिअन टेम्पेस्ट* में उसका विस्तृत अध्ययन किया है।

शेक्सपियर के परिपक्व सुखान्त नाटकों जैसे *ट्वेल्वथ नाइट* और *द टेम्पेस्ट* में संगीत प्रेम और सामंजस्य के महत्त्वपूर्ण प्रतीक के रूप में मौजूद है। प्रेम और विवाह शेक्सपियर के सुखान्त नाटकों का केन्द्रीय विषय हैं और दोनों की ही सर्वोत्कृष्ट अभिव्यक्ति संगीत के प्रतीक द्वारा हुई है। यह काफी दिलचस्प है कि इन सुखान्त नाटकों में तूफान प्रेमियों के मिलन और उनके विवाह में सहायक है। वह साहित्यिक भाषा जो हमें शेक्सपियर के नाटकों में मिलती है, हालाँकि पूर्णतया नई भाषा नहीं है, साधारण भाषा से बिलकुल भिन्न है।

मैंने कुछ सीमा तक शेक्सपियर के नाटकों में तूफान और संगीत के प्रतीकों की चर्चा यह स्थापित करने के लिए की है कि साहित्य, साहित्यिक युक्तियों, खासकर प्रतीक के अपने उपयोग के चलते, उसी तरह का लेखन नहीं है जैसा कि गैर-साहित्य। कौन कहेगा कि शेक्सपियर के नाटक वैसे ही हैं जैसे सश्योर की *कोर्स इन जनरल लिंग्विस्टिक्स,* जिसका देरिदा ने विखंडनवादी विश्लेषण किया है?

साहित्यिक वाद-विवाद में प्रतीक को रूपक, उपमा और रूपक-कथा से अधिक सुन्दर और श्रेष्ठ साहित्यिक युक्ति के रूप में स्वीकार किया गया है। विखंडनवादियों ने रूपक को इतना आदर्शीकृत किया है कि पॉल डि मान ने अपनी एक महत्त्वपूर्ण पुस्तक का नाम तक रख दिया है *एलिगरीज ऑफ रीडिंग* (पाठ की रूपक-कथा)। लेकिन यूरोप के सर्वश्रेष्ठ आलोचकों में से एक एस. टी. कॉलरिज ने रूपक को जड़-कल्पना का उत्पाद कहकर खारिज किया और प्रतीक को अपनी द्वितीयक कल्पना की अवधारणा के अनुसार साहित्य रचने वाली कल्पना का उत्पाद माना। रूपक-कथा (एलिगरी) और प्रतीक में अन्तर करते हुए कॉलरिज लिखते हैं :

> रूपक-कथा महज अमूर्त धारणाओं का चित्र-भाषा में ऐसा अनुवाद है जो स्वयं में ऐन्द्रिक वस्तुओं द्वारा प्राप्त अमूर्तन के सिवाय कुछ भी नहीं है, इसमें जो मुख्य है वह आकारहीन और अपनी करीबी गौण छाया से

भी गया-गुजरा है तथा उसी की तरह सारहीन है। दूसरी तरफ, प्रतीक... विशेष में विशिष्ट की, या विशेष में सामान्य की अथवा सामान्य में साधारण की पारभासकता की स्थापना के लिए जाना जाता है। सबसे महत्त्वपूर्ण बात है कि कालजीवी द्वारा कालजयी की पारभासकता को उत्पन्न करके वह सदैव उस यथार्थ का हिस्सा बन जाता है, जिसकी बोधगम्य प्रस्तुति को वह सम्भव कर रहा होता है और जब वह समष्टि को व्यक्त कर रहा होता है, तब वह उस इकाई के जीवित अंग के रूप में उपस्थित रहता है, जिसका वह प्रतिनिधित्व करता है।[10]

कॉलरिज मानते हैं कि रूपक में दो वस्तुओं की तुलना होती है, लेकिन वे इतनी दूर होते हैं कि एक-दूसरे का अनुवाद भर प्रतीत होते हैं। मुख्य और गौण दोनों में ही, या दूसरे शब्दों में, वह वस्तु जिसका वर्णन किया गया है और वह विचार जिसे उसके द्वारा प्रस्तुत किया गया है, 'सारहीनता' आ जाती है, खासतौर से पहले में, क्योंकि उसका कोई स्वतंत्र आकार या महत्त्व नहीं होता। दूसरी ओर, प्रतीक द्वारा प्रतीकात्मक वस्तु और प्रतीकित विचार को इस तरह एकजुट किया जाता है कि यह स्पष्ट हो सके कि वह किसे जाहिर कर रहा है। उपरोक्त उद्धरण में 'पारभासकता' पद बहुत महत्त्वपूर्ण है। पारभासकता पारदर्शिता और अपारदर्शिता के बीच की अवस्था है। कालजीवी वस्तु से झाँकने वाला कालजयी विचार न तो पारदर्शी है और न ही अपारदर्शी, बल्कि पारभासक है। यह गोधूली अवस्था है जिसमें हम आधे को देख सकते हैं और आधे की कल्पना कर सकते हैं।

उपन्यास में भी, जिसे समस्त साहित्यिक विधाओं में सर्वाधिक यथार्थवादी माना जाता है, प्रतीकों का इस्तेमाल होता है। मनोवैज्ञानिक उपन्यास में, जो चेतना-प्रवाह तकनीक का प्रयोग करता है और जिसे प्रगीतात्मक उपन्यास भी कहा जाता है, प्रतीक, प्रगीतात्मक काव्य की भाँति, केन्द्रीय भूमिका निभाता है। वहाँ मानव मन के आन्तरिक क्रियाकलापों को रेखांकित करने के चलते, क्षणभंगुर प्रभावों को रूप देने के लिए प्रतीक का सहारा लेना ही पड़ता है।

जेम्स ज्वायस के *यूलिसिस* को आम सहमति से अंग्रेजी में सर्वोत्कृष्ट उपन्यास माना जाता है, जिसमें यथार्थ और कल्पना का अभूतपूर्व मिश्रण है। यह महत्त्वपूर्ण बात है कि *यूलिसिस,* जिस पर उपन्यास का नाम रखा गया है, इस उपन्यास में नाम का भी नायक नहीं है, वास्तव में वह पात्र भी नहीं है, बल्कि एक मिथक है जिसे होमर की रचना *ओडिसी* से लिया गया है और प्रतीक के रूप में प्रयुक्त किया गया है। ग्रीक मिथक को प्रतीकात्मक महत्त्व देकर ज्वायस ने उन नये अर्थ-समूहों का निर्माण किया है जो साहित्यिक भाषा की पहचान होते हैं। उपन्यास में लेपर्ड ब्लूम नामक पात्र, विज्ञापनों का प्रचार करने वाला एक साधारण मध्यवर्गीय व्यक्ति,

जो डब्लिन शहर की सड़कों पर वैसे ही भटकता है जैसे यूलिसिस ट्रॉय का युद्ध लड़ने और जीते जाने के बाद इथाका वापसी के वक्त भटकता है, उसे प्रतिनिधित्व प्रदान करता है। ज्वायस यह विवरण देते हैं कि एक खास दिन, 16 जून, 1904 के दौरान ब्लूम के मन में क्या-क्या चलता है, जब वह डब्लिन में एक जगह से दूसरी जगह पर जाता है। उसकी पत्नी माँली ब्लूम, यूलिसिस की पत्नी पेनेलोप का प्रतिनिधित्व करती है और स्टेफन डेडलस, जो दिन के अन्त में उसे मिलता है और जिसे वह अपने खोये हुए पुत्र के रूप में पहचानता है, यूलिसिस के पुत्र टेलेमाकस का प्रतिनिधित्व करता है। होमर के महाकाव्य से लिये गए ये मिथक प्रतीक के तौर पर इस्तेमाल हुए हैं। ब्लूम, जो अपने मिथकीय प्रतिरूप का कॉमिक समतुल्य है, जो अपनी पत्नी की बेवफाई समेत कई किस्म के अपमान झेलता है और इस तरह हीरोइक नायक यूलिसिस से उसका दूर-दूर तक कोई नाता नहीं रहता, आधुनिक मनुष्य का प्रतीक बनता है।

यहाँ तक कि निबन्ध विधा में भी कभी-कभी हमें वह गद्य मिलता है जो साधारण गद्य से मूलत: भिन्न होता है। यहाँ मुझे सर थामस ब्राउन और चार्ल्स लैम्ब का गद्य खास तौर से ध्यान आ रहा है, जो अत्यन्त सांकेतिक, प्रतीक और लय से समृद्ध तथा जीवन्त अलंकारों के विविध रंगों में रचा-बसा है। चार्ल्स लैम्ब के प्रसिद्ध निबन्ध 'इन प्रेज ऑफ चिमनी स्वीपर्स' का निम्नलिखित अंश साहित्यिक गद्य का उपयुक्त उदाहरण है :

> मैं इन कम उम्र अफ्रीकियों का, इन करीब-करीब शरारती पादरियों का सम्मान करता हूँ जो हमारी अपनी उपज हैं, जो बिना किसी दिखावे के अपने कपड़ों में मगन रहते हैं, जो अपने मामूली उपदेश-मंचों से (चिमनी के ऊपर से) दिसम्बर की सुबह चुभती हुई हवाओं के बीच मनुष्यता को धैर्य का सबक सिखाते हैं।

चिमनी साफ करने वाले युवा अफ्रीकी बच्चों से लेखक की सहानुभूति सम्मान के कगार पर जा पहुँची है। यह कथन कि 'वे हमारी अपनी उपज हैं' इस तथ्य की तरफ इशारा करता है कि अफ्रीकियों को पश्चिम में गुलाम बनाकर लाया जाता था और 'नीग्रो' का अपमानजनक नाम दिया जाता था। चूँकि वे युवा हैं, उनकी तुलना 'शरारती पादरियों' से इसलिए की गई है क्योंकि वे चिमनी की धूल-गर्द में लिपटे कपड़ों को वैसी ही भावना से पहनते हैं, जैसी पादरीगण अपने सफेद शफ्फाक चोलों को पहनकर महसूस करते होंगे। यह तुलना महत्त्वपूर्ण है, क्योंकि चिमनी साफ करने में मेहनत करते ये बच्चे चिमनी के शिखरों से मनुष्यता को सब्र का वैसा ही पाठ पढ़ाते हैं जिसका उपदेश पादरीगण अपने उपदेश-मंचों से देते हैं, फर्क सिर्फ इतना है कि वे बिना किसी धर्माभिमान की भावना के सब्र का महज पाठ ही नहीं पढ़ाते

बल्कि उसे व्यवहृत भी करते हैं और इस अर्थ में पादरियों से कहीं बेहतर होते हैं। पूरा निबन्ध अत्यन्त सांकेतिक है, इसमें शेक्सपियर, होगार्थ, मिल्टन और बाइबिल सरीखे अनेक लेखकों और कृतियों का संकेत मिलता है। जिस तरह का गद्य लैम्ब लिखते हैं, वह समाचार-पत्रों और गैर-साहित्यिक अनुशासनों जैसे दर्शनशास्त्र, इतिहास और भाषाविज्ञान में पढ़े जाने वाले साधारण गद्य से नितान्त भिन्न है।

आमतौर पर यह माना जाता है कि यथार्थवादी उपन्यासों और कहानियों की भाषा साधारण गद्य के काफी करीब होती है, यह अंशत: सत्य भी है। रूसी रूपवादी आलोचक रोमाँ याकोब्सन ने साहित्य की भाषा को रूपक और लक्षणा (मेटानिमि) के दो विपरीत ध्रुवों के बीच रखा है, जिसमें पहला कविता में प्रभावी होता है और दूसरा गल्प में, खासतौर पर यथार्थवादी उपन्यासों और कहानियों में। यही वह साहित्यिक युक्तियाँ हैं, जो साहित्यिक भाषा को साधारण भाषा से और साहित्य को गैर-साहित्य से अलग करती हैं। जबकि रूपक पर पाठ्य-सामग्री प्रचुर मात्रा में उपलब्ध है, लक्षणा पर बहुत कम लिखा गया है। सश्योर द्वारा प्रयुक्त निदर्शनात्मक और विन्यासात्मक शब्द-व्यवस्था के भेद का प्रयोग करके याकोब्सन तर्क देते हैं कि रूपक समानता पर आधारित होता है और लक्षणा समीपता पर। लक्षणा के बारे में वे लिखते हैं :

> समीपता के सम्बन्धों का अनुसरण करते हुए यथार्थवादी लेखक लक्षणात्मकता के जरिये कथानक को वातावरण में और चरित्र को देश और काल की परिदृश्यता में विचलित कर देता है।[11]

याकोब्सन *अन्ना कारेनिना* में नायिका के थैले पर और *वार एंड पीस* में स्त्री चरित्रों के 'ऊपरी होंठ के बाल' और 'नग्न कन्धों' पर ध्यान को केन्द्रित रखने के दो उदाहरण देते हैं। महिला पात्रों से उनसे निकट रूप में जुड़ी वस्तुओं की ओर प्रयाण वह दर्शाता है जो साधारण भाषा में हो ही नहीं सकता।

देरिदा की समस्या यह है कि वे दर्शनशास्त्र से साहित्य में आए हैं और साहित्य से पर्याप्त परिचय न होने पर वे साहित्य की भाषा के बारे में निहायत सरलीकृत दृष्टिकोण प्रस्तुत करते हैं। वे साहित्यिक भाषा के आधारभूत तत्त्वों को पहचानने में विफल रहते हैं, जिन्हें साहित्य के आलोचक भली-भाँति जानते हैं।

संस्कृत काव्यशास्त्र में गैर-साहित्य से भिन्न साहित्य के स्वभाव पर जानकारी का खजाना माना जाता है। यह आमतौर पर माना जाता है कि रस-ध्वनि सिद्धान्त (जिसे ध्वनि सिद्धान्त भी कहा जाता है) में, जिसकी स्थापना आनन्दवर्धन ने *ध्वन्यालोक* में की है, संस्कृत काव्यशास्त्र के वे सर्वोच्च प्रतिमान विकसित हुए हैं जो साहित्य को गैर-साहित्य से अलगाते हैं। यह तर्क दिया जाता है कि सिर्फ ध्वनि ही साहित्यिकता उत्पन्न करने के लिए पर्याप्त है। इस उक्ति को ही लें जिसे अक्सर

ध्वनि के बहुचर्चित उदाहरण के रूप में उल्लिखित किया जाता है, *गंगायाम घोशः* (गंगा तट पर एक गाँव)। यहाँ अभिधात्मक अर्थ (वाच्यार्थ) भंग होता है क्योंकि पानी की लहरों पर गाँव नहीं बस सकता। लक्षित अर्थ (लक्षणार्थ) का सहारा लेकर ही यह समझा जा सकता है कि गाँव नदी के तट पर बसा है। लेकिन जो लक्षणा है, वह कोई नया अर्थ न होकर, कथन का विस्तार भर है। इस सन्दर्भ से कोई यह भी समझ सकता है कि वाचक वास्तव में हिन्दुओं में सर्वाधिक पवित्र मानी जाने वाली नदी गंगा से जुड़े निर्मलता और पवित्रता के आदर्श को सम्प्रेषित करना चाहता है। यह तीसरा अर्थ व्यंजनात्मक (व्यंग्यार्थ) है, जो उक्ति में उसी तरह निहित है जैसे शरीर में आत्मा।

आनन्दवर्धन बार-बार जोर देते हैं कि ध्वनि अभिधा और लक्षणा न होकर व्यंजना है। ध्वनि का सम्बन्ध कथन, जो भाषा के सूचनात्मक गुण पर आधारित होता है, और जो अलंकारों में रचा-पगा होता है, से भिन्न है।

पश्चिमी सिद्धान्तकारों के विपरीत, आनन्दवर्धन गुणों के आधार पर भाषा और उससे होने वाली अर्थनिष्पत्ति का दोहरे के बजाय तिहरा विभाजन करते हैं। पश्चिमी आलोचना, इसके विपरीत दोहरा विभाजन करती है। साधारण भाषा, जिसे हम मानक या प्रचलित भाषा भी कहते हैं, में पाई जाने वाली सूचनात्मकता और साहित्यिक या अजनबी बनाई गई (डिफैमिलियराइज्ड) भाषा में पाई जाने वाली लक्षणात्मकता या व्यंजनात्मकता जिसे अलंकार, उपमा, प्रतीक, मानवीकरण, अनुस्वरता, विस्वरता इत्यादि साहित्यिक युक्तियों का प्रयोग कर उत्पन्न किया जाता है। आनन्दवर्धन लक्षणा और व्यंजना में अन्तर करते हैं, अर्थ की दृष्टि से पहली लक्षित होती है, दूसरी अलक्षित। उनके अनुसार अलंकार और अन्य युक्तियाँ शब्दार्थ की लक्षणा का ही विस्तार करती हैं। अलंकार भी दो तरह का है, एक जो सिर्फ बाहरी सजावट पर आधारित है और दूसरा जो गहरे अर्थ प्रदान करता है। अलंकार के इस दोहरे विभाजन की तुलना कॉलरिज के यांत्रिक और जैविक बिम्बों के विभाजन से की जा सकती है, जो क्रमशः जड़-कल्पना और कल्पना के उत्पाद होते हैं। निम्नलिखित पंक्तियों में आनन्दवर्धन ने उस अलंकार का उदाहरण प्रस्तुत किया है जिसमें गहरे अर्थ का अभाव है :

> क्रोधित हों अथवा प्रसन्न अश्रु बहाएँ
> अथवा मुस्कुराएँ जैसी भी अवस्था में उन्हें देखा जाए
> चंचल स्त्रियाँ हृदय चुरा ही लेती हैं

किसी का हृदय चुराने और किसी के गहने चुराने की सादृश्यता कोई गहरा अर्थ प्रकट नहीं करती। यह सादृश्यता शेक्सपियर की उन पंक्तियों में आने वाली सतही तुलना के समान है जिन्हें कॉलरिज ने जड़-कल्पना के उदाहरण के रूप में उद्धृत किया है। गहरे अर्थ प्रकट करने वाला अलंकार, इसके विपरीत, रागात्मक

अर्थ में महत्त्वपूर्ण अभिवृद्धि करते हुए भी लक्षित अर्थ के अधीन बना रहता है। निम्नलिखित पंक्तियों में कोष्ठकों के बीच अपनी पार्श्व-व्याख्या द्वारा आनन्दवर्धन अलंकार में व्यंजना की द्वितीयक भूमिका का उदाहरण प्रस्तुत करते हैं :

> अनायास तीव्रता (प्रेम के वशीभूत) की चमक से लाल (भावावेग से ग्रस्त) हुए चन्द्रमा (नायक) ने टिमटिमाते तारों (चमचमाती पुतलियों) वाली गोधूलि (नायिका के चेहरे) को ऐसे प्रकाशित किया (चूम लिया) कि उजाले की जगमगाहट (प्रेम) में अन्धकार के विशाल पिंड (काले वस्त्र) का पूरब में विलुप्त होना (आँखों के सामने ही सरकना) अद्रष्ट रह गया।

आनन्दवर्धन उपरोक्त उदाहरण में जिन सामान्य प्रेक्षणों का जिक्र करते हैं वे निम्नलिखित हैं :

> सिर्फ लक्षित अर्थ ही यहाँ प्रधान है और व्यंजनात्मकता यहाँ केवल द्वितीयक है। विवरण के मुख्य विषय यहाँ रात्रि और चन्द्रमा हैं। नायिका और नायक का व्यवहार उन पर आरोपित है (केवल द्वितीयक रूप में)।[12]

उपरोक्त उदाहरण और उस पर आनन्दवर्धन की टिप्पणी यह स्पष्ट करती है कि अलंकार द्वारा उत्पन्न व्यंजना लक्षित अर्थ को ही उभारती है।

आनन्दवर्धन यह स्पष्ट करते हैं कि व्यंजना प्रकट नहीं होती, बल्कि अन्तर्निहित होती है। *गंगायाम घोश:* में पवित्रता और निर्मलता का आदर्श स्पष्ट रूप से प्रकट न होकर सन्दर्भों द्वारा व्यंजित भर है। आनन्दवर्धन प्रकट अर्थ, जो कि वाच्यार्थ (कथित अर्थ) के साथ-साथ लक्षणार्थ (संकेतित अर्थ) की विचार-सीमा के अन्तर्गत आता है, और अन्तर्निहित अर्थ, जो कि ध्वनि या व्यंग्यार्थ (व्यंजना) के प्रभाव-क्षेत्र में आता है, के मध्य स्पष्ट अन्तर करते हुए तीसरे अर्थ को पहले दोनों अर्थों पर वरीयता देते हैं।

व्यंजना पर जोर देकर और अलंकार को द्वितीयक स्थान देकर आनन्दवर्धन का काव्य सिद्धान्त पश्चिमी सिद्धान्तों से असहमत होता है, जो अलंकार को व्यंजना की उत्पत्ति करने वाली बड़ी महत्त्वपूर्ण और प्राथमिक साहित्यिक युक्ति मानते हैं। आनन्दवर्धन निम्न पंक्तियों को व्यंजना के उदाहरण के रूप में उद्धृत करते हैं :

> मुक्त होकर सैर करो पुजारी जी,
> वह श्वान आज मारा गया
> उस भयानक सिंह के द्वारा
> जो गोदा नदी के घाटों में रहता है।

इन पंक्तियों का लक्षित अर्थ एक 'सकारात्मक प्रस्ताव' है, लेकिन जिसकी व्यंजना यहाँ हुई है और जो लक्षित नहीं है, वह एक 'प्रतिबन्ध' है। प्रेमी उस पुजारी को, जो प्रेमिका के साथ विचरण करने में उसके लिए बाधा उत्पन्न करता है, सैर करने से रोकना चाहता है, यह प्रभाव देकर कि 'भयानक सिंह' क्षेत्र में आजादी से घूम रहा है। इससे प्रेमी पुजारी के हस्तक्षेप से मुक्त होकर अपनी प्रेमिका के साथ आजादी से भ्रमण कर सकेगा। लेकिन इसे अपने कथन में स्पष्ट लक्षित करने के बजाय, क्योंकि ऐसा करने पर पुजारी को लगता कि वह उसे छल रहा है, वह इसके ठीक उलटी बात बोलता है। 'यह अन्तर्निहित पक्ष', आनन्दवर्धन लिखते हैं, "लक्षित अर्थ से पूर्णतया भिन्न है और प्रथम श्रेणी के कवियों में ही पाया जाता है।"[13] उपरोक्त उदाहरण में जो व्यंजित अर्थ है वह प्रकट के ऊपर वरीयता प्राप्त करता है। वास्तव में प्रत्यक्ष अर्थ को हाशिये की राह ही नहीं दिखाई गई है, बल्कि निरस्त भी किया गया है।

आनन्दवर्धन के लिए ध्वनि कविता की आत्मा है। वह "सभी प्रथम श्रेणी के कवियों की कृतियों का सारतत्त्व और कविता का सबसे महत्त्वपूर्ण सिद्धान्त है।"[14] महान कविता के मर्म को समरूपता के एक उदाहरण द्वारा समझाया गया है। किसी स्त्री के अंग अपनी व्यष्टिपरकता में उसके सौन्दर्य को समृद्ध करते हैं, परन्तु उसकी वास्तविक सुन्दरता और अधिक निखरती है जब अंगों को व्यष्टि के बजाय समष्टि के रूप में देखा जाता है। कविता में व्यंजना स्त्री-सौन्दर्य के सदृश होती है। ऐन्द्रिक और मौखिक अलंकारों द्वारा उत्पन्न प्रत्यक्ष अर्थ की शोभाएँ काव्य की देह का अलंकरण करती हैं, मगर कविता का वास्तविक सौन्दर्य व्यंजना में निहित होता है। वाक्य के प्रत्यक्ष अर्थ और उक्ति की व्यंजना की तुलना करते हुए आनन्दवर्धन कहते हैं :

> सत्यग्राही मस्तिष्क वाले ज्ञानशील आलोचकों के समक्ष व्यंजित अर्थ तब कौंध उठता है, जब वह शाब्दिक या प्रत्यक्ष अर्थ से मुँह मोड़ लेते हैं।[15]

आनन्दवर्धन द्वारा परिभाषित व्यंजना जेम्स ज्वायस की 'इपिफ़नी' के काफी करीब है जिसके अनुसार :

> साधारण वस्तुओं को देखते वक्त सहसा कोई रहस्योद्घाटन होता है या कोई चीज अचानक प्रकाशित हो उठती है।[16]

हालाँकि व्यंजना साधारण विमर्श के शाब्दिक अर्थ का अतिक्रमण करती है, वह उसका पूर्ण परित्याग नहीं करती। आनन्दवर्धन अपने कथन में एक महत्त्वपूर्ण बात कहते हैं :

> जब व्यंजित अर्थ का बोध होता है तब प्रकट अर्थ दूर नहीं चला जाता क्योंकि प्रकट अर्थ के बोध द्वारा ही व्यंजित अर्थ का बोध हो पाता है।[17]

आनन्दवर्धन सादृश्यता का एक उदाहरण देते हैं। व्यंजना अँधेरे में रखे एक बर्तन की तरह होती है, जिसका बोध तभी होता है जब प्रकट अर्थ रूपी दीये की रोशनी का प्रकाश उस पर पड़ता है, मगर जब एक बार बर्तन का बोध हो जाता है तो दीये की रौशनी बुझ नहीं जाती, क्योंकि उसकी अनुपस्थिति में बर्तन पुनः अँधेरे में खोकर अदृश्य हो जाएगा। आलंकारिक उक्ति में पाठक को कुछ बाधाओं का, शाब्दिक अर्थ में कुछ असंगतियों का सामना करना पड़ता है जिसका समाधान वह उन संकेतों के माध्यम से करता है जो अलंकारों में प्रतिष्ठापित होते हैं। लेकिन व्यंजना में ऐसी कोई असंगति नहीं होती क्योंकि शाब्दिक अर्थ अक्षुण्ण रहता है और उपर्युक्त उदाहरण के सृदश व्यंजना एक चमक के रूप में प्रकाशित होती है। व्यंजना, आनन्दवर्धन के अनुसार, साहित्य की प्रमुख विशेषता होने के साथ-साथ उसे गैर-साहित्य से अलग भी करती है। अगर पश्चिमी आलोचकों के लिए साहित्य की आत्मा अलंकार है तो आनन्दवर्धन के लिए वह व्यंजना है। अगर पश्चिम में वह कॉलरिज हैं, जिन्होंने अलंकार को बिम्ब के रूप में लोकप्रिय बनाया तो पूरब में वह आनन्दवर्धन हैं, जिन्होंने व्यंजना को लोकप्रियता दिलाई। कॉलरिज और आनन्दवर्धन दोनों का ही आने वाले आलोचकों की पीढ़ियों पर गहरा प्रभाव पड़ा। संस्कृत काव्यशास्त्र को आदर्शीकृत करने वाले, कृष्ण रायन की तरह यह दावा करेंगे कि ध्वनि (व्यंजना) साहित्य की अनन्य विशेषता है, जो गैर-साहित्य में अनुपस्थित होती है। लेकिन यहाँ एक समस्या है। यदि ध्वनि व्यंजना है और व्यंजना अन्तर्निहित है, जो अलंकार द्वारा उत्पन्न प्रकट अर्थ से भिन्न है तो हमें ध्वनि के उदाहरण साहित्य के बाहर भी मिल जाएँगे। अंग्रेजी में एक शब्द है 'इम्प्लिकेचर', जिसे सामान्यतया कथित विचार के बजाय व्यंजित विचार के लिए इस्तेमाल किया जाता है। *कंसाइज ऑक्सफोर्ड डिक्शनरी* में इस शब्द की परिभाषा निम्नवत दी गई है :

> स्पष्ट कथन के शाब्दिक अर्थ के परे जाकर अर्थ निकालना, उदाहरण के लिए इस कथन का कि फ्रेम अच्छा है, निहितार्थ यह होना कि इसमें जड़ा चित्र अच्छा नहीं है।[18]

'इम्प्लिकेचर' व्यंजना से, जिसका संस्कृत काव्यशास्त्र में महत्त्वपूर्ण स्थान है, किस तरह भिन्न है? और हमें यह भी नहीं भूलना चाहिए कि शब्दकोशों में 'इम्प्लिकेचर' 'औपचारिक' या 'साहित्यिक' के तौर पर सूचिबद्ध नहीं किया गया है, जिसका आशय यह कि इस शब्द को आज भी रोजमर्रा की बातचीत में (अंग्रेजी में) मौखिक और लिखित रूप से प्रयुक्त किया जाता है।

भाषा की प्रकृति और शब्दों द्वारा अर्थ-संचरण के तरीकों पर एडवर्ड सेपिर के प्रेक्षणों से इसकी पुष्टि भी होती है। यह तर्क देते हुए कि कुछ सन्दर्भों में शब्द ऐसा अर्थ सम्प्रेषित कर सकते हैं जो उनके शाब्दिक अर्थ के ठीक उलट हो, सेपिर कहते हैं :

> खास सन्दर्भ में शब्दों का चयन उस अर्थ का संचार कर सकता है, जो उनके सतही अर्थ के बिलकुल उलट हो। एक ही तटस्थ सन्देश की, व्यक्तिगत सम्बन्धों में वक्ता की मानसिक स्थिति के अनुसार, अलग-अलग तरीके से व्याख्या की जा सकती है, या यह हो सकता है कि प्रेम, क्रोध या भय के आधारभूत भाव कहे गए शब्दों को वह तात्पर्य प्रदान कर दें, जो उन शब्दों के सामान्य मानों का अतिक्रमण करता हो।[19]

व्यंजना साहित्य को गैर-साहित्य से कैसे अलग करती है? इस समस्या को, जिससे संस्कृत काव्यशास्त्र के रूढ़िवादी अध्येता अक्सर कतराकर निकल जाते हैं[20] वी. के. चारी द्वारा संस्कृत काव्यशास्त्र पर लिखी गई उनकी समावेशी, आलोचनात्मक और बोधगम्य कृति *संस्कृत क्रिटिसिज्म* में पूर्णतया सम्बोधित किया गया है, जहाँ वह लिखते हैं :

> आनन्दवर्धन जानते हैं कि व्यंजित अर्थ आकस्मिक और पूर्णतया सन्दर्भाधारित होता है, समस्त अर्थ वास्तव में सन्दर्भाश्रित होते हैं। अतः इसे एक खास किस्म की शाब्दिक गतिविधि मानते हुए व्यंजना का नाम देना कहाँ तक उचित है?[21]

वे आगे कहते हैं :

> फिर, ध्वनि का तर्क दूसरी समस्या भी पैदा करता है। चूँकि सभी व्यंजनाएँ अपने अर्थ के लिए सन्दर्भाश्रित होती हैं, इसका अर्थ यह हुआ कि सभी सन्दर्भाश्रित अर्थ व्यंजना हैं। परन्तु इस तरह से, ध्वनि के संस्थापक को भी यह मानना पड़ेगा कि सबसे साधारण और सामान्य किस्म के निहितार्थ...भी काव्यात्मक व्यंजना के उदाहरण हैं।[22]

यहाँ चारी कविता की, और साहित्य की समस्त विधाओं की भी, अनन्य सम्पदा के रूप में ध्वनि के विरुद्ध ठोस आक्षेप लगाते हैं। यह सही है कि ध्वनि के पैरोकार अपने विरोधियों को यह उत्तर दे सकते हैं कि सिर्फ ध्वनि नहीं बल्कि रस-ध्वनि साहित्य को गैर-साहित्य से अलग करती है। लेकिन आनन्दवर्धन इन दोनों के मध्य कोई भेद नहीं करते और पूरे *ध्वन्यालोक* में साधारणतया एक को दूसरे का पर्याय माना गया है। यह मेरे विचार में आनन्दवर्धन के काव्य-सिद्धान्त की मुख्य कमजोरी है जिससे वह पार पा सकते थे यदि उन्होंने प्रतीक को महत्त्व दिया होता,

जिसमें सतह पर पाया जाने वाला शाब्दिक अर्थ (अभिधार्थ) गहन आशयों की अनेक पर्तों से आवेशित होता है। ध्वनि के जिन दो उदाहरणों की ऊपर चर्चा की गई उनमें से एक को, जो पुजारी को सम्बोधित है और जहाँ वक्ता जो वास्तव में कहना चाहता है, उसके ठीक उलट बोलता है, साधारण विमर्श की ध्वनि के रूप में लिया जा सकता है, जबकि दूसरा, 'गंगायाम घोश: ' रस-ध्वनि का उदाहरण है। दोनों के बीच अन्तर क्या है? दूसरे उदाहरण में गंगा एक प्रतीक बन जाती है, निर्मलता और पवित्रता की, जबकि पहला उदाहरण महज एक अपारदर्शी कथन है जो उस आशय के विपरीत अर्थ की व्यंजना करता है, जिसे कथन में लक्ष्य किया गया है।

यह आश्चर्यजनक है कि *ध्वन्यालोक* में इतने सारे अलंकार सूचीबद्ध होते हैं और उनका परीक्षण होता है, मगर प्रतीक का जिक्र नहीं होता। हम जानते हैं कि पश्चिमी आलोचना-सिद्धान्तों में प्रतीक को गौरवशाली स्थान प्राप्त हुआ है और बहुत से आलोचकों ने उसे सर्वोत्कृष्ट साहित्यिक युक्ति माना है। प्रतीक के महत्त्व को इंग्लैंड में रूमानी चरण में, और फ्रांस में प्रतीकवादी चरण में, पहचाना गया। प्रतीकवादी चरण में प्रतीकवादी कविता की लम्बी परम्परा का आगाज हुआ, जो गेरार्द दे नरवल से लेकर पॉल वलेरी तक, लगभग सौ वर्ष जारी रहा। आर्थर सिमोंस ने अपनी कृति *सिंबॉलिस्ट मूवमेंट इन लिटरेचर* में प्रतीक के महत्त्व पर जोर देकर चर्चा की। लेकिन देरिदा प्रतीक के, जो साहित्य और गैर-साहित्य के बीच अलंकार से भी अधिक प्रभावी तरीके से भेद स्थापित करता है, महत्त्व पर कोई ध्यान नहीं देते। विखंडनवाद का बल रूपक पर है, हालाँकि देरिदा और उनके अनुयायी उसके सभी पक्षों पर चर्चा नहीं करते, जैसी पॉल रिको ने अपनी कृति *द रूल ऑफ मेटाफर* में की है। साहित्यिक और गैर-साहित्यिक दोनों ही किस्म की भाषा के अभिन्न अंग के रूप में रूपक पर बल देते हुए विखंडनवाद इस निष्कर्ष पर पहुँचता है कि सारी भाषाएँ सारत: साहित्यिक हैं और सभी शाब्दिक संरचनाएँ साहित्य हैं।

रूपक से इतर युक्तियों जैसे बिम्ब, मिथक और प्रतीक पर बल देकर एवं यह दर्शाकर कि साहित्यिक भाषा साधारण भाषा से कैसे अलग होती है, मैंने अपने आलोचकीय विवेक का प्रयोग, देरिदा के अतिसामान्य आग्रहों का प्रत्युत्तर देने के लिए किया है। देरिदा के अनुसार भाषा सिर्फ एक स्तर, यानि साहित्यिक स्तर पर कार्य करती है। लेकिन वास्तव में वह कई स्तरों पर सक्रिय रहती है। यहाँ तक कि साहित्यिक भाषा भी हमेशा एक तरह की नहीं होती। एक तरफ शेक्सपियर के नाटकों की भाषा है तो दूसरी तरफ डिकेंस के उपन्यासों की भाषा भी है। यहाँ तक कि एक ही लेखक की रचनाओं में कई स्तर होते हैं। यह स्पष्ट हो जाएगा यदि हम शेक्सपियर के दुखान्त नाटकों की भाषा की तुलना उनके सुखान्त नाटकों की भाषा से या *द प्रिल्यूड* में वड्र्सवर्थ की भाषा की तुलना उनकी 'थॉर्न' नामक कविता की भाषा से या इलियट की *द वेस्ट लैंड* वाली भाषा की तुलना *द कॉकटेल पार्टी* वाली भाषा से करें।

देरिदा इसकी पुष्टि करते हैं कि जिसे हम साहित्यिक भाषा का वैशिष्ट्य मानते हैं, उसे साहित्य के बाहर भी पाया जा सकता है। यदि रूपक साहित्यिकता उत्पन्न करने वाली एक साहित्यिक युक्ति है तो यह रूपक देरिदा के अनुसार साहित्य तक ही सीमित नहीं है बल्कि यह सभी भाषाओं और सभी विषयों में सर्वत्र पाया जाता है। विखंडन, जिसे देरिदा साहित्यिकता के पर्याय के रूप में देखते हैं, साहित्य के साथ-साथ गैर-साहित्य से भी वास्ता रखता है। यह साहित्यिक और गैर-साहित्यिक भाषा एवं साहित्यिक और गैर-साहित्यिक पाठ के बीच के अन्तर को अप्रतिरक्षणीय बना देता है। एक बिन्दु पर देरिदा साहित्यिक भाषा के अलग अस्तित्व को स्वीकार करने के काफी करीब पहुँच जाते हैं, जब वह लिखते हैं :

> इस दृष्टि से साहित्यिक भाषा का खास विभेद क्या है? तो उसकी मौलिकता इसमें निहित है कि वह भाषा पर भाषा की अतिशयता के ठहराव को, ध्यानाकर्षण को सम्भव बनाती है।[23]

यह '(साधारण) भाषा पर (साहित्यिक) भाषा की अतिशयता का ठहराव, ध्यानाकर्षण' ही है जो साहित्य को परिभाषित करता है। लेकिन देरिदा इसे खारिज करते हैं और कहते हैं :

> भाषा की इस अतिशयता को दर्शाने, पुनर्निरूपित करने, पुनर्निरूपण के लिए प्रस्तुत करने में ही साहित्य को, मेरा कहना है, ऐसी संस्था के रूप में स्वीकार किया जा सकता है जो स्वयं अपने को पहचान नहीं सकती क्योंकि वह लगातार रिश्ता बनाए रखती है, रिश्ता उससे जो गैर-साहित्यिक है। नहीं क्योंकि वह जिसे दर्शाता है और वह जो उसे दर्शाता है, को छिन्न-भिन्न किये बिना साहित्य कुछ भी दर्शा नहीं सकता।[24]

देरिदा को यह उत्तर दिया जा सकता है कि साहित्यिक भाषा के साथ गैर-साहित्यिक भाषा के कुछ रिश्तों से इनकार नहीं किया जा सकता लेकिन साहित्यिक भाषा साधारण भाषा के परे जाती है। यह 'परे जाना' ही वह इयत्ता है जिसके भीतर साहित्य की हस्ती को पहचाना जा सकता है। देरिदा का तर्क है कि अनन्य किस्म की कोई साहित्यिक भाषा नहीं होती लेकिन वह इससे इनकार नहीं कर सकते कि साहित्य की भाषा और दर्शनशास्त्र, इतिहास, भाषाशास्त्र इत्यादि विषयों की भाषा के बीच प्रकार का न सही, सीमा का अन्तर तो होता ही है। समस्या साहित्य के माध्यम के साथ है, जो ललित कलाओं के अन्य माध्यमों से नितान्त भिन्न होता है। पत्थर और छेनी, जो शिल्पकार के माध्यम हैं और तूलिका, रंग एवं कपड़ा, जो मिलकर चित्रकार के माध्यम बनते हैं, सामान्य लोगों की शिरकत के दायरे में नहीं आते मगर साहित्य के माध्यम के बारे में यह बात सही नहीं है क्योंकि साहित्य का

माध्यम सामान्य लोगों की अभिव्यक्ति का माध्यम भी है। जो भी हो, भाषा का यह समान माध्यम साहित्य और गैर-साहित्य में भिन्न-भिन्न रूप ग्रहण कर लेता है और उनके बीच की यह भिन्नता उन युक्तियों द्वारा सम्भव होती है जिनकी चर्चा यहाँ पहले ही की जा चुकी है। देरिदा यह जवाब देंगे कि इन युक्तियों से सामना साहित्य के बाहर भी तो होता है। तब भी, एक अन्तर तो है ही; साहित्य में ये युक्तियाँ जहाँ प्रभावी भूमिका में होती हैं, वहीं गैर-साहित्य में या तो वे अनुपस्थित होती हैं या हाशिये पर पाई जाती हैं।

अनुवाद : प्रियंम अंकित

सन्दर्भ

1. स्टेनले फिश, *इज देयर अ टेक्स्ट इन दिस क्लास?,* (कैम्ब्रिज, मॉस, 1980), पृ. 97
2. जोनाथन कलर, *स्ट्रक्चरलिस्ट पोएटिक्स,* (इथाका, 1975), पृ. 162
3. वाक्य पर जोनाथन कलर की टिप्पणी के लिए देखें उनका लेख 'लिंग्युस्टिक्स एज ए मॉडल फॉर पोएटिक्स', *ट्वेंटिएथ सेंचुरी अमेरिकन क्रिटिसिज्म : इंटरडिसिप्लिनरी एप्रोचेज,* सम्पादक राजनाथ, (नई दिल्ली, 1977), पृ. 99-100
4. जॉक देरिदा, *एक्ट्स ऑफ लिटरेचर,* सं. डेरेक एट्रिज, (लन्दन, 1991), पृ. 73
5. इस क्षेत्र में कुछ प्रमुख प्रकाशित कृतियाँ है : *कैरोलीन स्पर्जिन, शेक्सपियर्स इमेजरी,* (कैम्ब्रिज, 1952), *फ्लोरेंस मार्श, वड्र्सवर्थ्स इमेजरी,* (न्यू हैवेन, 1952), आर.एच. फोग्ले, *द इमेजरी ऑफ कीट्स एंड शेली,* (चैपेल हिल, 1962), आर.बी. हील्मैन, *दिस ग्रेट स्टेज : इमेज एंड स्ट्रक्चर इन किंग लियर,* (सियेटल, 1962) और राजनाथ, *द इमेजरी ऑफ द मेजर रोमेंटिक पोयट्स,* (वाराणसी, 1965, दिल्ली, 2014)
6. *द आर्म्ड विजन,* (न्यूयॉर्क, 1965), पृ. 13
7. 'आइरनी एज अ प्रिंसिपल ऑफ स्ट्रक्चर', *लिटरेरी ओपिनियन इन अमेरिका,* सं. एम.डी. जैबेल, (न्यूयॉर्क, 1962), पृ. 729
8. देखें राजनाथ, 'रिचड्र्स थियरी ऑफ वैल्यू इन रिलेशन टु कॉलरिज्म थियरी ऑफ इमेजिनेशन', *एसेज इन क्रिटिसिज्म,* (दिल्ली, 2004) पृ. 86-91 और 'इंट्रोडक्शन', *टी.एस. इलियट : सेलेक्टेड एसेज,* (दिल्ली, 2008), पृ. xvi
9. *द मीनिंग ऑफ मीनिंग,* (लन्दन, रूटलेज, 1952) में रिचड्र्स कथनों का निर्माण करने वाले शब्दों के प्रतीकात्मक प्रयोग और उनके भावनाओं एवं रवैयों को अभिव्यक्त या उत्तेजित करने वाले भावप्रवण प्रयोग के बीच फर्क करते हैं। अन्यत्र अपने लेखन में रिचड्र्स ने 'प्रतीकात्मक' के स्थान पर 'वैज्ञानिक' का प्रयोग किया है।
10. 'द स्टेट्समैंस मैनुअल' : *पॉलिटिकल ट्रैक्ट्स ऑफ वड्र्सवर्थ, कॉलरिज एंड शेली,* सं. आर.जे. व्हाइट, (लन्दन, 1953), पृ. 25
11. देखें—रोमाँ याकोब्सन, 'द मेटाफारिक एंड मेटॉनिमिक पोल्स', *मॉडर्न क्रिटिसिज्म एंड थियरी,* सं. डेविड लाज, (दिल्ली, 2004), पृ. 57

12. *ध्वन्यालोक*, अनु. एवं सं., के. कृष्णमूर्ति, (दिल्ली, 1993), पृ. 23
13. वही, पृ. 9
14. वही, पृ. 7
15. वही, पृ. 19
16. एम.एच. अब्राम्स, *ए ग्लॉसरी ऑफ लिटरेरी टर्म्स,* (आर्लैंडो, 1993), पृ. 80
17. *ध्वन्यालोक*, पृ. 20
18. द *कंसाइज ऑक्सफोर्ड इंगलिश डिक्शनरी,* 10वाँ संस्करण, सं. जूडी पिअर्सल, (नई दिल्ली, 2002), पृ. 742
19. एडवर्ड सेपिर, कल्चर, *लैंग्वेज, एंड पर्सनैलिटी,* सं. डेविड जी. मैडल, (इथाका, 1949), पृ. 10
20. देखें—कृष्ण रायन, *सजेशन एंड स्टेटमेंट इन पोइट्री,* (लन्दन, 1972) और *साहित्य : ए थियरी,* (नई दिल्ली, 1991)
21. *संस्कृत क्रिटिसिज्म,* (नई दिल्ली, 1993), पृ. 102
22. वही, पृ. 103
23. वही, पृ. 48
24. वही

चार

एकलवाद और बहुलवाद : समालोचना एवं संस्कृति

एकलवाद और बहुलवाद जैसे शब्दों का प्रयोग मानविकी और समाजविज्ञान में प्राय: किया जाता है। हाल के वर्षों में विखंडनवाद और उत्तर-संरचनावाद के उदय के साथ बहुलवाद वैचारिक विमर्श और सैद्धान्तिकी में केन्द्रीय प्रत्यय बन गया है लेकिन एकलवाद से इसका विरोध अभी बना हुआ है। प्रस्तुत आलेख में समालोचना और संस्कृति तक अपने को सीमित रखते हुए मैं एकलवाद और बहुलवाद की प्रकृति और प्रकार्य, उनके बीच के द्वन्द्व और उन बिन्दुओं की पड़ताल करने का प्रयास करूँगा जहाँ दोनों में सामंजस्य हो सकता है।

बीसवीं सदी को समालोचना की सदी कहा जाता है। इस सदी की विशिष्टता रही है समालोचना क्षेत्र में अनेक आन्दोलनों का उदय। उन्नीसवीं सदी तक अलग-अलग आलोचक तो हैं लेकिन किसी ऐसे आलोचना-सम्प्रदाय अथवा स्कूल का जन्म तब तक नहीं हुआ था जिसमें समान सैद्धान्तिक मान्यताओं वाले आलोचक सक्रिय रहे हों। 1950 के दशक तक लगभग अनाम रहे रूसी रूपवाद से प्रारम्भ होकर सदी के अन्त तक एक के बाद एक आलोचना-सम्प्रदायों का ताँता लग गया। सदी के पहले अर्द्धांश में आलोचना कमोबेश रूपवादी थी लेकिन अन्तिम अर्द्धांश में इसमें अन्तरनुशासनात्मकता का विकास स्पष्ट दिखाई पड़ता है। सदी का अन्त आते-आते रूपवाद काफी पीछे चला गया।

'ट्रैवलिंग थियरी' और 'ट्रैवलिंग थियरी रिविजिटेड' जैसे निबन्धों में एडवर्ड सईद ने इस बात पर जोर दिया कि किस प्रकार "एक व्यक्ति से दूसरे व्यक्ति की ओर, एक स्थिति से दूसरी स्थिति की ओर, एक कालखंड से दूसरे कालखंड की ओर" अपनी यात्रा के क्रम में आलोचना-सिद्धान्त अपना मूल रूप खो देता है।[1] बीसवीं सदी के अनेक आलोचकों और आलोचना-सम्प्रदायों पर भी यह बात लागू होती है। रूसी रूपवादियों का बहुलवाद फ्रेंच संरचनावाद में, इलियट का बहुलवाद 'नई' समीक्षा में, मार्क्स का बहुलवाद मार्क्सवादियों में और सईद का बहुलवाद उनके अनुयायियों में गायब हो जाता है।

रूसी रूपवादी साहित्य-विधाओं में भेद करते हुए आग्रह करते हैं कि प्रत्येक साहित्य-विधा के विश्लेषण और मूल्यांकन में अलग-अलग विधियों और उपकरणों

की आवश्यकता होती है। कविता की आलोचना में यदि रूसी रूपवादी लय-योजना और बिम्ब-विधान पर बल देते हैं तो गद्य-कथा में वे कथानक, चरित्र-चित्रण और दृष्टि-बिन्दु पर आग्रह करते हैं। इस सन्दर्भ में बोरिस टॉमशेवेस्की का उदाहरण उल्लेखनीय है। अपनी पुस्तक *रशियन वर्सिफिकेशन* में वे उस लय-योजना पर विचार करते हैं जो पद्य जनित करता है तो दूसरी ओर उपन्यास की चर्चा में वे कथानक-योजना, चरित्र-चित्रण आख्यान-तकनीक जैसे उपन्यास के विभिन्न उपादानों की बात करते हैं। गद्य-साहित्य (यहाँ उनका मन्तव्य गद्य-कथा से है) और कविता की तुलना करते हुए श्क्लोवेस्की लिखते हैं—"गद्य-साहित्य (कथा) का कथानक कविता में लय का समानधर्मी होता है।"[2] 'तकनीकी के रूप में कला' और '*ट्रिस्ट्रमशैंडी* और उपन्यास सिद्धान्त' जैसे निबन्धों में वे कविता के भाषिक विपरिचयन और गद्य-कथा में विषय-वस्तुगत विपरिचयन का उल्लेख करते हैं।

रूसी रूपवाद और फ्रेंच संरचनावाद में कई महत्त्वपूर्ण समानताओं के बावजूद, फ्रेंच संरचनावाद विधागत भेद को बहुत अधिक महत्त्व नहीं देता। फ्रेंच संरचनावाद के जनक लेवी स्त्रास दो रूसी लेखकों से प्रभावित थे; *मारफालॉजी ऑफ द फॉकटेल* के लेखक व्लादीमीर प्रॉप और रूपवादी आलोचक रोमाँ याकोब्सन जिनसे उनकी भेंट द्वितीय विश्वयुद्ध के दौरान न्यूयॉर्क में हुई थी। याकोब्सन और दूसरे रूसी रूपवादी साहित्य और गैर-साहित्य के भेद को हमेशा ध्यान में रखते हैं और इसी तरह विभिन्न विधाओं के बीच अन्तर को भी वे कभी नहीं भूलते। *मॉडर्न रशियन प्रोइट्री* नामक पुस्तक में याकोब्सन स्पष्ट रूप से लिखते हैं :

> साहित्य के विज्ञान का लक्ष्य साहित्य न होकर साहित्यिकता होती है अर्थात् वह गुण जो किसी कृति को साहित्यिक बना देता है।[3]

रूपक अर्थात् सादृश्यता पर आधारित उक्ति तथा सादृश्यमूलकता अर्थात् सहसम्बन्धों पर आधारित उक्ति में याकोब्सन द्वारा किया गया अन्तर क्रमशः कविता और गद्य के विश्लेषण-अध्ययन में बहुत उपयोगी सिद्ध हुआ है। भाषिक सम्प्रेषण में शामिल तत्त्वों की याकोब्सन द्वारा की गई पहचान उनके बहुलवाद का एक और उपयोगी प्रमाण है। सभी प्रकार के भाषिक सम्प्रेषण में ये छह तत्त्व—सम्बोधक, सम्बोध्य, सन्दर्भ, सन्देश, सम्पर्क, कोड—एक साथ मौजूद रहते हैं लेकिन भाषा के लिए नियत प्रकार्य के अनुरूप बलाघात बदलता रहता है। उदाहरणार्थ, शाब्दिक कला के काव्यात्मक प्रकार्य में बलाघात सन्देश पर होता है जिससे याकोब्सन का तात्पर्य इसके ध्वनि संयोजन, शब्द चयन, वाक्य रचना आदि से है।

संरचनावादी समालोचना के क्षेत्र में सर्वाधिक महत्त्वपूर्ण नाम है रोलाँ बार्थ जिनके ऊपर रूसी रूपवाद का प्रभाव केवल लेवी स्त्रास के ही माध्यम से नहीं आया। इस प्रभाव के एक अन्य स्रोत थे बर्तोल्त ब्रेष्ट; जिनकी अलगाव-बोध की तकनीक

की बार्थ ने बहुत अधिक प्रशंसा की है। इस तकनीक की जड़ें रूसी रूपवाद द्वारा प्रस्तावित विपरिचयन की विधि में थीं। लेकिन रोलाँ बार्थ की आलोचना में रूसी रूपवादियों का बहुलवाद अनुपस्थित है। उनके आलोचना-लेखन में गद्य-आख्यान केन्द्र में है और कविता हाशिये पर।

बार्थ के साहित्यिक कोड (संकेत-सूत्र) जिनका सूत्रपात उन्होंने याकोब्सन द्वारा उल्लिखित तत्त्वों/प्रकार्यों के कई वर्ष बाद किया था, विभिन्न साहित्यिक कृतियों के रूपों में पर्याप्त भेद नहीं करते। बार्थ ने 'इक्रीचर' (लेखन) शब्द का प्रयोग किया है जो सामान्य रूप से सभी प्रकार के लेखन को सन्दर्भित करता है। उनका सारा ध्यान इसी 'इक्रीचर' पर टिका रहता है, न कि साहित्य में इसके विभिन्न रूपों पर। कृति और पाठ के बीच उनके द्वारा किया गया भेद और साथ ही 'रीडरली' (पाठकोन्मुखी) और 'राइटरली' (लेखकोन्मुखी) के बीच का भेद साहित्य को गैर-साहित्य से अलग करने में सहायक नहीं है। कृति एक प्रकार की भौतिक वस्तु है जबकि पाठ का सृजन ऐसे दूसरों पाठों द्वारा होता है जिनके चिह्न पाठ की निर्मिति में पैठे रहते हैं और पाठ में ही साहित्यिकता व्यक्त होती है। लेकिन बार्थ की बातों से ऐसा लगता है कि कोई भी कृति साहित्य के मानकों और नियमों, सूत्रों (कोड) और रूढ़ियों की सहायता से पाठ में रूपान्तरित की जा सकती है। बार्थ ने स्वयं इतिहासकार मिशलेत के लेखन का अध्ययन साहित्यिक कृतियों के रूप में किया है।

संरचनावाद से उत्तर-संरचनावाद की ओर जाते हुए हम देखते हैं कि रूसी रूपवाद की बहुलवादी आलोचना-चेतना को एकलवाद में और अधिक न्यूनीकृत कर दिया गया है। यह विचित्र तथ्य है कि जहाँ एक ओर उत्तर-आधुनिक संस्कृति में बहुलवाद की इतनी अधिक चर्चा की जाती है वहीं आलोचना एकलवादी बनी रहती है। विधागत भेदों की बात तो दरकिनार, उत्तर-संरचनावादियों के लिए इतिहास, मनोविज्ञान, दर्शनशास्त्र, भाषाविज्ञान और मानविकी तथा समाज-विज्ञान जैसे अनुशासनों और साहित्य में कोई अन्तर ही नहीं रह जाता। साहित्यिकता अब साहित्य का अपना विशिष्ट गुण नहीं रह जाती। उत्तर-संरचनावाद रूसी रूपवाद का दूसरा अतिवादी छोर बन जाता है। रूसी रूपवाद ने सामान्य भाषा और साहित्यिक भाषा के भेद पर जो इतना अधिक बल दिया था वह समाप्त हो जाता है और उसका स्थान ले लेती है एक अकेली भाषा जो सभी अनुशासन और उनकी लेखन-युक्तियों में समान रूप से प्रयुक्त होती है।

देरिदा और दूसरे विखंडनवादियों के लिए सामान्य भाषा नाम की कोई चीज होती ही नहीं जबकि स्टैनली फिश और जोनाथन कलर जैसे पाठकवादी आलोचकों के लिए एक ही भाषा सामान्य और साहित्यिक दोनों होती है और इसके साहित्यिक होने अथवा न होने का सम्बन्ध होता है पाठन की विधियों और पाठक द्वारा प्रयोग की जाने वाली पाठन-रूढ़ियों से। देरिदा मुक्त-क्रीडा, विकेन्द्रण और अनिश्चयात्मकता (अपोरिया) अपने अध्ययनगत सभी पाठों में पाते है।

लगभग 'नये' समीक्षकों की ही तरह जो विश्लेषण के लिए चुनी गईं सभी कृतियों पर अपने प्रिय आलोचनात्मक उपकरणों का प्रयोग करने के लिए तत्पर रहते थे, देरिदा सभी पाठों में अनिश्चयात्मकता तलाश लेते हैं। 'नये' समीक्षकों और देरिदा में महत्त्वपूर्ण अन्तर सिर्फ इतना है कि 'नये' समीक्षक केवल साहित्यिक कृतियों तक ही अपने को सीमित रखते हैं, जबकि देरिदा के लिए ऐसी कोई सीमा है ही नहीं। देरिदा का विखंडनवाद जितना सश्योर के *कोर्स इन जनरल लिंग्विस्टिक्स* पर क्रियाशील हो सकता है उतना ही शेक्सपियर के नाटकों और जेम्स ज्वाइस के उपन्यास *युलिसिस* पर भी। पाठकवादी आलोचक देरिदा से भी एक कदम आगे जाकर किसी साधारण से कथन अथवा व्यक्तिवाचक नामों की सूची को भी साहित्य बना सकते हैं।

जिस समय रूसी रूपवादी अपने आलोचना-सिद्धान्तों को विकसित कर रहे थे और व्यावहारिक आलोचना में उनका इस्तेमाल कर रहे थे उसी समय आंग्ल-अमरीकी आलोचना के क्षेत्र में टी.एस. इलियट और आई.ए. रिचर्ड्स का उदय हो रहा था। अपने दौर के एक महत्त्वपूर्ण कवि और आलोचक के रूप में इलियट का प्रभाव कविता और आलोचना, दोनों में व्यापक रूप से पड़ा। रिचर्ड्स तत्त्वतः एक सिद्धान्तकार थे और हालाँकि वे व्यावहारिक आलोचना के उन्नायकों में से थे फिर भी उनकी आलोचना कविता और आलोचना-सिद्धान्तों तक सीमित रही।

रूसी रूपवादियों की ही तरह इलियट और रिचर्ड्स ने व्यवस्थित रूप से साहित्य और गैर-साहित्य के बीच भेद किया है और गैर-साहित्य को विज्ञान के प्रवर्ग में रखा है। अपनी पुस्तक *प्रिंसपल्स ऑफ लिटरेरी क्रिटिसिज्म* के 'द टू यूजेज ऑफ लैंग्वेज' (भाषा के दो प्रयोग) अध्याय में उन्होंने भाषा के संवेगी प्रयोग और वैज्ञानिक प्रयोग के बीच स्पष्ट सीमा-रेखा खींची है जो रूसी रूपवादियों द्वारा भाषा के दो प्रकार के प्रयोगों का स्मरण कराता है। इलियट सिद्धान्तकार की तुलना में व्यावहारिक आलोचक हैं और उन्होंने कवियों, नाटककारों और उपन्यासकारों पर विस्तृत लेखन किया है। उनकी तीन महत्त्वपूर्ण प्राप्तियाँ—परम्परा, निर्वैयक्तिकता तथा संवेदना का एकीकरण—केवल साहित्य पर ही लागू की जा सकती है और ये प्राप्तियाँ साहित्य को अन्य प्रकार के लेखन से अलग करती हैं।

इलियट में एकलवाद और बहुलवाद का विचित्र मिश्रण है। इस अर्थ में वे एकलवादी हैं कि उन्हीं कवियों पर संवेदित होते हैं जिनके पास परम्पराबोध है, जो निर्वैयक्तिकता का निर्वाह करते हैं और जिनका रचना-कर्म संवेदना के एकीकरण का साक्ष्य देता है। 17वीं सदी के मेटाफिजिकल कवियों और आधुनिक कवियों के बीच वे एक प्रकार का रचनात्मक रेगिस्तान देखते हैं क्योंकि इस बीच के सारे कवि उनके अनुसार संवेदना-पृथक्करण की व्याधि से ग्रस्त है। इस तरह एक स्तर पर एकलवादी इलियट की आलोचना में बहुलवाद के भी सूत्र विद्यमान हैं। साहित्य और गैर-साहित्य में स्पष्ट सीमांकन करने के अतिरिक्त वे विधाओं का भी सीमांकन

ध्यान में रखते हैं और परिणामत: अलग-अलग विधाओं के लिए अलग-अलग समीक्षा उपकरण इस्तेमाल करते हैं। उन्होंने तो यहाँ तक कहा है कि "आलोचक को उन भिन्न प्रकार की आलोचना-दृष्टियों को अवश्य ही ध्यान में रखना चाहिए जिनका इस्तेमाल वह अलग-अलग साहित्य विधाओं के लिए करता है।"[4] कविता का विश्लेषण करते समय अगर वह बिम्ब-योजना पर ध्यान केन्द्रित करते हैं तो नाटक और गद्य-कथा की बात करते समय वह चरित्र-निर्माण पर जोर देते हैं।

इलियट और रिचर्ड्स से प्रेरणा ग्रहण करने वाले 'नये' समीक्षकों ने साहित्य और गैर-साहित्य के भेद की उपेक्षा नहीं की लेकिन विधात्मक विभाजनों को वे प्राय: भूल गए। वे एक ही आलोचना-अवधारणा से बँधे रहे और प्रत्येक साहित्य-रचना के मूल्यांकन में उसी एक अवधारणा का इस्तेमाल करते रहे। क्लियन्थ ब्रुक्स के लिए व्यंग्यात्मकता अथवा विरोधाभास, रेंसम के लिए रचना में शब्द-विन्यास, इम्पसन के लिए अन्योक्ति, टेट के लिए तनाव, ब्लैकमर के लिए अंग-विक्षेप साहित्यिक कृतियों के मूल्यांकन की एकमात्र विधियाँ हैं। यहाँ हम क्लियन्थ ब्रुक्स का उदाहरण ले सकते हैं। उन्हें प्रत्येक कृति में विरोधाभास ही दिखाई पड़ेगा फिर वह कृति चाहे शेक्सपियर का *मैकबेथ* हो, वर्ड्सवर्थ की *इम्मोर्टेलिटी ओड,* टेनीसन की *टियर्स आइडल टियर्स* हो अथवा टी.एस. इलिएट की *द वेस्ट लैंड* हो। ब्रुक्स के लिए नाटक और कविता में, जॉन डन की कविता और वर्ड्सवर्थ की कविता में कोई अन्तर नहीं है। कवि में अगर मेटाफिजिकल कवियों जैसी प्रतिभा नहीं है तो उसे ब्रुक्स कवि की गद्दी से उतार देंगे।

'नये' समीक्षक आलोचना के सारे विमर्शों को भाषा की परिधि में बाँध देते हैं। भाषा के बारे में टेट की यह धारणा सभी 'नये' समीक्षकों में समान है : "कवि की दार्शनिक चिन्ता जो भी हो, अन्तत: आप उसे उसकी भाषा के ही द्वारा पहचानेंगे, भाषा उसके कथ्य की वैधानिक सीमा है।"[5] लेकिन 'नये' समीक्षक इससे भी आगे जाकर आलोचनात्मक विमर्शों को विरोधाभास, अन्योक्ति, तनाव जैसे भाषा के किसी एक गुण तक सीमित कर देते हैं। जॉन डन की कविता 'द कैननाइजेशन' और कीट्स की प्रख्यात कविता 'ओड ऑन द ग्रीसियन अर्न' पर केन्द्रित अपनी *द वेलरॉट अर्न* नामक पुस्तक के पहले ही वाक्य में ब्रुक्स घोषित कर देते हैं कि "कविता की भाषा विरोधाभास की भाषा होती है"[6] और फिर पुस्तक में जिस किसी भी कृति की वे व्याख्या करते हैं उन सभी में विरोधाभास को मौजूद पाते हैं। यह सही है कि 'नये' समीक्षक साहित्य और गैर-साहित्य के बीच की सीमा-रेखा पहचानते हैं लेकिन वे न तो विभिन्न साहित्यिक विधाओं में कोई भेद करते हैं और न ही एक ही विधा के अन्तर्गत विभिन्न प्रकार के लेखनों के बीच कोई भेद करते हैं। भाषा और भाषिक विश्लेषण पर ऐकान्तिक आग्रह के कारण ही इलिएट ने इन सभी आलोचकों के लिए 'आलोचना का नींबू निचोड़ सम्प्रदाय' कहा था।[7]

आलोचना में एकलवाद के चलते ही शिकागो समीक्षकों ने 'नये' समीक्षकों की आलोचना की है। 1952 में आर.एस. क्रेन द्वारा सम्पादित *क्रिटिक्स एंड क्रिटिसिज्म* में, जिसे शिकागो समीक्षा आन्दोलन का घोषणा-पत्र भी कहा जाता है, क्लियन्थ ब्रुक्स और विलियम इम्पसन की तीखी आलोचना की गई है। इन दोनों आलोचकों पर उनका आरोप है कि वे दुहरे एकलवादी हैं क्योंकि वे साहित्य को भाषा तक सीमित कर देते हैं और फिर भाषा को भी कुछ सूत्रों तक।

19वीं सदी के रोमांटिक काव्य-आन्दोलन के प्रणेताओं में से एक सेमुएल टेलर कॉलरिज से प्रभावित 'नये' समीक्षकों के विपरीत शिकागो समीक्षक अरस्तू की ओर जाते हैं और उनके *काव्यशास्त्र* को आलोचना सैद्धान्तिकी का आधार बनाते हैं। 'नये' समीक्षकों को अत्यधिक प्रिय भाषा को अरस्तू ने ट्रेजडी के चार प्रमुख उपादानों के श्रेणीक्रम में चौथा स्थान दिया है और फिर ट्रेजडी पर विचार करते समय उन्होंने उस संवेगी प्रभाव को अपना प्रस्थान-बिन्दु बनाया है जो उन चारों उपादानों को नियमित करता है और एकजुट बनाए रखता है। अरस्तू का चार कारणों का सिद्धान्त—रूपात्मक कारण, भौतिक कारण, क्रियाशील कारण और अन्तिम कारण—बहुलवादी आलोचना की सम्भावना प्रशस्त करता है। विरेचन (कथारसिस) जो ट्रेजडी का संवेगी प्रभाव है अन्तिम कारण है अर्थात् वह आशय अथवा उद्‌देश्य जिससे शेष कारण सम्बद्ध रहते हैं—रूपात्मक कारण जो अनुकरण की वस्तु होता है, भौतिक कारण जो साहित्य में भाषा होती है और क्रियाशील कारण है लेखक जो साहित्यिक सृजन का जनक होता है। हालाँकि चारों कारण एकजुट होते हैं तो भी साहित्य के विभिन्न रूपों और विभिन्न कालों में किसी एक अथवा दूसरे की प्रमुखता होती है।[8]

अरस्तू के साहित्य-चिन्तन का इस्तेमाल करते हुए शिकागो-समीक्षकों ने अपना आलोचनात्मक बहुलवाद विकसित किया है। अरस्तू का आधार लेते हुए ये समीक्षक लेखक के उद्‌देश्य की पहचान करते हैं और उसी उद्‌देश्य की रोशनी में उसका विश्लेषण करते हैं। जैसा कि क्रेन ने कहा है :

> व्यावहारिक आलोचना का पहला काम यह पूछना होना चाहिए कि वे साहित्यिक समस्याएँ क्या थीं जिनका लेखक सामना कर रहा था, उसके साहित्यिक उपक्रम के सन्दर्भ में ये साहित्यिक समस्याएँ क्यों थीं और इन समस्याओं के समाधान में उसने जो कुछ भी किया उसमें कौन से साहित्यिक कारण अथवा तर्क हो सकते हैं।[9]

इस उदाहरण से यह स्पष्ट है कि शिकागो समीक्षकों के लेखन में समस्याओं पर जोर दिया गया है। उनका यह मानना है कि किसी कृति में लेखक जो भी उद्‌देश्य लेकर चलता है उससे सामग्री के चयन और निर्वहन की समस्याएँ पैदा होती हैं

और प्रत्येक लेखक इन समस्याओं का समाधान अपने तरीके से करता है। लेखक अथवा उसकी कृतियों पर अपने आलोचना-सिद्धान्तों को थोपने के बजाय शिकागो समीक्षक लेखक के रास्ते का अनुकरण करते हैं और कृतियों का मूल्यांकन उनके रचनाक्रम में निहित लेखकीय उद्देश्यों के परिप्रेक्ष्य में करते हैं।

शिकागो समीक्षक साहित्य और गैर-साहित्य के भेद को मानकर चलते हैं और इसमें वे 'नये' समीक्षकों के साथ हैं लेकिन 'नये' समीक्षकों के विपरीत वे विधाओं पर पूरा ध्यान देते हैं। उनका विश्लेषण विधा के स्वरूप और स्वभाव का अनुगमन करता है और विभिन्न तत्त्वों पर ध्यान देता है। डब्ल्यू. बी. येट्स की प्रसिद्ध कविता 'सेलिंग टु बाइजैंटियम' के विश्लेषण में विचार को केन्द्र में रखते हुए एल्डर आल्सन ने बिम्ब-विधान और भाषा के पदों में उसे व्याख्यायित किया है वहीं हेनरी फील्डिंग के प्रख्यात उपन्यास *टॉम जोन्स* के अपने अध्ययन में क्रेन ने कथानक को प्रमुखता दी है। बहुलवादी होने के कारण शिकागो समीक्षक उस तरह के सामान्यीकृत वक्तव्यों से अपने को बचा ले गए हैं जो 'नये' समीक्षकों का एक अभिलक्षी गुण है।

एकलवाद-बहुलवाद का युग्म जिसकी चर्चा रूपवादी आलोचना के सन्दर्भ में की गई है, अन्तरनुशासनात्मक आलोचना में भी मौजूद है। अन्य अन्तरनुशासी समीक्षा-धाराओं में प्रमुख स्थान रखने वाली मार्क्सवादी धारा में बहुलवाद से एकलवाद की ओर गति मौजूद है। मार्क्स की बहुलवादी दृष्टि उनके अनुगामियों तक आते-आते एकलवाद में बदल गई है। इससे आश्चर्य नहीं होना चाहिए कि अपने जीवन के अन्तिम वर्षों में मार्क्स ने यह स्वीकार कर लिया था कि "मैं जितना कुछ जानता हूँ वह यह कि मैं मार्क्सवादी नहीं हूँ।"[10] मार्क्स हर प्रकार के साहित्य का आनन्द किसी पूर्वग्रह के बिना उठा सकते थे। सभी प्रकार के साहित्य में गहन रुचि रखने वाले मार्क्स के सबसे प्रिय लेखक शेक्सपियर थे जिनकी रचनाएँ, एडमंड विल्सन के अनुसार, उनकी जबान पर रहती थी।[11] चूँकि मार्क्स और एंगेल्स एक ही जबान में बोलते हैं और दोनों ने मार्क्सवादी आलोचना को प्रभावित किया है, अतः हम यह मान सकते हैं कि एंगेल्स ने शेक्सपियर के बारे में जो कहा है वही मार्क्स ने भी कहा है। रॉडरिख बेनेडिक्स द्वारा शेक्सपियर की आलोचना का जवाब देते हुए एंगेल्स ने लिखा है कि (शेक्सपियर) के अकेले नाटक *मेरी वाइब्स ऑफ विंडसर* के प्रथम अंक में जितना यथार्थ और जीवन है उतना पूरे जर्मन साहित्य में नहीं है और लांस (द *टू जेंटिलमेन ऑफ वेरोना* का एक पात्र) अकेला सारे जर्मन सुखान्त नाटकों पर भारी पड़ेगा।[12]

कवियों में होमर मार्क्स को सर्वाधिक प्रिय थे। उनकी बेटी इलीनर के अनुसार मार्क्स से अपनी निजी बातचीत के दौरान वैन वॉन वेस्टफालेन ने मार्क्स के मन में रोमांटिक स्कूल के प्रति उत्साह भर दिया था। जबकि उनके पिता उनके (इलीनर के) साथ वाल्टेयर और रेसीन का अध्ययन करते थे, बैरन उन्हें शेक्सपियर और

होमर पढ़कर सुनाते थे और ये लेखक आजीवन उनके चहेते बने रहे।"[13] होमर गुलाम-व्यापार करने वाले समाज में पैदा हुए थे, जो कि मार्क्सवादी चिन्तन के हिसाब से सर्वाधिक पिछड़ा समाज कहा जाएगा ओर शेक्सपियर दूसरे सर्वाधिक पिछड़े समाज अर्थात् सामन्ती समाज में पैदा हुए थे।

मार्क्स ने अपने दार्शनिक चिन्तन को अपनी साहित्यिक रुचि से दूर रखा। होमर और शेक्सपियर जैसे लेखकों के प्रति अपनी अभिरुचि के विषय में उन्होंने लिखा भी है, "कला के क्षेत्र में सर्वाधिक विकास करने वाले कुछ कालखंड समाज के सामान्य विकास से प्रत्यक्षत: नहीं जुड़े होते और न ही भौतिक आधार और इसके संगठन की कंकाल-संरचना से।"[14] यह मार्क्स के दर्शन को झुठलाने वाला वाक्य है लेकिन मार्क्स को इसकी चिन्ता नहीं। मार्क्स होमर, शेक्सपियर और अन्य लेखकों का आनन्द उठाते हैं और न तो उन्हें मार्क्सवादी चिन्तक बनाने का प्रयास करते हैं और न ही उन्हें इसलिए खारिज करते हैं कि वे मार्क्सवादी दर्शन के चौखटे में फिट नहीं बैठते।

चिन्तक के रूप में मार्क्स की जिस ईमानदारी की चर्चा ऊपर की गई है, वह मार्क्सवादियों के यहाँ गायब है, विशेष रूप से प्रारम्भिक दौर के मार्क्सवादियों में। द *ग्रेट ट्रेडिशन* के लेखक ग्रैनविल हिक्स 1930 के बाद के वर्षों के अग्रणी अमरीकी मार्क्सवादी आलोचक माने जाते हैं। मार्क्सवादी मानकों के कट्टर प्रयोग के आधार पर वे चौंकाने वाले निष्कर्षों पर पहुँचते हैं। वे जॉन डॉस पेसास के उपन्यासों की तो प्रशंसा करते हैं लेकिन इलियट की कविता को खारिज कर देते हैं जिसके बारे में उन्होंने स्वीकार किया है कि वे उसे बड़े चाव से पढ़ते और पसन्द तो करते थे लेकिन सार्वजनिक रूप से इसे स्वीकार इसलिए नहीं करते थे कि यह मार्क्सवादी चेतना के अनुकूल नहीं थी। वे मार्क्सवादी उपन्यासों की सर्वहारा की दृष्टि से प्रशंसा करते थे।

1930 के दशक के अग्रणी ब्रिटिश मार्क्सवादी आलोचक क्रिस्टॉफर कॉडवेल, हिक्स जैसे रुढिवादी तो नहीं लेकिन ईमानदारी और निष्ठा में वे मार्क्स के नजदीक नहीं पहुँचते। आधुनिक कविता की शुरुआत कॉडवेल पन्द्रहवीं सदी में मानते हैं जो अद्यतन चल रही है और जिसमें मारलो, शेक्सपियर और पोप जैसे लेखक शामिल हैं। कॉडवेल इस नतीजे पर पहुँचते हैं कि "आधुनिक कविता पूँजीवादी कविता है।"[15] उन्हें शेक्सपियर के नाटकों में, विशेषकर उनकी ट्रेजडी में 'स्पष्ट व्यक्तिवाद' दिखाई पड़ता है और इस व्यक्तिवाद की जड़ें उनके अनुसार, राजदरबार पर केन्द्रित एलिजाबेथ युग की संस्कृति में हैं।

हालाँकि कॉडवेल यह स्वीकार करते हैं कि शेक्सपियर सामन्ती संस्कृति के पतन का चित्रण करते हैं और इस क्रम में समाज में भावी विकास का पूर्वानुमान भी प्रस्तुत करते हैं तो भी वे शेक्सपियर का मूल्यांकन मार्क्सवादी परिप्रेक्ष्य में ही करते हैं।

मार्क्स के विपरीत हिक्स और कॉडवेल साहित्य का आस्वाद साहित्य के रूप में नहीं कर पाते। वे यह नहीं समझ पाते कि साहित्यिक कृति प्रथमत: एक कलात्मक सृजन है, न कि कोई राजनीतिक दस्तावेज। दोनों आलोचकों ने मार्क्स के खुलेपन और बहुलवाद को रूढ़ और एकलवादी बना दिया है।

अन्तरनुशासनात्मक आलोचना में एक महत्त्वपूर्ण प्रवृत्ति का नाम है उत्तर-औपनिवेशिक आलोचना; जिसका जिसका सूत्रपात एडवर्ड सईद ने किया है। मार्क्स की ही तरह सईद का सांस्कृतिक बहुलवाद उनके अनुयायियों तक आते-आते एकलवाद में बदल गया है। *ओरियंटलिज्म* में सईद ने पश्चिमी साहित्य में ओरियंट (प्राच्य) को एक निकृष्ट 'दूसरे' के रूप में चित्रित करने पर आपत्ति जताई है। किसी उप-पाठ में छिपी इस धारणा को वे अपमानजनक मानते हैं जिसे सामने लाना वे आवश्यक मानते हैं। सईद का समस्त लेखन इस कार्यभार का प्रमाण है।

उत्तर-औपनिवेशिक अध्ययनों का बीज शब्द है 'प्रतिरोध'। *कल्चर एंड इम्पीरियलिज्म, ह्यूमैनिज्म एंड डेमोक्रेटिक क्रिटिसिज्म* और अपनी अन्य कृतियों में वे यह खुलकर कहते हैं कि प्रतिरोध का मतलब खारिज करना नहीं होता। 'प्रतिरोध' आलोचना का एक चरण होता है जिसकी परिणति सन्धि अथवा संवाद में होनी चाहिए। इसीलिए वे प्रतीचिवाद का विरोध करते हैं जो प्राच्यवाद का ही एक उलटा रूप है। अगर वे प्राच्यवाद की आलोचना करते हैं तो वे वैसे ही देशीवाद की आलोचना करते हैं क्योंकि देसीवाद के समर्थक पश्चिम और पश्चिमेतर के बीच दरार पैदा करते हैं। इसीलिए दुनिया में सारी बुराइयों को पश्चिम में खोजने वाली जलाल अली अहमद की पुस्तक *आक्सीडेंटॉसिस* को सईद नकार देते हैं।[16]

सईद सांस्कृतिक बहुलवाद के पक्ष में खड़े होते हैं। वे यह मानते हैं कि शुद्ध-परिशुद्ध संस्कृति की अवधारणा महज एक हवाई कल्पना है। संस्कृतियाँ एक-दूसरे में इस तरह गुँथी-घुली होती हैं कि उनके ध्रुवीकरण के सारे प्रयास असफल होने के लिए नियतिबद्ध होंगे :

> संस्कृतियाँ इतनी अन्तर्मिश्रित होती हैं, उनकी विषय-वस्तु और इतिहास इतने अन्तर्निर्भर और घुले-मिले होते हैं कि प्राच्य और प्रतीचि जैसे विशाल और प्राय: विचारधारात्मक विरोधी प्रवर्गों में उन्हें किसी शल्य क्रिया द्वारा अलग ही नहीं किया जा सकता।[17]

संस्कृतियों को खाना-दर-खाना बाँटने का सईद हमेशा विरोध करते हैं और इसीलिए वे बर्नार्ड लिविस और सेमुएल हंटिंग्टन जैसे लोगों को खारिज कर देते हैं क्योंकि ऐसे लोग सांस्कृतिक विरचनाओं को बाँटने और एक-दूसरे से दूर रखने का प्रयास करते हैं।

जैसे उत्तर-आधुनिकतावाद में वैसे ही सईद की सैद्धान्तिकी में संस्कृति के प्रति उनके दृष्टिकोण और उनके आलोचनात्मक दृष्टिकोण में अन्तर्विरोध है। सांस्कृतिक बहुलवाद अथवा बहुसंस्कृतिवाद के सशक्त पक्षधर सईद निश्चित रूप से हैं लेकिन साहित्य को लेकर वे एकलवादी हो जाते हैं। उपन्यास, नाटक, कविता, यहाँ तक कि ओपेरा के विश्लेषण में उनकी दृष्टि एकलवादी बनी रहती है और वे हर रचना में प्रकट अथवा प्रच्छन्न औपनिवेशिक उप-पाठ की छानबीन करते रहते हैं। वे यह भी कहते हैं कि पश्चिमी पाठों में औपनिवेशिक सन्दर्भ उस पाठ का एक पक्ष हो सकते हैं जिन्हें उनके साहित्यिक मूल्यांकन का एकमात्र निष्कर्ष नहीं बनाया जाना चाहिए तो भी व्यवहार में वे करते यही हैं जिसके चलते वे पाठों, विधाओं और कालखंडों में भेद नहीं पाते।

सईद का सर्वाधिक सार्थक अवदान है सांस्कृतिक बहुलवाद जिसे उनके अनुयायियों ने उनके द्वारा सावधान किये जाने के बावजूद एकलवाद में न्यूनीकृत कर दिया है। मार्क्स की ही तरह सईद भी अपने अनुयायियों के दृष्टिकोण से क्षुब्ध है, विशेषकर मध्य-पूर्व के अपने प्रशंसकों से, जो उन्हें इस्लामी दुनिया का प्रवक्ता और समर्थक मानते हैं। *ओरियंटलिज्म* के 1995 में प्रकाशित संस्करण के 'पुनश्च' में वे स्वयं इस बात का उल्लेख करते हैं कि "अरब देशों में *ओरियंटलिज्म* का पाठन और इस पर लेखन इस पुस्तक को इस्लाम और अरबवासियों के एक व्यवस्थित समर्थन के रूप में होता है"[18] जबकि उनका आशय यह कभी नहीं रहा है क्योंकि इस तरह के दृष्टिकोण से पूर्व और पश्चिम के बीच वह दूरी और बढ़ेगी जिसे वे समाप्त करना चाहते हैं।

सईद ने यह स्पष्ट कर दिया है कि प्रतिरोध एक प्रकार का क्रिटिक होता है जो स्पष्टकारी और ज्ञानकारक होता है लेकिन तीसरी दुनिया में उत्तर-औपनिवेशिक सैद्धान्तिकी के प्रतिरोध को अस्वीकार के रूप में लिया है और वह पश्चिम की प्रतिक्रिया में खालिस देसी होने की वकालत करती है। जरूरी नहीं कि ये सिद्धान्तकार पश्चिम के प्रति वैसा ही शत्रु भाव रखते हों जैसा जलाल अली अहमद के लेखन से जाहिर होता है लेकिन निश्चित रूप से वे पश्चिम को एक हानिकारक प्रभाव मानते हैं, जिसे नकारा जाना चाहिए। इन सिद्धान्तकारों का मानना है कि अब समय आ गया है जब हम पश्चिमी क्लासिकों के स्थान पर प्राच्य क्लासिकों की ओर मुड़ें और इसी तरह पश्चिम के आलोचना-सिद्धान्तों के स्थान पर प्राच्य काव्यशास्त्र से प्रेरणा लें। भारत में इस तरह के देसीवाद के प्रति झुकाव एक उदाहरण है।[19] सईद पश्चिम और पूर्व को सहयात्री के रूप में देखना चाहते हैं बशर्ते उनके भीतर वर्चस्व का भाव न हो; जबकि उनके अनुयायी पूर्व की श्रेष्ठता स्थापित करने के क्रम में पश्चिम के पूर्ण नकार में विश्वास रखते हैं।

आंग्ल-अमरीकी आलोचना के क्षेत्र में बहुलवाद की नींव रखने वाले आर.एस. क्रेन समीक्षा तक ही सीमित रहे, संस्कृति की बात उन्होंने नहीं की।[20] इसका कारण सम्भवत: यह था कि उस समय आलोचना पाठ पर केन्द्रित थी और पाठ के बाहर की किसी भी अन्य बात को असंगत अथवा अनावश्यक माना जाता था। 'हिस्ट्री वर्सेस क्रिटिसिज्म इन द स्टडी ऑफ लिटरेचर' नामक निबन्ध में क्रेन ने ऐतिहासिक, मनोवैज्ञानिक, समाजशास्त्रीय और नीतिपरक आलोचकों की यह कहकर आलोचना की है कि वे समीक्षा को किसी अन्य अनुशासन में बदल देते हैं। संस्कृति के सवालों को आलोचना से बाहर रखने का उनका प्रयास उनके 'नैतिक संस्कृति' पद से समझा जा सकता है। उनका कथन है "जब हम (कविता और उपन्यास जैसी) विधाओं को अपने जीवनानुभवों को विस्तृत और समृद्ध करने अथवा नैतिक आदर्शों को प्रेषित करने के लिए करते हैं, तब (हमारा कर्म) आलोचना के बजाय नैतिक संस्कृति कहा जाएगा।"[21] संस्कृति वही है जो आलोचना के क्षेत्र में क्रेन द्वारा निषिद्ध की गई है।

मैथ्यू अर्नोल्ड इसे अस्वीकार करते हुए कहते हैं कि विज्ञान के युग में साहित्य धर्म का स्थान ले लेता है। आई.ए. रिचर्ड्स इसी राह पर चलते हैं लेकिन वे इससे आगे बढ़कर यह कहते हैं कि ऐसे युग में जब ब्रह्मांड के विषय में धर्म सहित अन्य जादुई मान्यताओं से लोगों का विश्वास समाप्त हो गया है तब मानसिक सन्तुलन के लिए साहित्य का ही सहारा लिया जा सकता है। इलियट, अर्नोल्ड और रिचर्ड्स की इस मान्यता का खंडन करते हुए *रिलिजन एंड लिटरेचर* में यह कहते हैं कि साहित्य का महत्त्व केवल धार्मिक मानकों से ही नापा जा सकता है। लेकिन अर्नोल्ड, रिचर्ड्स और इलियट के लेखन में समान तन्तु है साहित्य और जीवन के बीच का अन्तर्सम्बन्ध जिसे 'नये' समीक्षक और शिकागो समीक्षक अस्वीकार करते हैं।

अर्नोल्ड और इलियट ने संस्कृति के सवाल पर पर्याप्त लेखन किया है। मतभेदों के बावजूद ये आलोचक पश्चिमी संस्कृति की श्रेष्ठता में विश्वास करते हैं। नैतिक पूर्णता, जिसका परिणाम होता है, 'आन्तरिक सन्तोष और शान्ति', की चर्चा करते हुए अर्नोल्ड *कल्चर एंड अनार्की* नामक पुस्तक में लिखते हैं :

> दुनिया की किसी भी जाति ने नैतिक पूर्णता की प्राप्ति के लिए उतना संघर्ष नहीं किया है जितना हमारी अंग्रेज जाति ने। इस दुनिया में किसी भी जाति के पास शैतान के विरोध, दुष्ट के दमन की वह शक्ति नहीं है... ।[22]

अर्नोल्ड के इस कथन की तुलना हम *नोट्स टुवर्ड्स द डिफनिशन ऑफ कल्चर* में इलियट के इन शब्दों से कर सकते हैं :

ऐसा तभी होता है जब हम एक सचमुच के ईसाई समाज में अपनी संस्कृति की कल्पना उस रूप में करते हैं जैसा इसे होना चाहिए। तभी हम ईसाई संस्कृति को सर्वोच्च संस्कृति कह सकते हैं, इस संस्कृति के जो पूरे यूरोप की संस्कृति रही है, सभी चरणों का सन्दर्भ देते हुए ही हम कह सकते हैं कि दुनिया के संज्ञान में आने वाली यही सर्वोच्च संस्कृति है।[23]

अर्नोल्ड और इलियट दोनों के लिए सर्वोच्च संस्कृति यूरोप में, और सटीक कहें तो केवल इंग्लैंड में ही हो सकती है। इसी को सईद ने यूरोकेन्द्रवाद कहा है जिसकी वे आलोचना करते हैं और जिसका विरोध किया जाना चाहिए। यह सांस्कृतिक एकलवाद है जो किसी एक देश अथवा महाद्वीप की संस्कृति का महिमामंडन करता है और दूसरी संस्कृतियों की अवहेलना। इस तरह का दृष्टिकोण एकांगी होने के साथ ही दुनिया में तमाम तरह के सांस्कृतिक विरचनों को संज्ञापित करने से इनकार करता है और उनकी वैधानिकता से आँखें मूँद लेता है। यही नहीं, किसी एक सांस्कृतिक उपखंड में ही जिस प्रकार की एकरूपता का हम बखान करते हैं, यह भी एक प्रकार का एकलवाद है। हम वास्तव में जो कर रहे होते हैं वह यह कि हम अपने मूल्य-अनुक्रमों का आदर्शीकरण करते हैं और उन्हें भिन्न मूल्य-अनुक्रमों की तुलना में वरीयता देते हुए उन्हें सार्वभौमिक मान बैठते हैं। प्राय: होता यह है कि शक्तिशाली, धनी और ताकतवर लोग पूरे समाज के लिए नैतिक और सांस्कृतिक विधान बनाने का ठेका स्वयमेव ले लेते हैं।

हम अपनी पेशागत, राजनीतिक, अकादमिक, और दूसरी प्रतिबद्धताओं के विषय में इकतरफा घोषणा करते रहते हैं बिना यह सोचे कि दूसरे लोग अलग ढंग से महसूस करते और सोचते हैं। अध्यापन, नौकरशाही, न्यायिक और अन्य पेशों में लगे हुए लोग प्राय: इस मुगालते में रहते हैं कि उनका पेशा सर्वश्रेष्ठ है। इस तरह की आत्मश्लाघा इस मामूली लगने वाले तथ्य की अनदेखी कर जाती है कि अलग-अलग लोगों की अलग-अलग अभिरुचियाँ और उद्देश्य हो सकते हैं और इन्हीं के मद्देनजर वे अलग-अलग पेशा चुनते हैं।

उत्तर-आधुनिकतावाद की अपनी सीमाएँ हैं लेकिन सांस्कृतिक एकलवाद को नकारकर इसने एक अच्छा काम किया है। उत्तरसंरचनावाद और उत्तर- आधुनिकतावाद में सांस्कृतिक बहुलवाद और आलोचनागत एकलवाद के अन्तर्विरोध को समझ पाना मुश्किल है। संस्कृति के क्षेत्र में वह केन्द्र जो एकलवाद की वकालत करता है, इन आन्दोलनों में छितरा जाता है लेकिन आलोचना के क्षेत्र में सारे पाठों को एक जैसा मान लिया जाता है और एक ही विधि से उनकी व्याख्या की जाती है। उत्तर-आधुनिकतावाद में तर्कणा के अस्वीकार से सहमत नहीं हुआ जा सकता है लेकिन जिस सांस्कृतिक बहुलवाद को इसने आगे बढ़ाया है वह प्रशंसनीय है। आश्चर्य नहीं, उत्तर-आधुनिक संस्कृति पर बहसों का ताँता लग गया है।

आधुनिकतावाद के शिखरकाल में भी आधुनिक संस्कृति पर शायद ही बहस हुई हो क्योंकि आधुनिकतावाद एक तकनीक, एक प्रणाली था और इसलिए भी कि तर्कणा की प्रतिष्ठा के आधार पर यह ज्ञानोदय-दर्शन का चरम-बिन्दु भी था। उत्तर-आधुनिकतावाद ने संस्कृति को नई दिशा दी। इसने उस एकलवादी संस्कृति के वर्चस्व को चुनौती दी जो ज्ञानोदय काल में आविष्कृत और उपयोगी किन्तु बाद में खराब बुनियाद पर खड़े सार्वभौमिक मूल्यों पर आधारित थी। इस तरह के बुनियादी सार्वभौमों के खिलाफ उत्तर-आधुनिकतावाद ने आवाज बुलन्द की है क्योंकि इसकी मान्यता है कि सार्वभौमों द्वारा हाशिये के लोगों—स्त्रियों, अश्वेतों, समलैंगिकों, तीसरी दुनिया के खिलाफ गम्भीर अन्याय हुए हैं। विकेन्द्रण और अनिश्चयात्मकता (अपोरिया), जो देरिदा के आलोचना-भंडार के महत्त्वपूर्ण पद पर है, उन सार्वभौमों की विरोधी दिशा के सूचक हैं जो ज्ञानोदयी तर्कणा के उत्पाद हैं। तर्कणा और बुद्धिवाद दुहरे बन्धन हैं। अगर एक ओर वे न्याय से जुड़े हैं तो दूसरी ओर निर्बल और हाशिये के लोगों के लिए अन्याय के सूचक हैं क्योंकि उन्हें इनके योग्य नहीं माना जाता है।

देरिदा के दार्शनिक चिन्तन से प्रेरणा लेते हुए रिचर्ड रोरटी ने सापेक्ष नैतिकता का सिद्धान्त प्रस्तुत किया है जो अलग-अलग लोगों के हिसाब से बदलती रहती है। टेरी ईगल्टन बिल्कुल ठीक कहते हैं :

> रोरटी जैसे चिन्तक के लिए जो विधि-सम्मत तर्कणा अथवा विधि-सम्मत विचार है, उसका निर्धारण आपके लिए आपकी जीवन-शैली द्वारा होगा।[24]

पारम्परिक संस्कृति में वैयक्तिक विशिष्टता के लिए कोई स्थान नहीं था और परिणामतः यह बहुतों के लिए यातना और अपमान का कारण बनी यद्यपि ऊपर से वे इसके मूल्यों और मानकों को स्वीकार करने का दिखावा करते थे। उत्तर-आधुनिक संस्कृति कुछ शर्तों के साथ सभी को अपना इच्छानुकूल आचरण करने की छूट देती है। रोरटी लेखकों-चिन्तकों को दो श्रेणियों में बाँटते हैं, वे जो 'निजी पूर्णता' के मानने वाले हैं और वे जो 'साझे सामाजिक उपक्रम' में लगे हुए हैं जिनका उद्‌देश्य हमारी संस्थाओं और अभ्यासों को सुधारना है। रोरटी इन परस्पर विरोधी लगने वाले दृष्टिकोणों का सामंजस्य बिठाने का तरीका भी बताते हैं :

> इन दो उद्‌देश्यों को सर्वाधिक निकट लाने में सफल होने का मतलब है उस न्याययुक्त और खुले समाज का निर्माण जिसका उद्‌देश्य है अपने नागरिकों को जैसा उन्हें अच्छा लगे वैसा निजी, अतार्किक और सौन्दर्यात्मक होने की तब तक छूट देता है जब तक वे दूसरों को नुकसान पहुँचाए बिना अपने से ऐसा करना चाहे और कम लाभ की स्थिति में रहने वालें लोगों के लिए आवश्यक संसाधनों के उपयोग न करें।[25]

साझे मानक कम होते हैं और उनकी सीमा में रहते हुए व्यक्ति जो चाहे कर सकता है। उसे सिर्फ यह देखना है कि वह अपने ही संसाधन इस्तेमाल करे और दूसरों को नुकसान न पहुँचाएँ अर्थात् उसकी स्वतंत्रता दूसरों की स्वतंत्रता में बाधक न बने।

साहित्य में विकल्प खुले रहते हैं। बाख्तिन द्वारा किया गया लोकतांत्रिक और अधिनायकवादी साहित्य का विभाजन स्वीकार कर पाना मुश्किल है क्योंकि अच्छा साहित्य हमेशा लोकतांत्रिक होता है।[26] साहित्य जब विकृत होता है तभी अधिनायकवादी होता है। लेखक के विश्वासों से सहमति उसके साहित्य के आस्वादन की पूर्व शर्त कभी नहीं होती। कोई गैर-ईसाई भी दान्ते की *डिवाइन कॉमेडी* और टी.एस. इलियट के *फोर क्वारटेट्स* का रसास्वादन कर सकता है जैसे कोई गैर-हिन्दू *रामायण* और *महाभारत* का रसास्वादन कर सकता है। लेखक अपने विश्वास के रूप में व्यक्त करता है जिसे पाठक केवल आस्वाद के अनन्तर कुछ समय के लिए स्वीकार करता है। जैसा कि आई.ए. रिचर्ड्स ने कहा है, सच अथवा झूठ की कसौटी साहित्यिक विश्वासों पर नहीं लागू होती क्योंकि इनसे लेखक के संवेगी दृष्टिकोणों, न कि तार्किक स्वीकृति की प्रस्तुति होती है। इससे पाठक के लिए साहित्यगत विश्वासों से अल्पकालिक सहमति सम्भव हो जाती है।

जैसा कि ऊपर कहा गया है, शिकागो आलोचकों ने 'नये' समीक्षकों पर एकलवाद का आरोप लगाया था लेकिन एक अर्थ में वे स्वयं भी एकलवादी थे। उनकी आलोचना रूपवाद की सीमा के भीतर ही रहती है। अपेक्षाकृत बाद के शिकागो आलोचक वेयन सी. बूथ जब 'घोषित बहुलवादियों के छिपे हुए एकलवाद'[27] की बात करते हैं तब इसका यही मतलब होता है। रूसी रूपवाद से लेकर विखंडनवाद तक रूपवादी आलोचना उचित ही कृति पर केन्द्रित आलोचना मानी जाती है लेकिन ऐसा करते समय आलोचक इतिहास, राजनीति, दर्शनशास्त्र मनोविज्ञान तथा नीतिशास्त्र जैसे अनुशासनों की अन्तर्दृष्टियों का प्रयोग कर सकता है। अपने हाल के एक लेख में पाठीय साक्ष्य के आधार पर मैं इस निष्कर्ष पर पहुँचा हूँ कि इलियट के काव्य-नाटक द *फेमिली रियूनियन* का पात्र हैरी और द *कॉकटेल पार्टी* की सेलिया भारत आते हैं। अगर मैं पाठ के बाहर का संकेत करने वाले शब्दों की अनदेखी कर दूँ और इतिहास, भूगोल और धर्मशास्त्र की मदद न लूँ तो मैं तमाम उन चीजों से महरूम रह जाऊँगा जो पाठ पर प्रकाश डालती हैं।[28] जैन आस्टेन के उपन्यास *मैन्सफील्ड पार्क* का एडवर्ड सईद द्वारा पाठीय विश्लेषण, जो उत्तर-औपनिवेशिक आलोचना का एक क्लासिक माना जाता है, राजनीति, भूगोल और इतिहास का सहारा उपन्यास की तह में मौजूद उस औपनिवेशिक उपपाठ को उद्घाटित करने के लिए लेता है जो पश्चिमी आलोचकों की निगाह में बच गया है। वड्‌र्सवर्थ की *इम्पोर्टेलिटी ओड* पर लियोनिल ट्रिलिंग का निबन्ध पाठ-केन्द्रित अन्तरनुशासी आलोचना का उत्तम उदाहरण है।

आलोचना और संस्कृति को अनुशासित होना पड़ेगा। पाठकोन्मुखी आलोचक भी जो पाठक प्रेक्षक को अपनी इच्छानुसार पाठ की व्याख्या करने की पर्याप्त स्वतंत्रता देने के पक्ष में है, यह महसूस करते हैं कि इस स्वतंत्रता की सीमा होती है। कोई भी पाठक ट्रेजडी को कॉमेडी नहीं समझेगा अथवा कॉमेडी को ट्रेजडी क्योंकि इन दोनों विधाओं की भिन्न पाठन विधियाँ उसे शासित करेंगी। मार्क्सवाद और स्त्रीवाद की चर्चा करते हुए टेरी ईगल्टन ने लिखा है :

> आप मार्क्सवादी होकर दासप्रथा की वकालत नहीं करते। स्त्रीवाद कुछ मान्यताओं का एक ढीला-ढाला संग्रह है लेकिन फिर भी यह चाहे जितना ढीला हो, यह पुरुषों को एक श्रेष्ठ प्रजाति के रूप में पूजनीय नहीं मान सकता।[29]

ईगल्टन का तात्पर्य है कि व्यक्तिगत अभिरुचियों की सीमा होती है। अगर आलोचना में खुली छूट नहीं दी जा सकती तो संस्कृति में भी ऐसा नहीं हो सकता। सांस्कृतिक स्वतंत्रता का जितना भी समर्थन किया जाए, सीमा यहाँ भी है। 'निजी पूर्णता' में विश्वास करने वाले रोरटी भी स्वतंत्रता का संयमन करने वाले मानकों की बात करते हैं।

भूमंडलीकरण और बहुसंस्कृतिवाद की आज की दुनिया में एकलवाद के लिए कोई गुंजाइश नहीं है लेकिन निरपेक्ष बहुलवाद भी अराजकता में परिणत हो सकता है। आवश्यकता है उस बहुलवाद की जिसमें स्वतंत्रता और संयमन का सहअस्तित्व हो।

अनुवाद : रामकीर्ति शुक्ल

सन्दर्भ

1. *द वर्ल्ड, द टेक्स्ट, एंड द क्रिटिक,* (लन्दन, 1991), पृ. 226
2. *रशियन फार्मलिज्म,* सं. स्टीफेन बॉन और जॉन बाउल्ट, (न्यूयॉर्क, 1975), पृ. 39
3. उद्धृत बोरिस आइकनबॉम, 'द थियोरी ऑफ द फॉर्मल मेथड' *रशियन फार्मलिस्ट क्रिटिसिज्म,* सं., एल.टी. लेमन और एम.जे. रीस, (लिंकन, 1965), पृ. 107
4. टी.एस. इलियट, *ऑन पोइट्री एंड पोइट्रीस,* (लन्दन, 1971), पृ. 107
5. अलन टेट, *ऑन द लिमिट्स ऑफ पोइट्री,* (न्यूयॉर्क, 1948) पृ. 86
6. द *वेलरॉट अर्न,* (लन्दन, 1968), पृ. 1
7. टी.एस. इलियट, वही, पृ. 113
8. एम.एच. अब्राम्स, द *मिरर एंड द लैम्प,* (लन्दन, 1979), पृ. 22, 27
9. द *आइडिया ऑफ द ह्यूमेनिटीज एंड अदर एसेज,* (शिकागो, 1967), जिल्द 11, पृ. 209

10. उद्धृत पीटर सिंगर, *मार्क्स,* (ऑक्सफोर्ड, 1980), पृ. 38
11. द्रष्टव्य, एडमंड विल्सन, 'मार्क्सिज्म एंड लिटरेचर', *ट्वेंटियथ सेंचुरी, लिटरेरी क्रिटिसिज्म,* सं. डेविड लॉज, (लन्दन, 1981), पृ. 243
12. कार्ल मार्क्स और फ्रेडरिक एंगेल्स, *ऑन लिटरेचर एंड आर्ट,* (मास्को, 1976), पृ. 260
13. उद्धृत डेविड मैकलेलन, *कार्ल मार्क्स,* (लन्दन, 1978), पृ. 20
14. उद्धृत एडमंड विल्सन, वही, पृ. 243
15. *इल्यूजन एंड रियलिटी,* (नई, दिल्ली, 1987), पृ. 49
16. *कल्चर एंड इम्पीरियलिज्म,* (लन्दन, 1994), पृ. 267
17. *रिप्रजेंटेशंस ऑफ दि इंटेलेक्चुअल,* (न्यूयॉर्क, 1996), पृ. xxi
18. *ओरियंटलिज्म,* (लन्दन, 1996), पृ. 331
19. द्रष्टव्य, *नेटिविज्म : एसेज इन क्रिटिसिज्म,* सं. मकरन्द परांजपे, (नई दिल्ली, 1998)
20. द्रष्टव्य, राजनाथ, *क्रिटिकल स्पेकुलेशंस,* (दिल्ली, 1996), पृ. 212-13
21. आर.एस. क्रेन, वही, जिल्द 1, पृ. 12
22. *सेलेक्टेड एसेज,* सं. नोयेल अन्नान, (लन्दन, 1964), पृ. 246
23. *नोट्स टुवर्ड्स अ डेफिनीशन ऑफ कल्चर,* (लन्दन, 1962), पृ. 33
24. *आफ्टर थियरी,* (लन्दन, 2004), पृ. 54
25. *कंटिंजेंसी एंड सॉलिडेरिटी,* (कैम्ब्रिज, 1989), पृ. 12
26. द्रष्टव्य, मिखाइल बाख्तिन, 'डिसकोर्स इन दि नावेल,' द *डायलाजिक इमैजिनेशन,* सं. माइकेल होलक्विस्ट, अनु. केरिल एमर्सन और माइकेल होलक्विस्ट, (आस्टिन, 1983), पृ. 287
27. *क्रिटिकल अइंडरस्टैंडिंग : द पावर्स एंड लिमिट्स ऑफ प्लूरलिज्म,* (शिकागो, 1979), पृ. 2002
28. द्रष्टव्य, राजनाथ, वही, पृ. 85-95
29. वही, पृ. 26

कविता और विश्वास

कविता और कवि-विश्वास का सम्बन्ध साहित्य-समीक्षा का एक उलझा हुआ विषय रहा है। कविता में विश्वास की प्रकृति क्या होती है। क्या यह कवि के व्यक्तिगत विश्वास से भिन्न होता है? क्या कविता का आनन्द उठाने के लिए कविता और पाठक के विश्वासों का सादृश्य आवश्यक होता है? काव्यात्मक-विश्वास का सांस्कृतिक महत्त्व कैसा और कितना होता है? ये ऐसे प्रश्न रहे हैं जिन्हें साहित्य-समीक्षा में लगातार किसी न किसी रूप में उठाया गया है। कई प्रकार से इनका समाधान भी किया गया है, यद्यपि टी. एस. इलियट और आई.ए. रिचड्‌र्स जैसे सुधी समीक्षक भी इन प्रश्नों से घबराते रहे हैं।

काव्य-विश्वास की प्रकृति एवं वृत्ति पर विचार करना प्रस्तुत निबन्ध का व्याज है। 'कविता और विश्वास' सम्बन्धी मतों-विचारों का लेखा-जोखा प्रस्तुत करने के साथ ही यहाँ इस प्रश्न का उत्तर देने की चेष्टा की जाएगी कि क्या काव्यात्मक विश्वास का कोई सांस्कृतिक मूल्य भी होता है और यदि होता है तो इसकी प्रकृति क्या होती है और कविता के माध्यम से यह किस प्रकार घटित होता है?

इस समस्या पर दो दृष्टियों—सांस्कृतिक और सौन्दर्यात्मक—से विचार किया गया है। यदि एक ओर प्लेटो, अर्नोल्ड और रिचड्‌र्स ने इस प्रश्न पर सांस्कृतिक दृष्टि से विचार किया है तो दूसरी ओर सिडनी, कॉलरिज, इलियट, क्लियन्थ ब्रुक्स, एम.एच. अब्राम्स, नार्मन हॉलैंड जैसे समीक्षकों ने इसके सौन्दर्यात्मक आयाम पर जोर दिया है। प्रायः ऐसा भी हुआ है कि एक ही समीक्षक की कृतियों में काव्य-विश्वास के सांस्कृतिक और सौन्दर्यात्मक दोनों तत्त्व एक साथ ही विद्यमान हैं यद्यपि जोर किसी एक पर दिया गया है। सिडनी और कॉलरिज दो ऐसे समीक्षक हैं जिन्होंने काव्य-विश्वास के केवल सौन्दर्यात्मक पक्ष पर ही जोर दिया है।

साहित्य-समीक्षा के अन्य महत्त्वपूर्ण प्रश्नों की ही भाँति कविता और विश्वास का प्रश्न भी प्लेटो की कृतियों में मौजूद है। कविता के अन्य पहलुओं की ही भाँति काव्यगत विश्वास सम्बन्धी प्लेटो का विवेचन उनकी राजनीतिक चिन्ताओं द्वारा नियमित हुआ है। सांस्कृतिक दृष्टि से उनके लिए कविता हानिकारक होती है क्योंकि इसमें व्यक्त विश्वास सत्याभासी होते हुए भी केवल सत्यहीन ही नहीं होते

अपितु बहुत अधिक भ्रामक भी होते हैं। कवि द्वारा काव्य-सृजन और पाठक द्वारा उसका रसास्वादन दोनों एक प्रकार की तर्कहीन क्रियाएँ हैं :

> लिखते समय कवि अपने आप में नहीं रहता और उसकी तर्क-शक्ति उसका साथ छोड़ देती है और दूसरी ओर पाठक कवि की रचनाओं का रसास्वाद करते समय पूर्णतया तर्क-मुक्त होता है।[1]

कवि की तर्कहीनता उससे ऐसे विश्वासों का वर्णन कराती है जिनके विषय में वह या तो कुछ भी नहीं जानता अथवा उसकी जानकारी असली नहीं होती, इसी प्रकार पाठक की तर्कहीनता उसे ऐसे विश्वासों का रसास्वादन कराती है जिन्हें वह वास्तविक जीवन में बिना सज्जित हुए नहीं व्यक्त कर सकता।

कविता को निरस्त करने की प्लेटो की मानसिकता के पीछे काव्य की तुलना में दर्शन और काव्यात्मक विश्वासों की तुलना में दार्शनिक विश्वसों की श्रेष्ठता कार्यरत है। दार्शनिक की तुलना में कवि का ज्ञान लगभग शून्य होता है लेकिन उसके हाव-भाव से ऐसा लगता है जैसे उसके जैसा ज्ञानी कोई है ही नहीं। उदाहरण के लिए, कवि युद्ध-कौशल, औषधिविज्ञान, विधि-विज्ञान, यहाँ तक कि बढ़ईगिरी के विषय में कुछ भी नहीं जानता लेकिन उसकी कविता में इन सबका विस्तृत वर्णन पाया जा सकता है और पाठक, अपनी तर्कहीनता के दबाव में आकर कवि की सारी उक्तियों को ब्रह्मवाक्य मान लेता है। प्लेटो की दृष्टि में कविता का यह प्रमुख दोष है जिसकी वजह से यह आदर्श-राज्य के योग्य नहीं रह जाती। प्लेटो यह समझने में असफल रहते हैं कि दर्शन से अनुस्यूत सत्य और तर्कणा की कसौटियों को कविता के ऊपर लागू करना संगत नहीं होता।

सांस्कृतिक सन्दर्भ में काव्यगत विश्वास की प्लेटो की आख्या की सीमाएँ काफी गम्भीर अवश्य हैं लेकिन परवर्ती समीक्षकों के लिए इनकी उपेक्षा सम्भव नहीं हो पाई है और काव्यगत विश्वास पर परवर्ती चिन्तन कहीं न कहीं प्लेटो की उक्तियों से सकारात्मक अथवा नकारात्मक ढंग से गहरे प्रभावित हुआ है। प्लेटो के कई शताब्दियों के पश्चात् 19वीं सदी के उत्तरार्द्ध में मैथ्यू अर्नोल्ड भी काव्यगत विश्वास की व्याख्या सांस्कृतिक सन्दर्भ में ही करते हैं यद्यपि अर्नोल्ड का उद्देश्य प्लेटो के निष्कर्षों को निरस्त करना है।

अर्नोल्ड का विवेचन इतना संक्षिप्त एवं अप्रत्यक्ष है कि उसमें से व्यापक निष्कर्ष निकालना तिल की ताड़ बनाने जैसा लगता है। प्लेटो के विपरीत अर्नोल्ड कविता को दर्शन और धर्म के ऊपर स्थापित करते हैं। अर्नोल्ड के अनुसार धर्म ने अपने को तथ्यों पर आधृत कर दिया है और इस क्षेत्र में उसे विज्ञान से मुँह की खानी पड़ती है। विज्ञान के विकास के अनुपात में धर्म का ह्रास निश्चित है। जब भी प्रामाणिकता के प्रश्न उठेंगे, विज्ञान धर्म को पीछे धकेल देगा।

अर्नोल्ड का निष्कर्ष है, "कोई भी ऐसा मत नहीं बचा है जो हिल न गया हो, कोई भी ऐसा सर्वस्वीकृत मताग्रह नहीं है जो ढहा जाने की चुनौती से बचा हुआ हो।"[2] सामान्यतया दर्शन और धर्म को सत्य-सम्बद्ध अनुशासनों के रूप में मान्यता मिली हुई थी, उस सत्य से सम्बद्ध जो अपनी प्रकृति के अनुरूप स्थायी होता है। जबकि कविता के विषय में धारणा रही है कि यह कल्पना से उद्बुद्ध होती है जिसका सत्य से कोई निश्चित सरोकार नहीं होता है। दूसरी और अर्नोल्ड का तर्क है कि कविता में व्यक्त होने वाले विचार ही स्थायी होते हैं क्योंकि वे सन्दिग्ध नहीं होते जबकि धर्म और दर्शन के तथ्य कालाधीन होते हैं क्योंकि नये विचार उन्हें खारिज कर सकते हैं अथवा उनके स्थानापन्न बन सकते हैं। यदि यह सही है तो फिर धर्म और दर्शन ज्ञान की मात्र छायाएँ भर हैं :

> हमारा धर्म ऐसे साक्ष्यों की दुहाई देता है जिन पर जन-मानस का विश्वास होता है, हमारा दर्शन कारणता, ससीमता और असीमता सम्बन्धी अपने तर्कों का लबादा ओढ़े हुए है। ये सब छाया और स्वप्न और ज्ञान के भ्रामक प्रदर्शन नहीं तो और क्या हैं?[3]

यदि धर्म अपना आधार साक्ष्यों में और दर्शन अपना आधार तर्कणा में बनाते हैं तो उनकी सत्यता पर प्रश्न उठाए जा सकते हैं। यही कारण है कि धर्म की विश्वसनीयता घट रही है। कविता की स्थिति इससे पूर्णतया भिन्न है। धर्म से भिन्न कविता तथ्यों में आकार नहीं ग्रहण करती अपितु विचार में करती है : "कविता अपने संवेग को विचार से जोड़ती है और विचार तथ्य होता है।"[4] विचार वह काव्यात्मक विश्वास होता है जो सत्यापनीयता की कसौटी पर कसे जाने से अपने को बचा लेता है। यह सिद्ध करके कि केवल काव्यात्मक विश्वास ही स्थायी हो सकता है अर्नोल्ड प्लेटो के सन्दर्भ में 'मियाँ की जूती मियाँ के सर' रख देते हैं। उन्होंने कविता को यह प्रतिष्ठा दी है जिसे प्लेटो ने दर्शन के लिए निश्चित किया था।

अर्नोल्ड के संकेतों के आधार पर ही रिचर्ड्स ने काव्यात्मक विश्वास के सांस्कृतिक मूल्य का सर्वाधिक विस्तृत विवेचन प्रस्तुत किया है। उन्होंने अपनी साइंस एंड पोइट्री नामक पुस्तक में जो आगे चलकर *साइंसेज एंड पोइट्रीज* नाम से प्रकाशित हुई, अर्नोल्ड के 'दि स्टडी ऑफ पोइट्री' से एक उद्धरण को आदर्श वाक्य के रूप में प्रयोग किया है।

अर्नोल्ड की ही भाँति रिचर्ड्स का विश्वास है कि कविता धर्म का एकमात्र विकल्प है। विज्ञान के विकास के साथ ब्रह्मांड विषयक जादुई दृष्टि अर्थात् 'अदेही आत्माओं और शक्तियों में विश्वास'[5] का प्रभाव कम होता जा रहा है। ईश्वर, ब्रह्मांड और मानव-प्रकृति के विषय में अनेक छद्म-वक्तव्य उस जादुई दृष्टि के अंग थे जिनसे लोगों को अपने संवेगों और दृष्टियों को संयोजित करने में सहायता मिली थी।

जब जादुई दृष्टि का स्थान वैज्ञानिक दृष्टि ने ले लिया है तो संवेगों को संयोजित करने के लिए कविता ही एकमात्र विकल्प बची है।

संवेगों के संयोजन द्वारा मानसिक सन्तुलन प्राप्त करने की प्रक्रिया पर रिचड्र्स ने किंचित् विस्तार से विचार किया है। उन्होंने विज्ञान-सम्मत बौद्धिक विश्वास और काव्य-जनित संवेगीय विश्वास में भेद किया है। वास्तव में उन्होंने इस भेद को व्यक्त करने के लिए बिल्कुल भिन्न प्रकार की भाषा का प्रयोग किया है। बौद्धिक विश्वास सत्यापनीय होते हैं जबकि संवेगीय विश्वास इससे मुक्त होते हैं और उनके लिए केवल काल्पनिक स्वीकृति की अपेक्षा होती है। बौद्धिक विश्वास वक्तव्य होते हैं जबकि काव्यात्मक विश्वास छद्म-वक्तव्य होते हैं, बौद्धिक विश्वास वस्तुओं को सन्दर्भित करते हैं, जबकि काव्यात्मक विश्वास वस्तु-मुक्त होते हैं।

रिचड्र्स बौद्धिक विश्वास और काव्यात्मक विश्वास को एक-दूसरे से बिलकुल अलग रखते हैं। उनकी भिन्नता को व्यक्त करने के लिए प्रयुक्त भाषा से ही यह स्पष्ट हो जाता है। बौद्धिक विश्वास भाषा के वैज्ञानिक प्रयोग द्वारा व्यक्त किया जाता है जबकि संवेगीय विश्वास भाषा के संवेगीय प्रयोग से व्यक्त होता है। वैज्ञानिक प्रयोग में भाषा सन्दर्भी होती है अर्थात् यह बाह्य वस्तुओं को सन्दर्भित करती है जबकि संवेगीय प्रयोग में सन्दर्भ विरूपित हो जाते हैं और संवेगों के अधीन हो जाते हैं जिससे छद्म-वक्तव्यों का जन्म होता है।

रिचड्र्स यह भी विस्तार से सिद्ध करते हैं कि संवेगीय विश्वास सत्य अथवा असत्य नहीं होता है जबकि विज्ञान के बौद्धिक विश्वास में इस प्रकार की निरपेक्षता सम्भव नहीं होती, वह या तो सत्य होता है अथवा असत्य। हम विश्वास इसलिए करते हैं कि हमारे विश्वास को, तर्क के अनुसार जो प्रतिरोधी है, उसमें अविश्वास करना आवश्यक है अर्थात् हम एक ही साथ प्रतिरोधी बौद्धिक विश्वासों को नहीं ग्रहण कर सकते। दूसरी ओर कविता में एक प्रकार की 'बौद्धिक-असम्बद्धता' होती है जिसके परिणामस्वरूप इसमें निहित विश्वासों को सत्य अथवा असत्य का प्रश्न उठाए बिना भी ग्रहण किया जा सकता है क्योंकि कविता में तर्क-पद्धति का अभाव होता है। अत: एक-दूसरे के प्रतिरोधी संवेगीय विश्वासों का भी सह-अस्तित्व सम्भव है। रिचड्र्स लिखते हैं :

> काल्पनिक स्वीकृति के भीतर हम दो अथवा दो से अधिक परस्पर-प्रतिरोधी विश्वासों को एक साथ ग्रहण कर सकते हैं।[7]

और यही वह बिन्दु है जहाँ वैज्ञानिक युग में रिचड्र्स कविता की महान मूल्यवत्ता का दर्शन करते हैं।

कविता की रचना करते समय कवि की कल्पना 'असम्बद्ध संवेगों के झुंड' में सन्तुलन पैदा कर देती है। प्रतिभा-सम्पन्न होने के कारण कवि सामान्यतया दुर्लभ

मानसिक संयोजन की प्राप्ति कर सकता है। किसी कविता में व्यक्त संवेगीय विश्वास कवि के इसी मानसिक सन्तुलन को आकार प्रदान करते हैं जो रसास्वादन के क्षण में पाठक को भी सुलभ हो जाता है। यह भी विचारणीय है कि यह प्रक्रिया रिचड्र्स के अनुसार समाहारी कविता में अपेक्षाकृत अधिक प्रचुरता में विद्यमान होती है क्योंकि इस समाहारी कविता में विरोधी संवेगों अथवा दृष्टिकोणों का पारस्परिक अनुकूलन होता है और इस प्रकार का अनुकूलन इसीलिए सम्भव हो जाता है कि काव्यगत विश्वासों के तार्किक सूत्र नहीं होते। जीवन में जब भी दो प्रतिरोधी दृष्टिकोणों का सामना होता है तो हम एक को सन्तुष्ट करने के लिए दूसरे का दमन करते हैं और इस प्रकार मानसिक असन्तुलन के शिकार हो जाते हैं। तर्क विरोधी को जनित करता है और इस तर्क के तिरोहण द्वारा संवेगी विश्वास प्रतिरोधी संवेगों को एक साथ सन्तुष्ट कर देते हैं।

प्लेटो, अर्नोल्ड और रिचड्र्स से अलग, सिडनी, कॉलरिज और इलियट जैसे समीक्षक संवेगी विश्वास के सौन्दर्यात्मक पक्ष पर अपना ध्यान केन्द्रित करते हैं और इस प्रश्न से दो-चार होते हैं कि क्या पाठक किसी ऐसी कविता का आस्वादन कर सकता है जिसमें व्यक्त विश्वास उसके अपने विश्वासों के प्रतिरोधी हैं। इस प्रश्न का उत्तर वे हमेशा 'हाँ' में देते हैं क्योंकि 'न' कहने का अर्थ होगा कि बहुत कम कविताएँ ही वास्तव में आस्वाद्य होती हैं। लेकिन 'हाँ' का उत्तर कुछ अन्य प्रश्न भी खड़ा कर देता है जैसे कि संवेगी विश्वास को पाठक किस प्रकार की स्वीकृति प्रदान करता है?

सिडनी ने इस समस्या पर मुख्यत: लेखक की दृष्टि से विचार किया है। वे अपने समकालीन एक अन्य समीक्षक स्टीफन गॉसन के इस आरोप का जवाब देते हैं कि कविता 'झूठ की माँ' होती है। इसके जवाब में जब सिडनी यह कहते हैं कि "क्योंकि कवि किसी बात की पुष्टि नहीं करता अत: उसके झूठ बोलने का प्रश्न ही नहीं उठता"[9] तो सिडनी केवल गॉसन के आरोप का उत्तर ही नहीं दे रहे थे अपितु वे अर्नोल्ड और रिचड्र्स जैसे परवर्ती समीक्षकों के लिए रास्ता भी खोल रहे थे। कविता की प्रकृति को इस प्रकार की मान लेने के पश्चात् कवि किसी वस्तु के सत्य अथवा असत्य होने की पुष्टि न तो करता है और न ही कर सकता है। और इस प्रकार वह झूठ बोलने के आरोप से अप्रभावित रहता है—"झूठ बोलना" सिडनी लिखते हैं :

> उस बात के सत्य होने की पुष्टि करता है जो असत्य होती है।[10]

और किसी वस्तु की सत्यता की पुष्टि न करने के कारण काव्यगत सत्य, सत्य अथवा असत्य के प्रश्न से बचे रहते हैं; उनका अस्तित्व केवल पाठक के सुखास्वाद के लिए होता है।

सिडनी का तर्क है कि पाठक कवि के पास तथ्याभास के लिए जाता है, न कि सत्यापनीय तथ्यों के लिए। जब वह रंगशाला में जाता है तो उसे यह मालूम होता है कि दरवाजे पर अंकित थेबीज (प्राचीन यूनानी नगर का नाम) वास्तविक थेबीज न होकर महज मंच का एक अंश मात्र है जिसे दर्शक को वास्तविक थेबीज के रूप में स्वीकार करना है। इसी प्रकार उसे यह भी ज्ञात होता है कि कवि-विश्वासों का 'लेखन रूपात्मक और आलंकारिक होता है, न कि अभिधात्मक' और इसीलिए इनका सत्यापन नहीं किया जा सकता। यद्यपि सिडनी खुलकर तो ऐसा नहीं करते लेकिन उनके कथनों से यह ध्वनित अवश्य होता है कि पाठक को सौन्दर्य का सुख इसी कारण मिलता है क्योंकि वह तथ्याभास की अपेक्षा लेकर किसी कृति की ओर अग्रसर होता है।

सिडनी का विश्वास है कि कविता में तर्क का प्रवेश नहीं होता है और इसीलिए इसमें व्यक्त विश्वासों को सत्य अथवा असत्य नहीं सिद्ध किया जा सकता लेकिन ऐसी स्थिति में सिडनी कविता के दो प्रकार्यों—उपदेश और मनोरंजन को किस प्रकार सिद्ध करेंगे? यदि कविता में व्यक्त विश्वास सत्य-निरपेक्ष होते हैं तो कविता उपदेश कैसे प्रदान करती है? दर्शन की अपेक्षा कविता की श्रेष्ठता सिडनी यह कहकर सिद्ध करते हैं कि दर्शन में सामान्य, अमूर्त प्रत्यय व्यक्त होते हैं जबकि कविता में प्रत्यय का योग उदाहरण से, सामान्य का योग विशिष्ट से तथा अमूर्त का योग मूर्त से होता है। सुख प्रदान करने में काव्य-विश्वास दार्शनिक-विश्वास की अपेक्षा अधिक श्रेष्ठ होता है लेकिन उपदेश में यह किस प्रकार अपनी श्रेष्ठता सिद्ध कर सकता है जबकि इसमें व्यक्त विश्वास सत्य के सदृश्य होता ही नहीं?

सिडनी की हीं भाँति कॉलरिज भी काव्य-विश्वास का विवेचन सौन्दर्यात्मक सन्दर्भ में करते हैं। उनके इस वक्तव्य का कि कविता 'अविश्वास के ऐच्छिक निलम्बन' को उत्प्रेरित करती है तात्कालिक परिप्रेक्ष्य में उनकी स्वयं की कविता थी जिसका उद्देश्य मानवेतर व्यक्तियों और चरित्रों का ऐसा वर्णन करना था जिससे उनका सादृश्यता-अभाव पाठक के आस्वादन में बाधा न बने। लेकिन कॉलरिज यह स्पष्ट कर देते हैं कि 'अविश्वास का ऐच्छिक निलम्बन' किसी भी कविता के आस्वादन के लिए पूर्व-शर्त है, न कि केवल उनकी ऐसी कविता का। यह सच है कि अविश्वास की समस्या उनकी स्वयं की कविता के सन्दर्भ में ज्यादा महत्त्वपूर्ण थी क्योंकि उसका विषय ऐसे मानवेतर चरित्र एवं घटनाएँ थीं जो औसत पाठक की निगाह में विश्वसनीय नहीं थीं। उनमें विश्वसनीयता का आरोप करने के लिए हमें "अपनी आभ्यन्तरिक प्रकृति से मानवीय गुण और सत्य की सादृश्यता को उन तक स्थानान्तरित करना पड़ेगा जो कल्पना की इन छायाओं के लिए क्षण भर के लिए अविश्वास को एक ऐच्छिक निलम्बन प्राप्त कर सकने के लिए पर्याप्त हो जो काव्यात्मक विश्वास का निर्माता होता है।"[12] 'अविश्वास के निलम्बन' के अभाव में हम कविता का आनन्द नहीं उठा सकते।

कॉलरिज इस तथ्य को अस्वीकार नहीं करते कि कविता में सत्य प्रवेश करता है यद्यपि यह सुख के अधीन ही रहता है। कॉलरिज विज्ञान और कविता की तुलना उनके तात्कालिक उद्‌देश्य की दृष्टि से करते हैं। विज्ञान का तात्कालिक उद्‌देश्य सत्य होता है, जबकि कविता का तात्कालिक उद्‌देश्य सुख होता है लेकिन कॉलरिज यह भी स्वीकार करते हैं कि एक गौण तत्त्व के रूप में विज्ञान में सुख और कविता में सत्य विद्यमान हो सकते हैं।

कॉलरिज की भाँति लेकिन अपने समकालीन रिचर्ड्स के विपरीत इलियट विश्वास की समस्या पर मुख्यतः सौन्दर्यात्मक दृष्टि से ही विचार करते हैं। ये रिचर्ड्स से इस बात पर सहमत हैं कि कविता में कवि अथवा पाठक के व्यक्तिगत विश्वास के लिए कोई स्थान नहीं होता है। 'मुझे इस बात में सन्देह है,' इलियट लिखते हैं :

> अपने शुद्ध रूप में विश्वास किसी कवि की रचना में प्रवेश करता है।[14]

कवि प्रत्ययों का काव्य उद्‌देश्यों के लिए मात्र प्रयोग भर करता है और विश्वास अथवा अविश्वास का प्रश्न उठता ही नहीं है। दान्ते ने अपने काव्य *द डिवाइन कॉमेडी* में टॉमसवादी दर्शन का प्रयोग किया था लेकिन इस दर्शन में उनका विश्वास था अथवा नहीं यह प्रश्न उनकी कृति के सन्दर्भ में कोई अर्थ नहीं रखता। इलियट कवि द्वारा कविता के निर्माण की तुलना अध्यात्मदार्शनिक द्वारा अध्यात्मदर्शन, मधुमक्खी द्वारा मधु तथा मकड़ी द्वारा जाले के निर्माण से करते हैं। इस क्रियाओं में विश्वास अथवा अविश्वास का प्रश्न नहीं उठता।

दूसरी ओर पाठक का व्यक्तिगत विश्वास उसके काव्यास्वाद में बाधा नहीं बनता। इलियट का कथन है :

> मैं यह अस्वीकार करता हूँ कि कविता के पूर्ण आस्वाद के लिए पाठक कवि के विश्वास को ग्रहण करने के लिए बाध्य होता है। यदि काव्यास्वाद तभी सम्भव होता जब कवि और पाठकों के विश्वास एक जैसे होते तो शायद ही कुछ कविताएँ ऐसी शेष रहें जिनका पाठक आस्वाद कर सके।[15]

इलियट सदैव इस प्रकार का आत्यन्तिक विचार रखते हों, ऐसा नहीं। ऐसा होना उनके लिए एक आदर्श स्थिति होती है लेकिन व्यवहार में कविता और व्यक्तिगत विश्वास में ऐसा पूर्ण विभाजन सम्भव नहीं होता। आगे चलकर वे विश्वासों के आधार पर कवियों की तीन श्रेणियाँ निर्धारित करते हैं। एक श्रेणी दान्ते और ल्यूक्रिशियस जैसे दार्शनिक कवियों की है जो अपने समय में प्रचलित दार्शनिक मतों में से किसी एक को स्वीकार कर लेते हैं, इसे आधार बनाकर अपनी कविता का निर्माण करते हैं। दूसरी श्रेणी में शेक्सपियर और डन जैसे कवि होते हैं जो प्रचलित विश्वासों का प्रयोग केवल काव्यात्मक प्रभाव के लिए करते हैं और अन्तिम श्रेणी गेटे और

ब्लेक जैसे कवियों की होती है जो दार्शनिक और कवि के प्रकार्यों को मिश्रित कर लेते हैं, जो अपना स्वयं का दर्शन बुन लेते हैं और उसे अपनी कविता में इस्तेमाल करते हैं। केवल दूसरी कोटि के कवियों के ही सन्दर्भ में विश्वास का प्रश्न सर्वाधिक उलझता है। यह समझना कठिन हो जाता है कि वे अपने प्रत्ययों में विश्वास करते हैं इसलिए कविता लिखते हैं, अथवा वे अपने प्रत्ययों में इसलिए विश्वास करते हैं ताकि वे उनसे कविता रच सकें। शेष दो श्रेणियों के कवियों में कवि-विश्वास और काव्य-विश्वास में निश्चित सम्बन्ध है।

दूसरी ओर पाठक के व्यक्तिगत विश्वास उसके काव्य-आस्वाद को प्रभावित करते हैं। यह तो ठीक है कि पाठक को "कृतिकार के विश्वासों से सहमत हुए बिना भी पूर्ण साहित्यिक अथवा सौन्दर्यात्मक आस्वाद करने में सक्षम होना चाहिए"[16] अन्यथा उसका आस्वाद बहुत सीमित हो जाएगा लेकिन साथ ही "कवि-विश्वासों से सहमति की स्थिति में हमें उसकी कविता में शायद अधिक सुख मिलता है।"[17] इलियट यह स्वीकार करते हैं कि रोमन कैथोलिक सम्प्रदाय में दीक्षित होने के पश्चात् उन्हें दान्ते की कविता में पहले की अपेक्षा अधिक सुख प्राप्त हुआ।

इलियट ने काव्य-विश्वास के सांस्कृतिक पक्ष पर भी विचार किया है यद्यपि वह बहुत संक्षिप्त है। विश्वास और समझ में अन्तर करते हुए इलियट कहते हैं :

> कविता पढ़ते समय, फिर वह दान्ते की भाँति दार्शनिक-धार्मिक कविता ही क्यों न हो, विश्वासों की समझ आवश्यक होती है, न कि उनसे सहमति। इस प्रकार की विश्वास-रहित समझ जो कविता द्वारा जनित होती है, हमें अपनी अनुभूतियों को अपेक्षाकृत अधिक अच्छी तरह समझने में सहायता देती है और इसके साथ ही यह अनुभूतियों और संवेगों को एक अपेक्षाकृत अधिक विस्तृत क्षेत्र को समझने में सहायता देती है जिसे हम अपने सीमित अनुभव के भीतर सम्भवतः न जान पाए होते।[18]

जीवन में हम विश्वास को या तो स्वीकार करते हैं अथवा अस्वीकार लेकिन कविता में और मात्र कविता में हम न तो स्वीकार करते हैं और न ही अस्वीकार बल्कि उन्हें समझते हैं। काव्यात्मक विश्वासों के अनुभव के बिना हमारी अनुभूतियों एवं संवेगों की गहनता और उनका क्षेत्र बहुत अधिक सीमित रह जाएगा।

अपनी प्रसिद्ध पुस्तक द *वेलरॉट अर्न* के परिशिष्ट में क्लियन्थ ब्रुक्स ने यह प्रश्न उठाया है कि क्या काव्यात्मक विश्वास की परिणति संज्ञान में होती है? वे इलियट और रिचर्ड्स के इस मत से सहमति व्यक्त करते हैं कि काव्यात्मक विश्वास वैज्ञानिक, ऐतिहासिक और दार्शनिक प्रपत्तियों के प्रतिद्वन्द्वी नहीं होते क्योंकि वे बिलकुल भिन्न प्रकार के होते हैं। लेकिन ब्रुक्स इलियट और रिचर्ड्स से अपनी असहमति भी व्यक्त करते हैं जब वे यह कहते हैं :

(पाठक से) यह अपेक्षा नहीं की जाती कि वह अपने विश्वासों और अर्थों का परित्याग कर दे अथवा स्थायी रूप से कवि विश्वासों को ग्रहण कर ले। इतना पर्याप्त है कि वह उस मात्रक (यूनिट) अर्थ को समझ लें जिससे कवि प्रारम्भ करता है...और कि वह अपने विश्वासों और अभिरुचियों को इतना दबा ले ताकि वह यह देख सकें कि किस प्रकार मात्रक अर्थ और आंशिक अर्थ एक पूर्ण सन्दर्भ में अन्तर्निहित किये जाते हैं।[19]

इस उद्धरण में कवि-विश्वासों को ग्रहण करने और उन्हें समझने में अन्तर इलियट का स्मरण दिलाता है लेकिन इलियट और रिचड्‌र्स की स्थापनाओं के विपरीत ब्रुक्स की मान्यता है कि पाठक के विश्वास पूर्णतः दबा नहीं दिये जाते। साथ ही, नाटकीय औचित्य का एक नया तत्त्व भी ब्रुक्स के विवेचन में आ जाता है।

ब्रुक्स का विश्वास है कि प्रत्येक कविता एक नाटक की भाँति होती है और इसमें आया हुआ प्रत्येक वक्तव्य चरित्रों के सम्भाषण जैसा होता है। अतः कविता में हमें जिस चीज की तलाश करनी चाहिए वह यह नहीं कि उसके वक्तव्य सत्य हैं अथवा असत्य बल्कि यह कि वे वक्तव्य पूर्ण सन्दर्भ में उचित हैं कि नहीं। काव्यगत विश्वास का परीक्षण इस आधार पर नहीं किया जाना चाहिए कि वह पाठक के विश्वास के सादृश्य है अथवा नहीं अपितु उसके मूल्यांकन का आधार वह होना चाहिए कि वह कविता के पूर्ण प्रभाव में उचित अवदान करता है अथवा नहीं। मूल्यांकन की कसौटी सादृश्यता न होकर सहयोज्यता होनी चाहिए।

ब्रुक्स का मत है :

कोई कविता विचारों को व्यक्त न कर विचारों का परीक्षण करती है।[20]

इससे ब्रुक्स का तात्पर्य है कि किसी कविता में प्रत्यय अमूर्त उपपत्तियों की भाँति नहीं होते जिन्हें स्वयं में परीक्षित किया जा सके अपितु वे मात्र इतना संकेत करते हैं कि कोई व्यक्ति-विशेष उन्हें किस प्रकार परीक्षित करता है। ये प्रत्यय एक नाटकीय सन्दर्भ के अंग होते हैं, न कि दर्शन अथवा विज्ञान के सामान्यीकरण।

ब्रुक्स विश्वास को संज्ञान से जोड़ते हैं। उनका मत है कि कविता एक प्रकार की प्रज्ञा प्रदान करती है लेकिन वह प्रज्ञा होती है उन स्थितियों से ताल-मेल बैठाने की जिन्हें हम काव्यगत विश्वास से सीखते हैं। लेकिन प्रस्तुत पुस्तक में क्लियन्थ ब्रुक्स इस प्रश्न का उत्तर नहीं देते कि क्या इस प्रकार की प्रज्ञा हमें केवल कविता से ही प्राप्त हो सकती है अथवा कहीं और से भी। आर.पी. वारेन के साथ लिखी गई पुस्तक *अंडरस्टैडिंग पोइट्री* में ब्रुक्स लिखते हैं :

> कविता हमें यह जानने में सक्षम बनाती है कि इस संसार में जीवित होना कैसा 'लगता है'? उदाहरण के लिए, प्रेम करना, घृणा करना, आत्म-क्लेश होना, डूबते हुए सूरज को देखना, किसी मृतप्राय व्यक्ति के पार्श्व में खड़ा होना, किसी उद्देश्य के लिए मरने के लिए तत्पर होना अथवा किसी आदर्श के प्रति भाव-प्रवण समर्पण के साथ 'जीना कैसा लगता है?' केवल कविता ही ऐसे प्रश्नों का उत्तर देने में हमारी सहायता करती है और इस प्रकार यह हमें अपने को और अपने मूल्यों को समझने में हमारी सहायता करती है।[21]

कविता का सांस्कृतिक मूल्य यहाँ स्पष्ट है। सांसारिक अनुभवों का ऐन्द्रिय-संवेद प्रदान कर कविता मानव जीवन और उसकी चिन्ताओं की हमारी समझ को समृद्ध करती है और इस प्रकार हमें अपने को अपेक्षाकृत अधिक अच्छी तरह समझने में हमारी सहायता करती है। इलियट और ब्रुक्स के मतों की समानता स्पष्ट है। दोनों यह विश्वास करते हैं कि काव्यात्मक विश्वास हमें अपनी अनुभूतियों, संवेगों और स्वयं अपने को समझने में हमारी सहायता करते हैं लेकिन इलियट ब्रुक्स के आगे जाकर यह मत व्यक्त करते हैं कि कविता हमारे पहले से ही उपस्थित अनुभव भंडार में वृद्धि करती है।

'बिलीफ एंड सस्पेंशन ऑफ डिसबिलीफ' नामक अपने निबन्ध में एम.एच. अब्राम्स मूलतः ब्रुक्स की काव्योक्ति के नाटकीय औचित्य सम्बन्धी धारणा से सहमति व्यक्त करते हैं। कीट्स की 'ओड ऑन ए ग्रीशियन अर्न' नामक प्रसिद्ध कविता की अत्यधिक विवादास्पद अन्तिम दो पंक्तियों 'सौन्दर्य सत्य है/सत्य सौन्दर्य है' पर टिप्पणी करते हुए अब्राम्स कहते हैं कि यह सम्भाषण किसी चरित्र का उस अर्थ में केवल सम्भाषण नहीं है जिस अर्थ में ब्रुक्स इसे ग्रहण करते हैं अर्थात् एक ऐसा सम्भाषण जो ग्रीक कलश के चरित्र की दृष्टि से नाटकीय औचित्य से पूरित है अपितु यह उस नाटकीय विधि से प्रस्तुत वक्ता का भी सम्भाषण है जो पूरी कविता का वाचन करता है। यह वक्ता पात्र के मुख में इस पंक्ति को स्थापित कर देता है जिसका ध्वन्यार्थ है कि "केवल सुन्दर का ही अस्तित्व होता है और अस्तित्ववान सब कुछ सुन्दर होता है।" और फिर इस कथन पर वह व्यक्त अपनी यह टिप्पणी भी जोड़ देता है कि "बस यही सब कुछ/जिसे तू जाने धरा पर, पर्याप्त है बस इतना भर जानना।" इस टिप्पणी के माध्यम से वह यह कहना चाहता है कि "सौम्य सरलता से युक्त उस शिल्पित ग्रीक संसार में ही, जहाँ मानवीय अर्थ रखनेवाले बहुत कुछ को एक अविरामी अब के लिए न्यौछावर कर दिया जाता है"[22] सौन्दर्य सत्य और सत्य सौन्दर्य हो सकता है। 'सौन्दर्य सत्य है/सत्य सौन्दर्य है' को उसके नाटकीय सन्दर्भ से अलग कर इसे कवि के दर्शन के रूप में नहीं आरोपित किया जाना चाहिए जिससे हम सहमत हो सकते हैं या असहमत।

अब्राम्स उन समीक्षकों की आलोचना करते हैं जो आत्यन्तिक दृष्टिकोण अपनाते हैं जिसके अनुसार या तो कोई चीज सोलहों आने सही होती है या फिर सोलहों आने गलत। "काव्यास्वाद में या तो हमारे सभी विश्वास संगत होते हैं या फिर उन सभी का निलम्बन होना चाहिए।"[23] उनका विचार है कि काव्यास्वाद में पाठक के विश्वासों का पूर्ण निलम्बन नहीं होता क्योंकि काव्यानन्द के लिए कुछ विश्वासों का होना अनिवार्य होता है :

> यदि हमें कोई ऐसा पाठक मिले जो बिलकुल ही नि:स्पन्द हो, जिसके सारे विश्वास निलम्बित अथवा संज्ञाशून्य स्थिति में हों तो किसी रचना को रुचि एवं शक्ति सम्पन्न करने में वह वैसे ही असहाय रहेगा जैसे मंगल ग्रह पर रहने वाले पाठकों के लिए लिखना।[24]

अत: यह मानना उचित नहीं है कि पाठक रचना की ओर बिलकुल अपेक्षा रहित होकर जाता है और यदि वह ऐसा करता है तो कविता उसके लिए बिलकुल निरर्थक होगी। कीट्स की कविता के पूर्ण आस्वादन के लिए यह आवश्यक है कि हम जीवन के साधारण मानवीय अनुभवों जैसे मनुष्य, प्रेम, नश्वरता, काल एवं कला का उसमें आरोप करें।

काव्य विश्वास के सांस्कृतिक पक्ष पर भी अब्राम्स ने संकेत किया है। उनका कथन है :

> महान् रचनाकार जीवन से साहित्य की ओर लाए जाने वाले हमारे विश्वासों और प्रवृत्तियों से केवल खेलता भर ही नहीं है अपितु उन्हें ऊर्जा-सम्पन्न, आकार-विस्तार और कभी-कभी रूपान्तरित भी कर देता है।[25]

इस प्रकार काव्य-विश्वास और पाठकीय-विश्वास में पारस्परिक आदान-प्रदान का रिश्ता होता है। काव्यात्मक विश्वास पाठक की संवेदना को समृद्ध बनाने में महत्त्वपूर्ण भूमिका निभाते हैं।

नार्मन हॉलैंड ने अपनी पुस्तक द *डायनिमिक्स ऑफ लिटरेरी रेस्पॉन्स* में इस समस्या पर विस्तार से विचार किया है। इनके निष्कर्ष भी कमोबेश अब्राम्स के निष्कर्षों से मिलते-जुलते हैं। उनका मत है कि काव्यानुशीलन में अविश्वास का केवल आंशिक निलम्बन होता है, क्योंकि पाठक के कुछ विश्वास पाठन के समय क्रियाशील रहते हैं और वे अर्थ को प्रभावित भी करते हैं।

हॉलैंड का विचार है :

> अन्य मानवीय अनुभवों की ही भाँति साहित्य में व्यक्तिनिष्ठ और वस्तुनिष्ठ तत्त्वों का संयोग होता है।[26]

यदि एक ओर कविता का अर्थ पाठक के व्यक्तिगत विश्वासों से प्रभावित होता है तो दूसरी ओर कविता की वस्तुनिष्ठता पाठक की प्रतिक्रिया को नियन्त्रित भी करती है। इस प्रकार साहित्यिक अनुभव पाठक की व्यक्तिनिष्ठता और रचना की वस्तुनिष्ठता का मिलन-बिन्दु होता है। यह कृति की वस्तनिष्ठता ही है जिसके कारण *हेमलेट* नाटक के मंचन के दौरान प्रेक्षक दम साधे बैठे रहते हैं, लेकिन तभी नाटक में कुछ ऐसी व्यक्तिगत स्मृतियाँ अथवा अनुभव भी प्रवेश कर जाते हैं जो साहित्यिक प्रतिक्रिया की व्यक्तिनिष्ठता को उजागर करते हैं।

हॉलैंड के अनुसार अविश्वास का निलम्बन वास्तव में साहित्यिक पाठ के प्रति पाठक के दृष्टिकोण का परिणाम होता है। सिडनी की ही भाँति हॉलैंड का भी विश्वास है कि पाठक साहित्यिक पाठ के प्रति 'जैसे कि मानो' का दृष्टिकोण निर्मित करता है अर्थात् कविता का यथार्थ, यथार्थ होता नहीं है, हम बस इसे यथार्थ जैसा मान लेते हैं। एक बार एक मनःस्थिति बना लेने के पश्चात् हम कविता में व्यक्त विश्वास के सत्यापन की आवश्यकता नहीं महसूस करते। हॉलैंड के शब्दों में :

> हमारा यह सचेतन ज्ञान ही कि हमारा सामना अयथार्थ से है, यह सम्भव बना देता है कि हम अपने अविश्वास को ढीला कर दें, उसे निलम्बित कर दें और एक प्रकार से साहित्यिक पाठ के प्रति यह अनुभव करें जैसे कि मानो वह यथार्थ हो।[27]

काव्यास्वाद में अविश्वास के निलम्बन का दूसरा कारण यह है कि पाठक कविता से सुख की अपेक्षा करता है और उसे पाता भी है। हॉलैंड ने 'अन्तःक्षेपण' शब्द का इस्तेमाल यह स्पष्ट करने के लिए किया है कि किसी साहित्यिक रचना में विद्यमान कल्पना-रूप किस प्रकार व्यक्तिगत मनःचेतना में प्रवेश करता है जहाँ यह अहं के भीतर एक सह-पद्धति बन जाती है :

> हम साहित्यिक रचना का अनुभावन उसके अन्तःप्रेक्षण द्वारा करते हैं, उसे अपने भीतर समाहित कर, कल्पनारूप और रूपात्मक व्यवस्था की धुरी को ऐसा महसूस करते हैं जैसे कि मानो वे स्वयं हमारे अपने हों।[28]

क्योंकि कल्पना-रूप एक सुखद अनुभव होता है, पाठक द्वारा अन्तःक्षेपित कल्पना-रूप उसे वही सुख प्रदान करता है जो उसका स्वयं का कल्पना-रूप प्रदान करता है।

किसी साहित्यिक कृति के पास हम सुखानुभूति के लिए जाते हैं और यदि सुखानुभूति की हमारी अपेक्षा पूरी नहीं होती तो विश्वास टूट जाता है और हमें यह लगने लगता है कि जिसे हम साहित्यिक कृति समझ रहे थे वह कुछ और ही चीज थी। साहित्यिक रचना से हमारी अपेक्षा यह भी होती है कि हमारे जीवन में पीड़ा,

अपराध और चिन्ता जैसे असुखद अनुभवों को भी वह सुखद अनुभवों में बदल दें। सुख की यह अपेक्षा पूरी होने पर पाठक सन्तोष और विश्रान्ति का अनुभव करता है।

ऊपर के विवेचन से यह स्पष्ट हो गया कि काव्यगत विश्वास दो अलग-अलग समस्याएँ खड़ी करता है जिनमें से एक सौन्दर्यमूलक होती है और दूसरी का सम्बन्ध हमारे सांस्कृतिक बोध से होता है। समस्या के सौन्दर्यमूलक पक्ष का सरोकार पाठक के निजी विश्वास और कविता में व्यक्त कवि के विश्वास के सम्बन्ध से होता है जबकि उसके सांस्कृतिक पक्ष का सम्बन्ध पाठकीय संवेदना की उत्प्रेरणा, विस्तार और संवर्धन से है।

काव्यात्मक विश्वास के सौन्दर्यात्मक और सांस्कृतिक पक्षों को एक-दूसरे से बिलकुल अलग नहीं किया जा सकता। वास्तव में इसके सांस्कृतिक मूल्य का स्वरूप इसकी सौन्दर्याभिव्यक्ति की शक्ति पर ही निर्भर करता है। "जून, नवम्बर जानिए अप्रैल, सितम्बर तीस/एक फरवरी अठाईस की बाकी सब इकतीस" अथवा इसी प्रकार की सूचनात्मक पंक्तियों में किसी भी प्रकार का सांस्कृतिक मूल्य नहीं होता क्योंकि उनमें कलात्मकता का अभाव होता है। जैसे कि साइमन लेसेर ने कहा है :

> हम लगातार निर्णय करते रहते हैं और हमेशा थाह लेते रहे हैं और यदि कोई कृति छद्म अथवा हमारे विश्वास के अनुरूप नहीं है तो हमारी आलोचना प्रखरतर होती जाएगी और हम उस कृति का पूर्ण अवगाहन करने से विरत हो जाएँगे।[29]

उपर्युक्त पंक्तियों का पठन करते समय हमारी मनोदशा ठीक ऐसी ही हो जाती है। ये पंक्तियाँ हमारे विश्वास के अनुरूप खरी नहीं उतरतीं, हमारी तार्किकता जाग्रत हो जाती है और अविश्वास का निलम्बन निष्पन्न नहीं हो पाता।

अविश्वास के निलम्बन के लिए आवश्यक है कि कविता, कविता अवश्य बनी रहे, न कि तर्काधारित वक्तव्य। जब किसी अनुभव का कलात्मक परिपाक होता है तब हम अपने अविश्वास को निलम्बित कर देते हैं। किसी तर्काधारित वक्तव्य में काव्यात्मक विश्वास के वे कौन से लक्षण हैं जिनका अभाव हमें अखरता है? प्रथम तो यह कि काव्यात्मक विश्वास किसी वस्तु का यथातथ्य वर्णन न होकर इसके प्रति कवि की वैयक्तिक प्रतिक्रिया होती है उस वस्तु में हमारी रुचि उसके सत्य अथवा असत्य होने के कारण न होकर इसलिए होती है कि हमारे मन में यह जानने का कौतूहल रहता है कि किसी विशिष्ट व्यक्ति ने अपनी संवेदना के माध्यम से इसे किस प्रकार देखा है। दूसरा लक्षण यह होता है कि काव्य-विश्वास की अभिव्यक्ति कलात्मक है अथवा नहीं और इस कलात्मकता की पहचान होती है सामान्य वाक्यविन्यास का टूटना, लयात्मक गति, बिम्बों, रूपकों आदि का प्रयोग आदि।

काव्यात्मक-विश्वास में तर्कधर्मिता के अभाव का यह अर्थ कदापि नहीं होता कि यह पूर्णत: तर्कहीन होता है और यह कि विज्ञान, दर्शन, धर्मशास्त्र, जैसे अनुशासनों में मौजूद बौद्धिक विश्वास के साथ इसका कभी योग होता ही नहीं।

बौद्धिक विश्वास और काव्यगत विश्वासों को एक-दूसरे से बिलकुल भिन्न मानने वालों से सहमत होना मुश्किल है। इस प्रकार का विभाजन काव्य-भाषा की कसौटी पर खरा नहीं उतरता। दोनों के बीच रिचर्ड्स द्वारा किया गया विभाजन वास्तव में उनके द्वारा भाषा के दो परस्पर भिन्न प्रयोगों का परिणाम है जिसे वे वैज्ञानिक प्रयोग और काव्यात्मक प्रयोग की संज्ञा देते हैं लेकिन जैसा कि 'नये' समीक्षकों, विशेषकर रेंसम और ब्रुक्स ने स्पष्ट किया है, कविता में दोनों प्रयोग साथ-साथ मौजूद होते हैं। ब्रुक्स कहते हैं कि, "कवि की भाषा वह भाषा है जिसमें ध्वन्यार्थ का उतना ही महत्त्व होता है जितना कि वाच्यार्थ का।"[30] वाच्यार्थ और ध्वन्यार्थ के लिए क्रमश: 'प्रतीक' और 'प्रतिमा' शब्दों का प्रयोग करते हुए रेंसम कहते हैं :

> कला का वाक्य-विन्यास शुद्ध प्रतीकों और उदार प्रतिमा-मूलक संकेतों के अनुपम मिश्रण से बनता है।[31]

यदि भाषा के वैज्ञानिक और संवेगीय, वाच्यार्थी और ध्वन्यार्थी गुण कविता में एक साथ विद्यमान रहे हैं तो फिर बौद्धिक विश्वास और काव्यात्मक विश्वास को एक-दूसरे का प्रतिरोधी नहीं माना जा सकता। काव्यात्मक-विश्वास संवेगीय और बौद्धिक विश्वासों को मिश्रित कर देता है क्योंकि काव्यभाषाविज्ञानभाषा के साथ मिल जाती है। कविता के भीतर, संवेगों के अधीन ही सही, तर्क की यह उपस्थिति ही कविता की वस्तुनिष्ठता का निर्माण करती है जो पाठकीय प्रतिक्रियाओं को नियंत्रित भी करती है।

जिसे इलियट 'विचार का संवेगीय समरूपक' कहते हैं वह वास्तव में विचार की अनुपस्थिति न होकर विचार और संवेग की सह-उपस्थिति है इससे इस तथ्य को बल मिलता है कि कविता में तर्क का अंश मौजूद रहता है और यदि यह सत्य है तो फिर काव्यात्मक विश्वास को बौद्धिक विश्वास में एकदम अलग नहीं किया जा सकता।

जब विश्वास का कलात्मक विपाक नहीं हो पाता है तभी उसके सत्य अथवा असत्य होने का प्रश्न उठता है। जब पाठक बौद्धिक विश्वास का संवेगीय समरूपक नहीं पाता है तभी यह इसकी सत्यापनीयता का प्रश्न उठाता है। सेंट टॉमस एक्वीनास के दार्शनिक सिद्धान्तों पर सत्यापनीयता का प्रश्न उठेगा क्योंकि एक्वीनास उन्हें बौद्धिक विश्वासों के रूप में प्रस्तुत करते हैं लेकिन जब दान्ते उन्हीं को आधार बनाकर काव्य-रचना करते हैं तो ऐसे प्रश्न नहीं उठाए जा सकते।

हम ऐसा उदाहरण भी ले सकते हैं जिसमें कवि के विश्वासों पर पाठक सत्यापनीयता की माँग करता है क्योंकि ये विश्वास बौद्धिक विश्वासों के रूप में कवि द्वारा प्रस्तुत किये गए हैं। ह्यू मेकडायरमिड ने अपनी एक कविता 'द बेली ग्रिप' (पेट की मार) में मार्क्स के दर्शन का प्रयोग करते हुए ये पंक्तियाँ लिखी हैं :

आओ बन्द कर दें हम एक चीज को,
अब जब विज्ञान ने दी है हमें शक्ति
और असम्भव कर दें किसी भी आदमी के लिए
एक भी घंटे के लिए
दूसरे व्यक्तियों पर ऐसा प्रभाव जो निर्भर करता है
आर्थिक दबावों पर अपने उद्देश्य की प्राप्ति के लिए।

इन पंक्तियों को पढ़ते समय हमें बराबर ऐसा लगता है कि यह कविता न होकर प्रोपेगेंडा है। वैसे कविता में प्रोपेगेंडा का कुछ-न-कुछ तत्त्व हमेशा मौजूद रहता है क्योंकि कवि अपनी काव्य-तकनीकों का प्रयोग पाठक को अपनी ओर मिलाने के लिए करता है।[32] लेकिन जब यह प्रोपेगेंडा तत्त्व इस प्रकार प्रत्यक्ष और खटकनेवाला हो जैसा ऊपर की पंक्तियों में है तब यह हमारी संवेदना को प्रभावित न कर हमारी तर्क-बुद्धि को प्रभावित करता है, और फिर हम इसे चाहे स्वीकार करें, चाहे अस्वीकार। इलियट का मानना है कि काव्यात्मक-विश्वास तभी स्वीकार्य होता है जब इसमें प्रौढ़ता होती है। यही कारण है कि शेली की कविता पढ़ते समय इलियट के अविश्वास का निलम्बन नहीं हो पाता। रिचर्ड्स का मत है कि विश्वास और अविश्वास का प्रश्न केवल इसीलिए नहीं उठता कि कविता दोषपूर्ण है अपितु इसमें पाठक का भी दोष होता है। इलियट और रिचर्ड्स की उक्तियों में सत्यांश है अवश्य लेकिन पाठक और काव्यात्मक-विश्वास में दूरी बने रहने के परिणामस्वरूप अविश्वास का निलम्बन न हो पाने का कारण प्राय: कविता में कलात्मकता का अभाव ही होता है।

जब कविता कलापूर्ण होती है, उसमें व्यक्त विश्वास प्रौढ़ होते हैं और पाठक सक्षम होता है तब काव्यास्वाद में एक ऐसी विपुलधर्मी दृष्टि का उदय होता है जिसका अत्यधिक सांस्कृतिक मूल्य होता है। कविता में हम उन मतों-विश्वासों को भी स्वीकार कर लेते हैं जो यही नहीं कि हमारे नहीं हैं अपितु जो आपस में प्रतिरोधी भी हैं। कविता से प्राप्त इस विपुलधर्मी दृष्टि को यदि हम जीवन में स्थानान्तरित कर सकें तो हम व्यक्तिगत भेदों और मतान्तों के प्रति अधिक सहिष्णु हो सकते हैं। कविता की विपुलधर्मिता सांस्कृतिक विपुलधर्मिता की संवाहक बन सकती है।

ह्यू मेकडायरमिड की कविता अपनी बौद्धिकता के कारण इस विपुल-धर्मिता से वंचित हो जाती है। वह पाठक के ऊपर अपनी विचारधारा लादना चाहती है और पाठक के पास इसे तर्क की कसौटी पर कसकर इसकी सत्यता अथवा असत्यता के आधार पर इसे स्वीकार अथवा अस्वीकर करने के अतिरिक्त कोई विकल्प नहीं रह जाता।

यह विपुलधर्मी दृष्टि केवल काव्यास्वाद तक ही सीमित न होकर साहित्यानुशीलन और साहित्य समीक्षकों और संस्कृति-समीक्षा के लिए भी वरेण्य है। अधिकांश समीक्षकों ने काव्यास्वाद की विपुलधर्मिता को स्वीकारा-सराहा है लेकिन समीक्षा में इसके प्रयोग पर लगभग किसी भी समीक्षक का ध्यान नहीं गया है। साहित्य-समीक्षा में विपुलधर्मिता से आगे जाकर सांस्कृतिक विपुलधर्मिता की ओर साहित्य-अध्येताओं का ध्यान जाना चाहिए। रिचर्ड्स ने काव्यात्मक विश्वास द्वारा जनित मानसिक समायोजन की बात कही है लेकिन इससे अधिक महत्त्वपूर्ण है सांस्कृतिक प्रश्नों और असहमतियों के सन्दर्भ में काव्यास्वाद द्वारा उपदेशित सहिष्णु-भाव। अपने विश्वासों में निहित बहुधर्मिता के माध्यम से कविता हमें यह उपदेश देती है कि हम संघर्षरत सांस्कृतिक विभेदों के प्रति सहिष्णु और सहानुभूतिपूर्ण दृष्टिकोण अपनाएँ और यह स्मरण रखें कि हमारे अपने विश्वासों से भिन्न और कभी उनके प्रतिरोधी विश्वास भी प्रौढ़, ईमानदार और सारगर्भित हो सकते हैं। कविता हमारी सहानुभूति-क्षमता का विस्तार कर सकती है और इस प्रकार हमें बेहतर मनुष्य बना सकती है।[33]

अनुवाद : रामकीर्ति शुक्ल

सन्दर्भ

1. *एंशियंट लिटरेरी क्रिटिसिज्म,* सं. डी.ए. रसेल और एम. विंटरबाटम, (लन्दन, 1972) पृ. 43
2. 'दि स्टडी ऑफ पोइट्री', *इंग्लिश क्रिटिकल टेक्स्ट्स,* सं. डी.जे., एनराइट एवं अर्न्स्ट डी चिकेरा, (दिल्ली, 1975), पृ. 260
3. वही, पृ. 261
4. वही, पृ. 260
5. *पोइट्री एंड साइंसेज,* (न्यूयॉर्क, 1970), पृ. 51
6. *प्रेक्टिकल क्रिटिसिज्म,* (न्यूयॉर्क, 1929), पृ. 258
7. 'बिलीफ', *द सिम्पोजियम,* (अक्टूबर, 1930), पृ. 436
8. *प्रिंसिपल्स ऑफ लिटरेरी क्रिटिसिज्म,* (न्यूयॉर्क, 1925), पृ. 245
9. 'एन अपॉलॉजी फार पोइट्री', *इंग्लिश क्रिटिकल, टेक्स्ट्स,* पृ. 31
10. वही
11. वही

12. *बायोग्राफिया लिटरेरिया,* सं. जे. शाक्रास, खंड-1, (लन्दन, 1972), पृ. 6
13. वही, पृ. 9-10
14. 'शेक्सपियर एंड द स्टोईसिज्म ऑफ सिनेका', *सेलेक्टिड एसेज,* (लन्दन, 1966), पृ. 138
15. दान्ते, *सेलेक्टिड एसेज,* पृ. 269
16. वही
17. वही, पृ. 271
18. *ऑन पोइट्री,* रिचमंड, (वर्जीनिया, 1947), पृ. 14
19. *द वेलरॉट अर्न,* (लन्दन, 1960), पृ. 226
20. वही, पृ. 229
21. *अंडरस्टैंडिंग पोइट्री,* (न्यूयॉर्क, 1976), पृ. 9
22. 'बिलीफ एंड सस्पेंशन ऑफ डिसबिलीफ', *लिटरेरी क्रिटिसिज्म : आइडिया एंड एक्ट,* (बर्कले, 1974), पृ. 150
23. वही, पृ. 157
24. वही, पृ. 160
25. वही, पृ. 169
26. *पोइम्स इन पर्सस,* (न्यूयॉर्क, 1975), पृ. 2
27. *दि डायनामिक्स ऑफ लिटरेरी रिस्पांस,* (न्यूयॉर्क, 1975)
28. वही, पृ. 90
29. *फिक्शन एंड द अंनकॉन्शस,* (लन्दन, 1960), पृ. 161
30. *द वेलरॉट अर्न,* पृ. 5
31. *बीटिंग द बुशेज,* (न्यूयॉर्क 1972), पृ. 7
32. देखें—टी.एस. इलियट, 'पोइट्री एंड प्रोपेगेंडा' *द लिटरेरी ओपीनियन इन अमेरिका,* सं. एम.डी. जेबेल, (न्यूयॉर्क, 1951), पृ. 101
33. देखें—*द यूज ऑफ पोइट्री एंड द यूज ऑफ क्रिटिसिज्म,* (लन्दन, 1964), पृ. 89-91